Peter Kammerstätter
Dem Galgen, dem Fallbeil, der Kugel entkommen

Peter Kammerstätter

Dem Galgen, dem Fallbeil, der Kugel entkommen

Neun Lebensbilder
aus dem Widerstand

herausgegeben vom
KZ-Verband Oberösterreich

Edition
Geschichte der Heimat

Dieses Buchprojekt wurde vom Nationalfonds der Republik Österreich für Opfer des Nationalsozialismus gefördert

Die Redaktion dieses Buches wurde im Auftrag des Herausgebers von Mag. Alexander Dinböck, Jürgen Enser und Harald Grün besorgt.

Copyright © 2006 bei Buchverlag Franz Steinmaßl, A-4264 Grünbach; geschichte-heimat@aon.at, alle Rechte vorbehalten, Nachdruck, auch auszugsweise, nur mit schriftlicher Genehmigung des Verlages gestattet.
Cover: Hannes Adam
Satz: margot.haag@ pixeline.at
Gesamtherstellung: Buchverlag Franz Steinmaßl, A-4264 Grünbach
ISBN-3-902427-28-0
ISBN-978-3-902427-28-1

Inhalt

August Moser:
Ich lege mein Leben in Ihre Hand **27**

Sepp Bloderer:
Dem Schafott entkommen **40**

Franz Draber:
Dem Fallbeil entkommen **54**

Maria Ehmer:
Der tödlichen Kugel entkommen **68**

Dr. Siegfried (Sigi) Köhl:
Der Kugel entkommen **83**

Richard Dietl:
Der Gaskammer entkommen **104**

Alois Straubinger:
Bei der Mauer wäre unser Fluchtplan fast gescheitert **119**

Erwin Steyrer:
Rückkehr unerwünscht **137**

Hans Grafl:
Der Sprung ins Ungewisse **169**

Vorwort

Der oberösterreichische KZ-Verband – mit vollem Namen „Landesverband Oberösterreich der AntifaschistInnen, WiderstandskämpferInnen und Opfer des Faschismus (KZ-Verband/VdA OÖ)" – wurde nach der Befreiung Österreichs vom Faschismus als überparteilicher Verband im Jahre 1948 gegründet. Er ist die stärkste Organisation der ehemaligen Widerstandskämpfer in unserem Bundesland. In seinen Reihen vereint er die Generation der Widerstandskämpfer und Opfer des Faschismus mit den jüngeren Generationen, die unter aktuellen Bedingungen bereit sind, den Kampf gegen Faschismus und Krieg fortsetzen.

Es gibt auch bei uns nur mehr wenige Überlebende, die mit der Waffe in der Hand oder in anderen Bereichen des antifaschistischen Widerstands ihre demokratische Pflicht im Kampf gegen den Faschismus und für die Befreiung Österreichs erfüllt haben. Und so wie die zahllosen grausamen Verbrechen der Nazibarbarei nicht vergessen werden dürfen, so muss auch an den mutigen Widerstand der Demokraten und Antifaschisten erinnert werden. Tausende dieser Patrioten fielen im Kampf um die Freiheit und weitere Tausende, die überlebten, kämpften Jahre und Jahrzehnte nach 1945 unermüdlich gegen jedes Wiedererstarken von Neofaschismus, Rechtsextremismus und jede Form von Rassismus.

Der KZ-Verband erschöpft seine Aktivitäten aber nicht nur in der Betreuung der Widerstandskämpfer und Opfer oder in der Pflege von Gedenkstätten und Mahnmalen. In den letzten Jahren haben wir durchaus erfolgreich versucht, oberösterreichische Opfer des Nationalsozialismus mittels neuer Gedenktafeln und Buchprojekte aus ihrer unfreiwilligen Anonymität zu reißen. So brachten wir 2003 die von Ingeborg Ertelt verfasste Biografie des Linzer Widerstandskämpfers Sepp Teufl heraus.

Nun haben wir uns entschlossen, aus dem Nachlass Peter Kammerstätters eine Biografiensammlung oberösterreichischer Widerstandskämpfer, die in unterschiedlichen Situationen jeweils nur knapp der Ermordung durch die Faschisten entgangen sind, zu veröffentlichen.

Von unschätzbarem Wert ist die unermüdliche und jahrzehntelange Erforschung der Geschichte der Arbeiterbewegung und des antifaschistischen Widerstandes in Oberösterreich durch unseren Kameraden Peter Kammerstätter. In der Zeit von 1933 bis 1945 kämpfte er selber aktiv gegen beide Herrschaftsformen des Faschismus. Nach einer längeren politischen Tätigkeit bei der KPÖ widmete er sich ab 1967 der Erforschung heimischer Zeitgeschichte. Für seine zahlreichen Materialiensammlungen mit zehntausenden Seiten zu unterschiedlichsten Themen aus der regionalen Geschichte erhielt Kammerstätter den Berufstitel „Professor" und wurde zum Konsulenten der oö. Landesregierung ernannt.

Peter Kammerstätter sagte einmal in einem Gespräch: „Ich habe die Hitlerzeit überlebt und mir als Lebensaufgabe auferlegt, den vielen Widerständlern und Opfer des Faschismus auf meine Art ein Denkmal zu setzen."

Im ursprünglichen Vorwort zur vorliegenden Arbeit schrieb Kammerstätter 1989:

„Diese Arbeit soll auch dazu beitragen, den Agitatoren der ehemaligen Nationalsozialisten und ihrer SS bei ihren Wiedersehensfesten sowie bei den ewigen Gesprächen am Stammtisch, wo sie von ihren Heldentaten des letzten Krieges erzählen, entgegenzuwirken. Da wird mit Gegenargumenten aufgewartet: Es sind ja nicht mehr viele mit dieser Vergangenheit, und dann kommt die Stunde Null und dann wird nicht mehr darüber gesprochen.

Dasselbe gilt auch für die ehemaligen Opfer. Da folgt auch die Stunde Null. Es soll alles vergessen werden, verdrängt und vergessen. Dazu darf es aber nicht kommen. Niemals wieder ein solches Regime! Nie mehr solche Gräueltaten! Nie wieder Faschismus, nie wieder Krieg! Darum muss aufgezeigt werden, was mit den Gegnern des NS-Regimes geschehen ist."

In seinem Vorwort bedankte sich Kammerstätter für die Unterstützung bei Otto Treml, Dr. Wolfgang Neugebauer, Max Stelzhammer und Frau Gusti Hons.

Ich meinerseits möchte mich an dieser Stelle bei den jungen Aktivisten im KZ-Verband bedanken, ohne deren Mitarbeit die Publikation dieser Sammlung nicht möglich gewesen wäre: bei Mag. Alexander Dinböck, Jürgen Enser und Harald Grünn.

Weiters möchte ich für die Hilfestellungen durch Leo Furtlehner, Erwin Peterseil und erneut Otto Treml Dank sagen. Ein besonderer Dank gilt auch dem Nationalfonds der Republik Österreich für die Opfer des Nationalsozialismus für seine großzügige materielle Unterstützung unserer Gedenkprojekte.

Linz, im März 2006

Rudolf Haunschmid
Ehrenvorsitzender des KZ-Verbandes OÖ

Peter Kammerstätter
Revolutionär, Widerstandskämpfer, Historiker der oberösterreichischen Arbeiterbewegung

Peter Kammerstätter wurde am 10. Dezember 1911 in Triest geboren. Sein Vater, ein gelernter Schuster, arbeitete bei der Eisenbahn und war 1906 wegen „sozialdemokratischer Aktivitäten" strafweise nach Triest versetzt worden. Er baute dort später eine „Kellnergewerkschaft" auf. Seine Mutter stammte aus der Untersteiermark und hatte als Kindererzieherin in Triest ihren späteren Mann, Peters Vater, kennen gelernt. Zu Ende des Ersten Weltkrieges machte er als Kind in der Frontstadt Triest erste Bekanntschaft mit dem Krieg. Diese Erlebnisse sollten seinen weiteren Weg prägen.

Nach dem Zusammenbruch der Habsburger Monarchie kam die Familie im Februar 1919 nach Linz, wo sie bei einer Tante Unterschlupf fand. Später bezog sie eine Eisenbahnerwohnung im Linzer Franckviertel. Der junge Kammerstätter erlebte in Linz die bewegte Zeit des revolutionären Aufbruchs von 1919 bis 1920. Demonstrationen, Kundgebungen, Streiks, aber auch Plünderungen durch hungernde Arbeiter prägten damals das Linzer Stadtbild. Als „Zugereister" lernte er aber auch Vorurteile und Abweisung durch „Einheimische" kennen. Dies wiederum schärfte seinen späteren Blick im Umgang mit Minderheiten.

In der Bürgerschule profitierte er von den Inhalten der neuen Lehrpläne der jungen Republik. Eine erste Auseinandersetzung mit dem Begriff „Heimat" folgte, aber nicht im alten, volkstümlerischen Sinne, sondern bezogen auf das Leben der einfachen Leute und auf die Natur. Nach Beendigung des Schulbesuchs erlernte der technisch interessierte Peter Kammerstätter ab Dezember 1926 den Beruf eines Elektroschlossers in der Linzer Niederlassung der Schweizer Firma Sprecher & Schuh. Als Lehrling und Berufschüler betätigte er sich erstmalig politisch bzw. gewerkschaftlich. Als die Berufsschulzeit auf den Samstag verlegt und von den Unternehmern nicht mehr bezahlt werden sollte, organisierten Kammerstätter und andere Berufsschüler mit Unterstützung ihrer Gewerkschaft Demonstrationen und Kundgebungen dagegen – erfolgreich. Weitere einschneidende Erlebnisse waren 1927 die Ereignisse in Schattendorf und im Sommer des selben Jahres die daraus folgende Auseinandersetzung vor dem Wiener Justizpalast.

Bereits 1926 organisierte sich Kammerstätter in der sozialdemokratischen Arbeiterbewegung. Er wurde Mitglied der Sozialistischen Arbeiterjugend (SAJ), bei den Naturfreunden und beim Bestattungsverein „Die Flamme". Im Mittelpunkt der Freizeit der damaligen sozialistischen Jugend stand einerseits die politische und allgemeine Bewusstseinsbildung. Zum anderen rückten in jenen Jahren vor allem der Sport, die Berge und die Kulturbewegung in den Vordergrund. Die sozialdemokratische Bewegung wollte damit aus der Arbeiterjugend den „Neuen Menschen" für eine sozialistische Zukunft erschaffen.

Peter Kammerstätter wurde zu einem leidenschaftlichen Bergsteiger und Schiläufer, vor allem im heimischen Gebirge, im Salzkammergut und im Gesäuse. Er war aktiver Arbeitersportler, ruderte und betrieb Leichtathletik. Und im Handgepäck war stets ein Buch dabei. Dem sozialistischen Bildungsideal entsprechend las er in jeder freien Zeit, die ihm neben Lehre und Sport blieb. Seinen Schwerpunkt setzte er in der fortschrittlichen Belletristik: Mit „Germinal" von Emile Zola, den Werken der Franzosen Victor Hugo, Henri Barbusse, Romain Rolland, aber auch denen der Amerikaner Jack London und Upton Sinclair oder der Russen Leo Tolstoj („Die Auferstehung") und auch mit „Die Mutter" von Maxim Gorki erschloss sich für den jungen Sozialisten eine neue Welt. Aber auch die deutschsprachige Literatur wirkte auf Kammerstätter ein: Ernst Polgar, Ludwig Renn, Willi Bredel, aber auch Gedichte und Lieder von Bert Brecht und Heinrich Heine faszinierten ihn. Außerdem spielte er gemeinsam mit seiner Schwester in einer Mandolinengruppe.

Als Leiter seiner SAJ-Gruppe (8a) aus dem Frankviertel organisierte er Wanderungen, Theatervorstellungen, Konzerte und Liederabende, aber auch politische und allgemeine Bildungsveranstaltungen, ja sogar Abende über „Sexuelle Aufklärung". Kammerstätter galt damals der „narrische Sportler, der nix trinkt und nix raucht" und war deswegen bei den Eltern als Vertrauensperson anerkannt. Die Sozialdemokratische Partei unterstützte diese Aktivitäten der Jugend, indem sie ihre Heime und Volkshäuser zur Verfügung stellte, flächendeckend Arbeiterbüchereien einrichtete oder über Naturfreunde und Sportvereine Berghütten und Sportplätze schuf. Den Arbeiterjugendlichen von damals blieben diese intensiven und kollektiven Erlebnisse jahrzehntelang in positiver Erinnerung.

Ab 1928/29 wurde die politische Arbeit der SAJ verstärkt auf den Bereich des „Antifaschismus" konzentriert. Nach dem Sieg des Faschismus in Italien wirkte dieser verstärkt auf konservative, reaktionäre und militaristische Organisationen in Österreich ein, hier vor allem auf die sich radikalisierenden Heimwehren. Zunehmend wurden Betriebsräte terrorisiert, Veranstaltungen gestört und wiederholt auch Arbeiterfunktionäre ermordet. Die organisierte Arbeiterbewegung baute als Schutz dagegen den Republikanischen Schutzbund zur sozialdemokratische Parteiarmee aus. Ab nun wurde es zu einer wichtigen Aufgabe der SAJ, Jugendliche für die Jugendabteilungen des Schutzbundes, den „Wehrsport", zu gewinnen und für den Ordnerdienst körperlich zu ertüchtigen.

Schon früh erkannte Kammerstätter die Gefahr der zweiten faschistischen Spielart in Österreich, des Nationalsozialismus. Die Aggressivität des deutschen Faschismus und dessen Organisationen SA und Hitlerjugend gegenüber der Arbeiterbewegung und gegen Minderheiten übertraf jene des Austrofaschismus deutlich. Die Nazis suchten Auseinandersetzungen, aber nicht im Gespräch, sondern vor allem über körperliche Gewalt bis hin zum Terrorismus.

Kammerstätter machte zu dieser Zeit Bekanntschaft mit der Arbeitslosigkeit. Nach Beendigung seiner Lehrzeit wurde er im Frühjahr 1930 entlassen. Bis zum Spätherbst 1932 war der junge Facharbeiter mit kurzen Unterbrechungen arbeitslos. Er „überbrückte" diese Zeit mit Sport und ausgedehnten Bergwanderungen. 1931 nahm er an der Arbeiter-Olympiade in Mürzzuschlag teil. Im selben Jahr erlebte er seine erste – folgenlose – Verhaftung: Er hatte ein sozialdemokratisches Wahlplakat auf eine öffentliche Sandhütte geklebt. Ende 1932 wurde er Geschäftsdiener in einer Linzer Papierhandlung.

Die Auseinandersetzung mit beiden Spielarten des Faschismus und das ständige Zurückweichen der sozialdemokratischen Parteiführung führten Peter Kammerstätter innerhalb der Sozialdemokratie nach links. Sein wachsendes Interesse für den Aufbau des Sozialismus in der jungen Sowjetunion und das kühne Auftreten des bekannten bulgarischen Kommunisten Georgi Dimitroff im Prozess über den „Reichtagsbrand" in Deutschland führten zu ersten Kontakten mit der kommunistischen Bewegung. Er wurde Mitglied der „Gesellschaft der Sowjetfreunde" und abonnierte die „Basler Rundschau", das damalige deutschsprachige Organ der Kommunistischen Internationale. Der Linzer Kommunist Franz Altendorfer unterwies ihn in der marxistischen Theorie.

Nach der Ausschaltung des Parlaments durch die Dollfußregierung im März 1933, dem darauffolgenden Verbot des Schutzbundes und der Kommunistischen Partei und der erneuten Kapitulation der SP-Führung vor dem drohenden Faschismus trat Peter Kammerstätter schließlich im Juni 1933 der illegalen KPÖ bei. Gemäß der kommunistischen Linie der Einheitsfront verblieb er aber weiterhin in allen sozialdemokratischen Organisationen und beteiligte sich aktiv an lokalen Besprechungen des illegalen Schutzbundes. Im Schutzbund arbeitete er eng mit Roman Füchsl und Ludwig Bernaschek zusammen. Füchsl war später ein hoher Offizier im Spanischen Bürgerkrieg und Kommissar beim Österreichischen Freiheitsbataillon in Jugoslawien, Bernaschek wurde nach 1945 oberösterreichischer Landeshauptmannstellvertreter.

Nachdem er am Morgen des 12. Februar 1934 vom Beginn der Kämpfe in der SP-Parteizentrale, dem Hotel Schiff, erfahren hatte, meldete er sich umgehend beim Sammelplatz bei der „Roten Villa" in unmittelbarer Nähe zum Linzer Knabenseminar Petrinum in Urfahr. Dort wurden bereits die Waffen des Schutzbundes ausgegraben und an die Anwesenden verteilt. Kammerstätter wurde bewaffnet und zur Bewachung des Petrinums abgestellt. Dort kam es zu kleineren Scharmützeln. Auch einzelne Nazis wollten sich bei den Schutzbündlern einschleichen. Sie wurden entwaffnet und verjagt. Bereits in der Nacht zum 13. - Februar wurde die Aussichtslosigkeit der verzweifelten Arbeitererhebung in Linz deutlich. Am nächsten Tag kehrte Kammerstätter über die Donaubrücke nach Linz zurück. Er gab vor, ein Paket für seine Firma geliefert zu haben und entging so einer Verhaftung. Seine Mutter hatte inzwischen im Franckviertel Peters marxistische Bibliothek zusammengepackt und im nahen Schrebergarten versteckt.

Sofort nach den Februarereignissen übte Kammerstätter wichtige Funktionen in der KPÖ aus. Er half mit, die „Rote Hilfe" zur Unterstützung der politischen Gefangenen und hinterbliebenen Familien der Opfer zu organisieren. Ein weiterer Schwerpunkt der politischen Arbeit war die Werbung ehemaliger Schutzbündler für eine künftig gemeinsame Widerstandstätigkeit. Dabei traten sofort die Nationalsozialisten in scharfe Konkurrenz zu den Kommunisten. Kammerstätter und seine Genossen stellten antifaschistische Flugschriften her und verteilten die kommunistischen Zeitungen „Rote Fahne" und „Rote Front". Im August 1934 wurde er in einer illegalen Konferenz in die oö. Landesleitung der Partei gewählt. Dabei wurde der 12. Parteitag der KPÖ, der in Prag stattfinden sollte, vorbereitet. Friedl Fürnberg hielt das politische Referat, Sepp Teufl wurde als Landesobmann bestätigt. Schon bald darauf wurden die meisten Mitglieder der neuen Landesleitung verhaftet.

Peter Kammerstätter wurde von Ende 1934 an mehrmals verhaftet und 1935 zu 6 Monaten schwerem Kerker verurteilt. In einem Polizeibericht wurde er beschuldigt, „dem Vertreter des Zentralkomitees Anton Alfons zum Zwecke des Aufbaus einer Verbindung in die Tabakfabrik Kontakt mit der Kommunistin Marie Ritter hergestellt" zu haben. Kammerstätter nützte die Gefängniszeit, organisierte mit mitgefangenen Genossen eine marxistische Schulung und begann im Selbststudium die englische Sprache zu erlernen. Nach der Haftentlassung war er bis 1937 arbeitslos. 1935 starb seine Mutter. Obwohl eine katholische Frau, hatte sie die politischen Aktivitäten ihres Sohnes toleriert und nach besten Kräften gedeckt. Sein Vater war 1934 ebenfalls zur KPÖ übergetreten.

Der im Frühjahr 1936 neu gebildeten Landesleitung gehörten Peter Kammerstätter, Sepp Teufl, Karl Reindl und Franz Altendorfer an. Alle vier wohnten in der Franckstraße, trafen sich zu Besprechungen aber immer auf dem Linzer Freinberg. Kammerstätter sollte die Verbindung zu Parteigruppen auf dem Land herstellen. Er fuhr dafür mit dem Fahrrad durch ganz Oberösterreich, sogar hinein bis nach Gosau. Die Landesleitung bemühte sich um eine regionale Einheitsfront zwischen KPÖ und Revolutionären Sozialisten. Dazu gab es immer wieder Treffen mit örtlichen Vertretern der Sozialisten. Außerdem versuchte die KPÖ, den im Laufe der Zeit immer deutlicher werdenden Unterschied zwischen Austrofaschismus und Nationalsozialismus herauszuarbeiten und in ihren Flugschriften aufzuzeigen. Bücher wie „Die Prüfung" von Willi Bredel (1934), der darin seine KZ-Erlebnisse schilderte und Verhaltensweisen auflistete, wurden von der Partei in getarnten Buchumschlägen vertrieben.

1937 begann die Kampagne der KPÖ für eine eigenständige österreichische Nation. Mit einer viel beachteten Arbeit von Dr. Alfred Klahr begann eine breite Debatte, die für Kammerstätter zu „einer der interessantesten politischen Fragen seines Lebens" wurde. Während die Nazis den „Anschluss an das Deutsche Reich" forderten, während die christliche Vaterländische Front noch immer vom „zweiten deutschen Staat" redete und viele Sozialdemokraten noch immer von der „gesamtdeutschen Revolution" träumten, legte die KPÖ bereits damals den ideologischen Grundstein für die spätere gemeinsame Basis im antifaschistischen Widerstand und zum Kampf für ein freies, demokratisches Österreich. Seine emotionale Verbundenheit mit der Heimat erleichterte Kammerstätter natürlich die marxistische Orientierung auf die österreichische Nation.

In den Tagen vor dem "Anschluss" Österreichs an Hitlerdeutschland im Frühjahr 1938 war er an Kontaktgesprächen der KPÖ mit dem Linzer christlichsozialen Politiker Alfred Maleta, damals Sekretär der Arbeiterkammer und nach 1945 ÖVP-Abgeordneter, beteiligt. Ziel der Unterredungen war es, eine Volksfront gegen Hitler herzustellen. Außerdem unterhielt Kammerstätter Kontakt zur sogenannten „Ortner-Gruppe", einer Runde von Sozialdemokraten und Revolutionären Sozialisten, die sich regelmäßig im Cafe Ortner trafen. Laut Kammerstätter zeigten diese sich zwar nicht ablehnend, aber abwartend. Ein bereits festgelegter Termin der KPÖ mit dem oberösterreichischen Landeshauptmann Dr. Heinrich Gleißner kam nicht mehr zustande.

Wie ernst die Gestapo Peter Kammerstätters Widerstand gegen das Nazi-Regime nahm, geht aus dem „Verzeichnis oberösterreichischer Kommunisten", erstellt von der Gestapo Linz am 16. August 1938, hervor. Darin wird festgestellt, dass er sich „an der Herstellung und Verbreitung großer Mengen Flugschriften" beteiligte, „mit Kurieren in Verbindung" stand, „eine Briefanschriftstelle errichtet hatte und daher von der Polizeidirektion Linz im Jahre 1935 mit 6 Monaten Arrest bestraft wurde". Vor allem aber bezeichnete die Gestapo ihn als einen „fanatischen Kommunisten, der steter Beobachtung bedarf und mit dessen besonderer Aktivität im Ernstfall zu rechnen" sei.

Beruflich wurde er im Herbst 1938 als Elektroschlosser bei Sprecher & Schuh auf Montage nach Schwarzach/St. Veit versetzt, später nach Matrei am Brenner. Er selbst empfand diese zufällige Versetzung durchaus als Glück, konnte er sich damit als bekannten Kommunisten ein wenig aus der politischen Schusslinie nehmen. Im Juni 1939 heiratete er Martina Unterweger, die er erst kurz zuvor in Schwarzach kennen gelernt hatte.

Am 1. September 1939 begann der Zweite Weltkrieg mit dem Angriff Hitlerdeutschlands auf Polen. Am selben Tag wurde Kammerstätter direkt auf seiner neuen Baustelle in Lend, Bezirk Zell am See, verhaftet, ins Konzentrationslager Buchenwald bei Weimar gebracht und dort wiederholt verhört. Durch die bestehende illegale Lagerorganisation der Kommunisten wurde er sehr bald dem Arbeitskommando für Elektriker zugeteilt. Dabei versah er Kurierdienste für die Lagerorganisation, indem er im doppelten Boden seiner Werkzeugkiste Nachrichten und „Gegenstände aller Art" transportierte.

Als führender oberösterreichischer Kommunist führte er in Buchenwald politische Gespräche mit dem ehemaligen Privatsekretär des Linzer Bischof Gföllner, Dr. Franz Ohnmacht, und mit dem ehemaligen Landeshauptmann Dr. Heinrich Gleißner. Laut Kammerstätter hatte Gleißner von sich aus den Kontakt zu den Kommunisten gesucht. Außerdem hätte Gleißner dabei in der Vergangenheit gemachte Fehler eingestanden. Grundlage der Gespräche zwischen Dr. Gleißner und Kammerstätter war die Frage der österreichischen Nation und das gemeinsame Bemühen um das Wiedererstehen eines freien und unabhängigen Österreich. Mit den Sozialdemokraten hätten sich damals, so Kammerstätter, diesbezügliche Gespräche weitaus schwieriger gestaltet.

Peter Kammerstätter erlebte den Lagerterror in einem deutschen Konzentrationslager. Er sah mit eigenen Augen, wie Kameraden gehängt, zu Tode geprügelt oder auf andere Art ermordet wurden. Am 10. Jänner 1940 wurde er unverhofft aus dem KZ entlassen. Sein Betrieb hatte ihn als Facharbeiter für „kriegsnotwendig unabkömmlich" erklärt. Kammerstätter nahm seine Arbeit wieder auf, musste sich jedoch täglich bei einer Linzer Polizeistelle melden. Aus diesem Grund wurde er nicht mehr in die neu reorganisierte KP-Landesleitung aufgenommen, die im selben Jahr gebildet wurde und die aus Sepp Teufl, Franz Haider, Karl Reindl, Franz Haselmayr, Max Grüll und Lisl Rechka bestand. Seine Hauptaktivität im Widerstand verlegte Kammerstätter nun in die Betreuung der ausländischen Zwangsarbeiterinnen in seinem Betrieb. Auch die Unterstützung der Opfer des Regimes war eine wichtige Aufgabe: Geld sammeln, dafür Lebensmittel organisieren und weiterleiten.

Die Befreiung vom Faschismus im Mai 1945 erlebte er in Grein an der Donau, wohin sein Betrieb zu Kriegsende verlegt worden war. Er versuchte sofort, sich nach Linz durchzuschlagen. Bereits am Tag nach seiner Ankunft fand auf dem Dachboden eines Linzer Gasthauses in der Lessingstraße die konstituierende Konferenz der KPÖ Oberösterreich statt. Knapp 40 Personen waren anwesend, die meisten davon kannten einander nicht einmal mit ihrem richtigen Namen. Legal operieren konnten damals nur die beiden kommunistischen Stadträte von Linz, Otto Brunner und Franz Rammerstorfer, denn die politische Betätigung demokratischer Parteien war in der amerikanischen Besatzungszone bis Oktober 1945 verboten.

Peter Kammerstätter wurde von der Konferenz mit dem Aufbau der Betriebsarbeit in Oberösterreich beauftragt. Daraufhin war er aktiv an der Gründung und am Wiederaufbau des lokalen ÖGB beteiligt. Noch im Juni 1945 fand die erste Betriebsarbeiter-Konferenz der KPÖ in Linz statt. Kammerstätter war ebenfalls wesentlich am Zustandekommen der ersten oberösterreichischen Tageszeitung, den „Österreichischen Nachrichten", beteiligt. Diese überparteiliche demokratische Zeitung wurde damals vom KZ-Verband, der einzig legalen politischen Organisation, herausgegeben. Aus dieser Zeitung wurden später die „Oberösterreichischen Nachrichten".

Den Sommer 1945 über dominierte die Diskussion über eine gemeinsame Arbeiterpartei die Gremienarbeit von SPÖ und KPÖ. Dazu gab es unter anderem ein Treffen in Ried zwischen Ludwig Bernaschek und Christian Broda von der SP sowie Franz Haider und Sepp Plieseis von der KP. Die Wahlen im November 1945, für die auch Kammerstätter kandidierte, führten bei den kommunistischen Funktionären zu einer tiefen Enttäuschung: 5 Prozent bundesweit, 3 Prozent in Oberösterreich und keine KPÖ-Vertretung im oö. Landtag. Die Einigungsgespräche der Arbeiterparteien waren damit beendet.

Kammerstätter schied im Februar 1946 aus seinem Betrieb aus und wurde Parteiangestellter der KPÖ. Zunächst vertrat er den Landessekretär Sepp Bloderer, der eine einjährige Parteischule besuchte. 1947 besuchte er selbst einen halbjährigen Parteilehrgang in Wien. Ende 1947 wurde er zum Linzer Bezirksobmann gewählt und im April 1948 zum Landessekretär bestellt. Kammerstätter repräsentierte einen Typus eines kommunistischen Parteiangestellten, wie es ihn heute nicht mehr gibt. Er schenkte sich selbst und anderen Aktivisten nichts. Nach Sitzungen, abends um 22 Uhr, wurden aktuelle Flugblätter oder Betriebszeitungen gedruckt und noch am selben Abend ausgefahren. Nicht selten tauchte er noch kurz vor Mitternacht bei Bezirkssekretären oder örtlichen Aktivisten auf. Auch an Sonn- und Feiertagen wurden Sitzungen und Besprechungen angesetzt, ja bei Bedarf auch am Heiligen Abend.

Für den Sport und seine geliebten Berge fand Kammerstätter damals praktisch keine Zeit mehr. 1948 trennte er sich von seiner ersten Frau und heiratete 1950 Elisabetha Diasek, eine gebürtige Russin, die als Widerstandskämpferin von 1941 bis 1945 im Frauenkonzentrationslager Ravensbrück inhaftiert gewesen war. Lisa Diasek war in erster Ehe mit dem Wiener Kommunisten Ing. Edgard Diasek verheiratet, der im KL Mauthausen ermordet wurde. Zum 80. Geburtstag von Lisa Kammerstätter brachte Kammerstätter 1986 eine beeindruckende Arbeit mit ihren Erlebnissen in Ravensbrück heraus.

Nach Beginn des Kalten Krieges wurde die Arbeit der KPÖ Ende der 1940er und Anfang der 1950er Jahre noch zusätzlich von Übergriffen der amerikanischen Besatzungsmacht erschwert. KPÖ-Lokale wurden wiederholt verwüstet, Telefongespräche abgehört und kommunistische Funktionäre verhaftet und verurteilt. So etwa der Landesobmann Franz Haider, der ehemalige Landessekretär Sepp Bloderer oder der Ischler Parteiaktivist Raimund Zimpernik.

Einer der Höhepunkte der politischen Tätigkeit von Peter Kammerstätter nach 1945 war zweifellos der Oktoberstreik 1950. Anlass des Streiks war der Abschluss des vierten Lohn-Preis-Abkommens zwischen der Bundesregierung, dem ÖGB und der Unternehmervertretung. Durch dieses Abkommen blieben die Löhne weit hinter der Preisentwicklung zurück. Hatte es bereits bei den vorherigen Abkommen vereinzelte Widerstandsaktionen gegeben, so erfasste nun die Protestbewegung – ausgehend von der Linzer VOEST und den Steyrer Werken – zuerst ganz Oberösterreich und Ende September bereits große Teile von ganz Österreich. Allein in Oberösterreich streikten damals über 70.000 Arbeiter und Angestellte.

In dieser Situation drängte die KPÖ-Führung, den Streik für die Dauer einer gesamtösterreichischen Betriebsrätekonferenz zu unterbrechen, um damit den Druck auf Bundesregierung und Unternehmer erneut zu erhöhen. Im Ergebnis wurde dadurch aber der Streikbewegung der Wind aus den Segeln genommen. Ein Wiederaufleben des Streiks Anfang Oktober scheiterte bereits nach wenigen Tagen. Von der Bundesregierung, vor allem aber von der SPÖ, wurde die Legende vom „KPÖ-Putsch" in die Welt gesetzt. Hunderte kommunistische Betriebsräte und -aktivisten wurden daraufhin entlassen oder sonst gemaßregelt. Dieser politische Verlust konnte trotz kurzfristiger Erfolge bei zahlreichen Betriebsratswahlen langfristig nicht ausgeglichen werden.

Aber Kammerstätter erlebte auch politische Erfolge: 1952 organisierte die KPÖ ein internationales Jugendtreffen in Linz mit über 9.000 Teilnehmern, denen ein vielfältiges Kulturprogramm geboten werden konnte. Hunderte KPÖ- und FÖJ-Aktivisten (Freie Österreichische Jugend) und ihre Familien arbeiteten dabei mit, um dieses mehrtägige Treffen erfolgreich durchzuführen.

Von 1951 bis 1965 war Kammerstätter Mitglied des Zentralkomitees der KPÖ. Er legte Wert auf eine gediegene marxistische Bildungsarbeit in der Partei. Dazu wollte er in der Linzer Parteizentrale eine große Parteibibliothek einrichten, ein Plan, der Kammerstätters Ausscheiden aus seinen Parteifunktionen 1963 nicht lange überdauern sollte. In besonderer Weise engagierte er sich zu Anfang der 1950er Jahre für die österreichische Neutralität, zu deren Pionieren er gehörte.

Dennoch trafen sich Anfang der 1960er Jahre die Kritiken von vielen, oftmals von Peter Kammerstätters Arbeitsweise überforderten oberösterreichischen Parteiaktivisten mit jenen aus der Wiener Parteiführung. Obwohl bei einem großen Teil der Parteibasis überaus beliebt und geschätzt, wurde in den Landesgremien der KPÖ – vor allem aus dem Parteiapparat – deutliche Kritik gegen Kammerstätter laut. Gleichzeitig hatte sich die politische Richtung in den Bundesgremien der KPÖ geändert. Ein arbeitsamer, dem traditionellen Marxismus verpflichteter Sekretär, der nicht jede Modeerscheinung mitmachte, war zu jener Zeit nicht mehr allzu gerne gesehen. Da das persönliche Vertrauensverhältnis zwischen ihm und dem damaligen Landesobmann ebenfalls nicht mehr gegeben schien, schied er ohne Vorankündigung, aber nach Erledigung aller noch offenen Arbeiten, mit dem 31. Dezember 1963 aus allen Parteifunktionen und kündigte sein Dienstverhältnis. Er blieb aber weiterhin überzeugter Kommunist und Mitglied der KPÖ bis zu seinem Tod 1993.

Kammerstätter fand erst Ende 1964 eine neue Anstellung als Bauschreiber. Diese Tätigkeit war in keiner Weise mit seinem erlernten Beruf zu vergleichen, auch die Bezahlung war um einiges schlechter. Bis 1972 arbeitete er bei der Donauländischen Baugesellschaft als Bauschreiber, als Rechnungsprüfer und schließlich als Hauptkassier. Ende 1972 konnte er schließlich in Pension gehen.

Ab 1967 bereits begann Kammerstätter, Material über die vielfältige Geschichte der Arbeiterbewegung und des antifaschistischen Widerstandes in Oberösterreich zu sammeln und erwarb sich damit als Historiker der heimischen Arbeiterbewegung große Verdienste. Sein persönlicher Hintergrund war die Erkenntnis, dass „über die Großen geschrieben wird, über die Kleinen hingegen nicht". Bereits 1946 war im Linzer Verlag der Neuen Zeit unter Mitarbeit von Peter Kammerstätter der Erlebnisbericht des legendären Salzkammergut-Partisanen Sepp Plieseis „Vom Ebro zum Dachstein" erschienen.

Kammerstätter betrat mit seiner Sammlung von Materialien und Interviews Neuland, persönlich und auch in der historischen Forschung, die Anfang der 1970er Jahre für mündliche Geschichte noch nicht sehr offen war. Seine ersten Arbeiten beschäftigten sich mit Ereignissen um das KL Mauthausen. 1971 erschien seine erste Arbeit über den „Todesmarsch der ungarischen Juden im April 1945". Die Erforschung des Todesmarsches führte ihn weiter zum Ausbruch der sowjetischen Offiziere und Unteroffiziere aus dem Block 20 in Mauthausen im Februar 1945, zur „Mühlviertler Hasenjagd". Die Arbeit dazu erschien 1979. Niemand, der diese Themen später je bearbeitete, ob literarisch oder wissenschaftlich, konnte dabei über Kammerstätters Grundlagenarbeit hinweggehen.

Die Materialiensammlung über die Widerstandsbewegung des Salzkammerguts brachte ihn wieder in die Berge. Er suchte selbst alle Schlupfwinkel der Aktivisten auf und versuchte, ihre Märsche und Wege nachzuvollziehen. Mit seinen zahlreichen Interviews erweckte er Erinnerungen an eine damals fast schon vergessene Widerstandsgruppe. Viele seiner Interviewpartner wurden daraufhin als gefragte Zeitzeugen einer breiteren Öffentlichkeit bekannt. Seine Arbeit über die „Widerstands- und Partisanenbewegung Willy-Fred" erschien 1978.

Peter Kammerstätter (ganz links) mit Jugendlichen auf einer Wanderung „Auf den Spuren der Partisanen" im Salzkammergut.

Parallel dazu arbeitete er an einer umfassenden Sammlung von Materialien und Dokumenten zum Februar 1934 in Oberösterreich, die 1984, zum 50. Jahrestag der Ereignisse, abgeschlossen wurde und über 2.000 Seiten umfasste. Zwei Jahre später erstellte er dazu eine zusätzliche Arbeit über den „Februar 1934 im Spiegel der Literatur und Lyrik".

Im Laufe der Jahre erarbeitete Kammerstätter immer wieder einzelne biografische Sammlungen. Die Biografien der oberösterreichischen KPÖ-Vorsitzenden Sepp Teufl und Franz Haider, die Tätigkeit des KPÖ-Vorsitzenden Koplenig in Oberösterreich, die Erlebnisse der kommunistischen Widerstandskämpferinnen Resi Pesendorfer (Bad Ischl) und Henriette Haill (Linz) und die der bekannten sozialdemokratischen Bildungsfunktionäre Hans Ottenbacher und Max Lotteraner, die Erinnerungen seiner Gattin Lisa an ihre Zeit im KZ Ravensbrück und die beindruckenden Lebensläufe der hier vorliegenden Arbeit mit dem ursprünglichen Titel „Dem Galgen, dem Fallbeil, der Kugel, der Gaskammer entkommen" wurden zu Dokumenten der Geschichte der heimischen Arbeiterbewegung und des Widerstands.

Kammerstätters Nachlass beinhaltet tausende zusammengetragene Dokumente und hunderte Interviews auf Tonbändern, viele davon auch in schriftlicher Form. Arbeiten zu den Themen „Welser Gruppe", einer oberösterreichischen Widerstandsgruppe, die im Laufe des Jahres 1944 agierte, oder zum „Oktoberstreik" von 1950 wurden noch von ihm begonnen.

Für seine unermüdliche Arbeit wurde Kammerstätter schließlich mit dem Titel Professor ausgezeichnet und von der oö. Landesregierung zum Konsulenten ernannt. Er war Träger der Wissenschaftsmedaille der Stadt Linz und jahrelang auch bei den Internationalen Tagungen der Historiker der Arbeiterbewegung in Linz vertreten.

Seine Arbeit als Historiker wurde vom langjährigen Vorstand des Instituts für Zeitgeschichte an der Universität Linz, Prof. Karl Stadler, intensiv gefördert. Eng arbeitete Kammerstätter auch mit dem Salzburger Zeitgeschichteprofessor Gerhard Botz und dem späteren Direktor der Linzer Volkshochschule, Hubert Hummer, zusammen. Dieser verfasste 1986 gemeinsam mit den Linzer Zeitgeschichtlern Reinhard Kannonier und Brigitte Kepplinger eine Festschrift zum 75. Geburtstag Peter Kammerstätters. Sein engster Mitarbeiter war über die Jahre hinweg aber zweifellos aber der Vöcklabrucker Historiker Dr. Günther Grabner.

Peter Kammerstätter war auch ein Pädagoge. Seine Vortragstätigkeit führte ihn in Schulen, an Volkshochschulen und Universitäten und zu Jugend- und Gewerkschaftsgruppen. Vorträge hielt er auch auf Ausstellungen oder zu Orten des Geschehens. Mit diesen „Politischen Wanderungen", belebte der Naturfreund eine alte Tradition der Arbeiterbewegung. Kammerstätter machte Jahr für Jahr zwischen 40 und 60 Führungen durch die Gedenkstätte des ehemaligen KL Mauthausen, zu denen er meistens per Bus und zu Fuß privat „anreiste". Nach vorsichtigen Schätzungen begleitete er bis 1986 an die 20.000 Menschen durch die Gedenkstätte.

Kammerstättr war Inhaber des Ehrenzeichens für Verdienste um die Befreiung Österreichs und bis zu seinem Tod Funktionär im oberösterreichischen KZ-Verband und Vorstandsmitglied der österreichischen Lagergemeinschaft Mauthausen. Peter Kammerstätter starb im 82. Lebensjahr am 3. Oktober 1993 und wurde im Linzer Urnenhain beigesetzt. Im Oktober 1996 wurde von der Stadt Linz zur Erinnerung an ihn eine Gedenktafel an der Fassade des Hauses Finkstraße 3, in welchem er gelebt hatte, enthüllt. Mit diesem Akt wurden die Verdienste Kammerstätters für die Aufarbeitung eines wesentlichen Bereiches der Geschichte der Arbeiterbewegung und des antifaschistischen Widerstandes in Oberösterreich und darüber hinaus gewürdigt.

Kammerstätters Arbeiten sind fast vollständig im oberösterreichischen Landesarchiv und in der Linzer Landesbibliothek einzusehen, sein Nachlass wird im Linzer Stadtarchiv zur wissenschaftlichen Bearbeitung aufbewahrt.

Peter Kammerstätter bei einer seiner geliebten Bergwanderungen

In seinem Nachruf sagte der Schriftsteller und ehemalige Linzer KP-Gemeinderat Prof. Franz Kain: „Peter Kammerstätter ist den Idealen seiner Jugend treu geblieben, trotz bitterer Enttäuschungen und trotz manchem Unrecht, das er erleiden musste. Er ist diesen Idealen treu geblieben in der festen Überzeugung, dass die Welt, in der wir leben, keineswegs fertig ist und dass sie nicht so bleibt, wie sie gegenwärtig ist. Er war bis zu seinem Tod davon überzeugt, dass die Gesellschaft sich weiter entwickeln wird und der Kampf um eine höhere Gerechtigkeit, um Frieden, Demokratie und Sozialismus auch in Zukunft seine Chance haben wird."

Jürgen Enser

Quellen:
Hummer, Kannonier, Kepplinger: Die Pflicht zum Widerstand – Festschrift Peter Kammerstätter zum 75. Geburtstag, Wien 1986
Zeitschrift Antifa-Info, Nr. 60a, Sondernummer „In Erinnerung an Peter Kammerstätter", Institut für angewandte Entwicklungspolitik, Linz Herbst 1994
Website der KPÖ Oberösterreich www.ooe.kpoe.at

August Moser
Ich lege mein Leben in Ihre Hand

August („Gustl") Moser, geboren am 22. April 1896 in Lichtenegg bei Wels; besuchte die Pflichtschule und erlernte das Werkzeugschlosserhandwerk. Nach der Beendigung der Lehrzeit war er für kurze Zeit arbeitslos. Er ging nach Steyr und wurde dort kurz vor Beginn des Ersten Weltkrieges 1914 als Werkzeugschlosser aufgenommen. Dort begann nicht nur seine berufliche Weiterbildung, er wurde dort auch von seinen Arbeitskollegen zum Gewerkschafter und zum politischen Arbeiterfunktionär erzogen. Bald gehörte er der Freien Gewerkschaft der Metallarbeiter an und wurde Funktionär dieser Organisation. So führte ihn sein Weg zur Sozialdemokratischen Partei, deren Funktionär er ebenfalls wurde.

Natürlich hat die bewegte Zeit dazu beigetragen: Die Lohnkämpfe in den Betriebsabteilungen der Steyrerwerke, der Brotstreik 1916, der Beuschlstreik 1917, der Jännerstreik 1918, der nicht nur zur Verbesserung der Lebenslage der Werktätigen stattfand. Er richtete sich gegen den Krieg, für die Beendigung des Krieges und den baldigen Frieden. So wurde er – um mit den Worten von Gustl Moser zu sprechen – zum Klassenkampf, zum Klassenkämpfer erzogen. Natürlich gab es auch Opfer: Die „Rädelsführer" wurden verhaftet oder zur Wehrmacht, das heißt zum Militär an die Front, einberufen. Auch Gustl Mosers Rückstellung vom Militär wurde aufgehoben, er musste zum oberösterreichischen Hausregiment, das damals in Brunn lag, einrücken. Nach einer kurzen Ausbildung gings an die italienische Front. Er hatte Glück, dass der Krieg dem Ende zuging, denn es wurde ein Verfahren gegen ihn eingeleitet wegen unerlaubten Entfernens von der Front und der Truppe. Zur gleichen Zeit kam die Anforderung von den Steyrerwerken zur Enthebung vom Militär.

So kam er zurück in die Steyrerwerke, und rasch begann sein gewerkschaftlicher und politischer Aufstieg. Er wurde Mitglied in einer Reihe von Arbeiterorganisationen und bei der Gründung des Republikanischen Schutzbundes war er dabei und wurde Funktionär. Zu erwähnen wären noch seine hervorragende Beteiligung und Führung des Februaraufstandes in Steyr am 12. und 13. Februar 1934.

Gustl Moser war konfessionslos, das heißt, ohne Religionsbekenntnis. Am 7. Februar 1923 verheiratete er sich mit Maria Eder, die den Beruf einer Krankenschwester ausübte. Im gleichen Jahr wurde seine Tochter Auguste geboren. Er wohnte mit seiner Familie in der Gemeinde St. Ulrich, später wurde dieses Wohngebiet der Stadt Steyr eingemeindet. Er wurde Gemeinderat von St. Ulrich und war Mitglied der Bezirksleitung der SPÖ Steyr. 1926, als Dreißigjähriger, wurde er Betriebsratsobmann der Arbeiter der Steyrerwerke.

In dieser Funktion hatte er in der Gewerkschaft und in der SPÖ ein bestimmtes Ansehen. Mit der Zuspitzung der politischen und wirtschaftlichen Situation in Österreich und mit der immer größer werdenden Unzufriedenheit mit der SPÖ-Führung in Wien wurde auf einem außerordentlichen Parteitag 1933 zur Unterstützung des Parteivorstandes ein Parteirat von 150 Funktionären aus ganz Österreich gewählt. Von diesen durfte keiner Parteiangestellter sein. Sieben Oberösterreicher gehörten diesem Parteirat an, unter ihnen war Gustl Moser.

In dieser Zeit war die politische Lage besonders angespannt, Die Ausschaltung des Parlaments durch die Regierung Dollfuß mit Hilfe der kriegswirtschaftlichen Notgesetze von 1917, führte zur Ausschaltung der Arbeiterbewegung und der Lahmlegung ihrer Tätigkeit, zum Verbot des Republikanischen Schutzbundes, zum Verbot der Kommunistischen Partei usw. Die wirtschaftliche Lage verschlechterte sich massiv. Gab es zum Beispiel während des Ersten Weltkrieges in den Steyrerwerken 14.000 bis 16.000 Beschäftigte, so lag nach dem Krieg die Höchstzahl bei etwas über 6.000 und 1933 bei nicht ganz 1.000 Beschäftigten. Daher muss man auch verstehen, dass sich Gustl Moser als Betriebsratsobmann mit seinen Mitarbeitern in einer äußerst schwierigen Situation befand. Noch dazu war die Direktion nicht bereit, die seit langem geführten Lohnverhandlungen zum Abschluss zu bringen. In dieser gespannten Situation wollte die Direktion besonderen Druck auf Moser ausüben. Herbst ließ ihn zu sich rufen:

Herbst: „Ich möchte aber mit Ihnen wegen des eventuellen oder geplanten Generalstreiks reden, denn in Steyr geschieht, was Sie wollen. Es wird gestreikt, wenn Sie es wollen. Es wird nicht gestreikt, wenn Sie es nicht wollen! Wenn Sie der Arbeiterschaft abraten, dann wird nichts geschehen. Wenn Sie dies anraten, dann wird gekämpft …

Ich bitte sie, Ihren Einfluss geltend zu machen. Ich weiß, Sie haben dieses Ansehen in Steyr"

Moser: „Ich habe schon gesagt, das hängt vom Parteivorstand und der Zentrale der Gewerkschaft ab, nicht von meinem Willen."

(Direktor Herbst gehörte zu den ersten Todesopfern des 12. Februar 1934 in Steyr)

Es kann bei dieser ganz kurz skizzierten Lebensgeschichte Mosers auf einzelne Fragen, die sich in diesem Zusammenhang ereignet haben, nicht eingegangen werden. Gustl Moser wird am Morgen des 10 Februar 1934, nach einer Hausdurchsuchung, verhaftet, da in seiner Schreibtischlade die „Thesen der Linken innerhalb der Sozialdemokratischen Partei" vorgefunden und beschlagnahmt worden waren.

Am Abend des 10. Februar wurde er unter dem Druck der Stimmung in der Steyrer Bevölkerung aus dem Gefängnis entlassen. Mit großer Begeisterung wurde sein Erscheinen auf dem Ball der Kinderfreundel aufgenommen.

Am 11. Februar wurden Moser und einige seiner Freunde nach Linz, zum Landessekretär der SPÖ, Richard Bernaschek, berufen, um über die ernste Lage zu beraten. Es wurde dort – nach Kenntnisnahme – die Zustimmung zu dem von Bernaschek an die SP-Zentrale abgesandten Brief gegeben. Darin wurde unter anderem dem Parteivorstand bekannt gegeben, dass, wenn es in den nächsten Tagen zu einer weiteren Waffendurchsuchung kommt, diese verhindert wird.

Am 12. Februar, um 6 Uhr 45, wurde von der Polizei in der Zentrale der SPÖ Oberösterreich eine Waffendurchsuchung vorgenommen. Das war das Signal zum Aufstand in Österreich.

Gustl Moser wurde im Betrieb von dem Vorfall verständigt. Auf

Anordnung des Betriebsrates wurde der Streik begonnen. Es wurden Waffen ausgegeben; und alle Sozialdemokraten und ihre Freunde sind zu ihren Einsatzpunkten abgegangen, auch Moser. Sein Einsatzgebiet war die Siedlung „Klein aber mein" in Steyr-Münichholz. Im Polizeibericht vom Februar 1934 wird auf „Waffenbereitstellungen" und auf die „Sprengung des Bahngeleises", an denen Moser beteiligt war, hingewiesen. Laut Polizeibericht wurden im Bezirk Steyr 990 Verhaftungen durchgeführt (In ganz Oberösterreich gab es im Februar 1934 etwas über 2.800 Verhaftungen von Schutzbündlern und deren Freunden). Neun Schutzbündler wurden in Steyr bei diesem Aufstand getötet, Ahrer Josef wurde hingerichtet, Gustl Moser konnte flüchten (nachfolgender Bericht).

Mosers Flucht ging über die grüne Grenze in die CSR. Er lebte einige Monate in Prag. Dort betreute er unter anderem die ehemaligen Schutzbündler, die sich in der Emigration befanden. Im Juni 1934 trat er der Kommunistischen Partei bei. Er arbeitete später im Zentralkomitee und im Polbüro der KPÖ mit. Mit Richard Bernaschek bereiste er die Sowjetunion. Sie waren bei Verhandlungen mit den Vertretern der Kommunistischen Internationale („Komintern") anwesend.

Von Prag aus fuhr Moser illegal nach Österreich und arbeitete, besonders auf dem Gewerkschaftssektor, in Wien. 1939 ging er dann von Prag aus nach Paris, wo er einige Monate lebte. Aufgrund eines Auftrags des Vorsitzenden der KPÖ, Johann Koplenig, ging Moser nach Schweden, um die dort befindlichen Funktionäre und Mitglieder der KPÖ zu einer Organisation zusammenzufassen. In Schweden ging er wieder seinem Beruf als Werkzeugmacher nach. Einige Monate wurde er dort aus politischen Gründen im Gefängnis festgehalten.

Gustl Moser war in Schweden der Initiator der Österreichischen Freiheitsbewegung, deren Vorsitzender später Bruno Kreisky geworden ist. Moser wurde dessen Stellvertreter.

Das Kriegsende erlebte er in Schweden, und nach fast zwölfjähriger Emigration kehrte er Ende 1945 nach Steyr zurück, wo er sich sofort wieder seiner Partei, der KPÖ, zur Verfügung stellte. Gustl Moser wurde Bezirksobmann von Steyr, stellvertretender Landesobmann und war eine Periode lang Mitglied des Polbüros der KPÖ. Er war als Gewerkschaftssekretär in der Gewerkschaft der Metall- und Bergarbeiter tätig.

Seine tiefste politische Demütigung erfuhr Moser nach dem Oktoberstreik 1950, als er wegen seiner Teilnahme an diesem Arbeitskampf und wegen seines mannhaften Eintretens für die Interessen der Werktätigen von der damaligen Gewerkschaftsführung gemaßregelt und fristlos entlassen wurde.

Erst drei Jahrzehnte später, als die Lüge vom kommunistischen Putsch 1950 längst kläglich zusammengebrochen war, wurde Moser rehabilitiert. Er selbst beugte sich niemals dem Terror der Herrschenden dieser Jahre. Zwei Jahrzehnte lang war er ein umsichtiger und energischer Sprecher des Gewerkschaftlichen Linksblocks in der oberösterreichischen Arbeiterkammer, ab 1946 war er sogar eine Periode lang dem Präsidium der Arbeiterkammer. beigezogen Moser war auch Stadtrat und später Gemeinderat in Steyr.

Für seine jahrelangen Verdienste als Kommunalpolitiker wurde er in einer Festsitzung im Steyrer Rathaus mit der Ehrenmedaille der Stadt Steyr ausgezeichnet. Vom Bundespräsidenten wurde ihm das Ehrenzeichen für die Verdienste um die Befreiung Österreichs verliehen. Gustl Moser starb am 7. Oktober 1986, im 91. Lebensjahr.

An ihn erinnert eine Straße im Steyrer Stadtteil Taschlried.

Nun folgt ein Auszug eines Berichts über sein Leben, den er dem Verfasser dieser Arbeit gab (aus einer Tonbandaufnahme):

Ich lege mein Leben in Ihre Hände
Nachdem der Kampf (im Februar 34, P. K.) beendet war und wir mit unseren Leuten zur Ennsleiten hinübergegangen sind, haben sich unsere Leute schon zerstreut. Es hatte jeder auf seine Art heimzukommen versucht, also haben sich alle zerstreut. Ich habe überlegt: Was soll ich machen? Wir haben auf der ganzen Linie verloren. Abgesehen von den Radiomeldungen, die wir in der Nacht abgehört hatten, in denen über die Situation in Wien berichtet wurde, haben uns unsere Leute gefragt: Was machen die in Wien? Ich reagierte darauf, indem ich ihnen sagte: Schauts, das sind die Meldungen der Regierung, der Reaktion, die wir bekämpfen. Doch waren sie im Grunde richtig.

Ich habe ihnen gesagt, es sind die Meldungen unserer Gegner, die dadurch unsere Kampftätigkeit lahm legen wollen. Der Morgen jedoch hat die Meldungen bestätigt.

Der Generalstreik hatte versagt. So habe ich mir überlegt – den Karabiner habe ich wie die anderen auch zertrümmert – soll ich nach Hause gehen, oder was?

Am Vorlag war ich ja am Abend kurz daheim. Da hat mir meine Tochter ihre Fäustlinge gegeben: „Papa, es ist kalt draußen". Ich habe diese nach zwölf Jahren wieder zurückgebracht, denn das war das letzte Mal, dass ich daheim war.

Sieberer [1] war der Abteilungsleiter auf der Ennsleiten. Sichelrader [2] hat am Montag, als wir im vollen Kampf waren, schon angeraten, diesen einzustellen. Das war, als wir noch im Besitz von Waffen und Munition waren. Dieser Vorschlag ist aber von Sieberer und der Mehrheit der dort Anwesenden abgelehnt worden.

Bevor ich ging, kam noch die Gruppe mit dem MG. Sie fragten, was sie mit diesem tun sollen. Mein Befehl war: Zerlegen, unbrauchbar machen und in dem nahegelegenen Stadl im Heu vergraben. Und dann bin ich gegangen. Ich wusste, was meiner harrte, aufgrund meiner aktiven Tätigkeit.

Wenn sie mich erwischen, kann ich mit dem Todesurteil rechnen. Ich habe kurz überlegt, soll ich mir das Leben nehmen oder mich der Justiz ausliefern. Ein altes Wort, das ich immer ver-

---

[1] Sieberer, Michael:1896–1976; Metallarbeiter und Politiker. Seit 1915 Mitglied der Sozialdemokratischen Partei. Er ist Mitglied im Arbeiterbetriebsrat der Steyr-Werken (Obmann ist August Moser) und gehört ebenfalls dem Parteirat des SDAPÖ an. Bei den Kämpfen des 12. Februar ist er Mitglied der Kampfleitung auf der Ennsleite. Nach dem Verbot verbleibt er weiterhin in der SPÖ, emigrierte unter der Herrschaft der Nationalsozialisten nach Bolivien und kehrte 1945 wieder nach Steyr zurück. Gestorben 1976

[2] Sichelrader, Franz: 1895–1962; 1920 Betriebsratsobmann der Arbeiter in den Steyr – Werken, seit 1926 sozialdemokratischer Bürgermeister, ab 1926 im Landtag; am 12. Februar 1934 verhaftet und zwei Jahre inhaftiert; wandte sich dem Nationalsozialismus zu, 1938 NS-Ortbauernführer in St. Ulrich; seit 1943 wieder in den Steyr-Werken beschäftigt; 1945–1958 sozialistischer Gemeinderat, 1952–1959 Zentralbetriebsratsobmann der Steyr – Werke.

wendet habe, „Wer sich selbst aufgibt, der ist verlassen", kam mir in den Sinn. Aber wohin? In Steyr kennt mich fast jedes Kind. So dachte ich, nur auf niederösterreichischen Boden zu kommen, dort bin ich weniger bekannt. Dann gehe ich in die Kleinraming hinein, hinauf zum Behamberg in die Richtung Kürnberg, der zwar ein Hauptstützpunkt der Heimwehr war. Eins wusste ich, nach Steyr kann ich unmöglich zurück. Unsere Leute haben schon gesagt, bevor wir auseinander gingen: „Du musst verschwinden, sonst hängen sie dich auf!"

Ich bin dann nicht mehr nach Hause und hab dann das gemacht, wie schon gesagt. Ich war noch mit der Armeepistole bewaffnet. Mit dieser werde ich mein Leben verteidigen, wenn ich verhaftet werde. Diese Gefahr bestand. Besser erschossen, als aufgehängt zu werden. Nicht sich selbst aufgeben.

Ich gehe nicht weit und komme in die Nähe eines Waldrandes, von wo mittags die Heimwehr herangekommen war. Ich habe keine andere Wahl gehabt, In der Hoffnung, dass sie sich zurückgezogen haben, gehe ich Richtung Kleinraming, da geht ein Wegerl, wie geplant.

Auf einmal schreit einer: Halt!

Es waren mehrere Männer beisammen, ich war noch alleine. Da darf heute keiner mehr durch! Das war mein Glück. Ich habe mich sofort von diesem Weg abgewendet und einen Bogen um den Wald herum gemacht. Da sehe ich, da kommt ein Mann, der mich beim Namen ruft „Moser, darf ich mit dir gehen? Ich war ja auch dabei."

Ich sagte: „Du kannst mitgehen. Aber ich mache dich aufmerksam, heute gilt das Prinzip: Mitgefangen, mitgehangen. Wenn du mitgehst, dann musst du dich meinen Anweisungen fügen, denn heute geht es um Leben und Tod. Vielleicht ist es besser, wenn du alleine gehst." Er: Nein, er geht mit. Gehen wir doch zu einigen Bauern, die ich kenne, wo wir was zum Essen bekommen, wo wir uns ausruhen können! Ich: Nein, zu den Bauern gehen wir heute nicht, denn die meisten sind Heimwehrleute. Wenn schon nicht sie selbst, dann ihre Söhne oder Knechte. Wenn uns jemand begegnet, dann musst du dich meinen Anordnungen fügen.

Wir gehen gar nicht weit und kommen zum Bauernhof Pringer, den ich schon einige Zeit gekannt habe. Bei ihm hatten wir Halmäcker gehabt, um Gemüse für den Winter anzubauen. Das war, wenn das Getreide abgeerntet war. Es war damals bei den Arbeiterfamilien so üblich. Die Bauern vermieteten die Äcker, und es wurde dafür entweder mit Geld oder durch Arbeitsleistung in der Erntezeit bezahlt. Hinter diesem Gebäude kommt eine Heimwehr-Patrouille hervor. Mein Begleiter sagte, rennen wir. Ich sagte, nein, dann wissen sie, wer wir sind. Ich war bekleidet mit Schihose, Lederrock und Schimütze. „Reden lasse mich", hatte ich vorher noch zu ihm gesagt. Wir haben zuvor von der Anhöhe gesehen, wie verstreute Schutzbündler im Gelände draußen verhaftet wurden. Also haben wir eine andere Richtung gewählt. Und da begegnet uns die Heimwehr-Patrouille von fünf oder sechs Mann, gut bewaffnet mit neuen Karabinern.

Wir gehen bewusst auf sie zu, bis auf etwa zehn Schritte Entfernung, da rufen sie: Halt! Auf ihre Frage, wo wir denn hingehen, antworteten wir, in die Raming gehen wir hinein. Was macht ihr in der Raming? Es ist verboten! Wir haben den Auftrag, wer da geht, den sollen wir mitnehmen, verhaften. Ich fragte, wo steht das angeschlagen, dass es heute verboten ist, in die Raming zu gehen? Wo steht das? Sie, wir haben den Befehl, jeden mitzunehmen, denn es wird sich schon herausstellen.

„Verhaften wir sie!" Das war nicht der Patrouillenführer, sondern ein Heimwehrmann, der ständig darauf drängte, uns zu verhaften. Auf die Frage: Habt ihr Waffen mit?, antworteten wir mit Nein. Der Mann, der mit mir ging, war früher in den Steyrerwerken beschäftigt gewesen. Aus dieser Zeit kannte ich ihn, jetzt war er ja arbeitslos. Er fragte mich vorher: Hast Du eine Waffe? – Ja. Schmeiß die Waffe weg! Schau, wenn wir zu den Bauern gehen, ist es leicht möglich, der Heimwehr zu begegnen. Die Heimwehr ist stark. Während ich noch überlegte, ist er in mich eingedrungen, wir können sagen, wir waren nicht in Steyr, und wenn sie dich nicht kennen, können wir jede Beteiligung abstreiten. Ich gab ihm recht, habe den Verschluss aus der Pistole herausgenommen und die Patronen, und alles in verschiedene Richtungen geworfen. Es war ja knietiefer Schnee.

Die Streife, die uns anhielt, fragte, was wir denn in der Raming hinten machen. Ich gab zur Antwort, die Ähren, die meine Frau geklaubt hat zur Zubesserung unseres Haushalts, die holen wir heute ab. In dieser Zeit haben viele Arbeiterfamilien das so gemacht. In der Mühle wurde dann das Getreide zum Mahlen abgegeben. Die Heimwehr: Heute ist das verboten! Ich wieder: Das steht nirgends, wir brauchen das Mehl!

Der Patrouillenführer hat überlegt und fragte uns nach Waffen. Nein war die Antwort. Wir mussten die Hände hoch heben, die ganze Zeit waren die Karabiner auf uns gerichtet. Er hat uns dann abgestreift, hat natürlich nichts gefunden. Einer, der die ganze Zeit gesprochen hatte, schlug vor, uns mitzunehmen. Der Patrouillenführer meinte: Schau, sie haben keine Waffen, was nehmen wir sie mit, wenn sie ihr Mehl abholen wollen? Den Befehl haben wir nicht, sie zu behindern. Der Andere: Der Befehl hat geheißen, alle, die herunterkommen, mitzunehmen! Weil ich gesehen habe, dass der Patrouillenführer zu schwanken beginnt, habe ich gesagt: Nehmts uns mit, aber ich verlange, dass ich sofort auf die Bezirkshauptmannschaft geführt werde. Das Recht steht mir zu! Der Bezirkshauptmann ist mein Freund. Ich arbeite bei ihm. Der wird euch sagen, welchen Auftrag ihr habt. Bewaffnete, nicht unbewaffnete, friedliche Bürger verhaften!

Darauf der Patrouillenführer: Wir nehmen sie nicht mit! Passiert. Mein Begleiter hat während dieses ganzen Gesprächs geschwiegen. Wir sind gegangen. Welches Gefühl wir nach diesem Zusammentreffen hatten, kann man sicher verstehen. Wir haben uns in einen der Gräben, die auf unserem Weg waren, hineingesetzt. Müde waren wir von den vergangenen Tagen. Dort haben wir jeder eine Tafel Schokolade gegessen, die ich eingesteckt hatte, und uns eine Weile ausgeruht.

Unterdessen ist die Dämmerung hereingefallen. Wir sind den Waldhang hinauf, damit wir auf eine Anhöhe kommen und einen Ausblick haben, um uns orientieren zu können, in welche Richtung wir gehen müssen. Nach einem kurzen Hin- und Herüberlegen haben wir zwei Bauernhäuser gesehen. Mein Begleiter schlug vor, dort hinzugehen, da er diese kenne. Ich riet davon ab. Mein Vorschlag war, in das weiter unten liegende kleine, unscheinbare Haus zu gehen. Wenn wir zu den größeren Bauern gehen, sind dort mehr Leute, und die Gefahr ist dadurch größer für uns.

Wir rutschten den Hang hinunter zu diesem kleinen Häuschen mit den kleinen Fenstern, wie wir jetzt sahen. Wir klopfen an. Es kommt ein großer, fescher Mann heraus. Man hat gesehen, dass er ein Arbeiter ist. „Was wollt's denn?" Mein Begleiter hat sein Schweigen gebrochen. Er sagt, wir sind schon weit gegangen. Können wir eine Halbe Most haben Wir haben Durst. Der Mann fragte uns, wer wir sind. Ich: Wir sind Arbeitslose, und in Steyr ist's heute unruhig. Dort wird geschossen. Wir, die schon länger arbeitslos sind, haben versucht, hamstern zu gehen. Wir sind schon den ganzen Tag auf dem Weg und haben uns verirrt auf dem Weg nach Steyr. Nun wissen wir nicht, wo wir sind.

„Ihr seid gleich weit weg von Steyr und Ernsthofen". Um diese Orte fragte ich, um mich orientieren zu können. Ihr seid in die entgegengesetzte Richtung gegangen, hat er gesagt und fügte hinzu, in Steyr ist heute viel geschossen worden. Das haben wir gehört. Und er sagte zu seiner Frau: Geh, Alte, bring eine Halbe Most heraus. Ich sagte, wir sind hundemüde. Könnten wir uns ein wenig ausrasten? – Ja, freilich, kommt's herein in die Stube!

Wir haben gleich am Lehmboden in der Stube gesehen, das Haus war von einem Armen. Und im Herrgottswinkel hat er uns eingeladen, Platz zu nehmen. Es waren zwei oder drei Kinder da zwischen 8 und 13 Jahren. Er hat sich mit seiner Frau auf die Ofenbank gesetzt und sagte zu ihr, wenn sie den ganzen Tag auf dem Weg waren, werden sie Hunger haben, geh, bring ihnen Most und Fleisch herauf. Unterdessen begann er uns zu erzählen, was er von Steyr gehört hat, dass geschossen wurde, vom Generalstreik. Ich habe seiner Erzählung entnommen, dass er Sympathie und Verständnis für den Kampf der Arbeiter hat. So dachte ich mir, gefährlich ist der Mann nicht. Er war Zimmermann von Beruf. Ich habe ihm dann seine Argumente mit meinem Wissen verstärkt. Unterdessen hat seine Frau uns beiden ein ganz schönes Stück Geselchtes und Brot vorgesetzt. Durch unser Gespräch ist die Zeit vergangen, so hat er zu den Kindern gesagt, es ist Zeit ins Bett zugehen. Die Frau hat die Kinder ins Bett gebracht und hat sich dann wieder zu uns gesetzt. In der Zeit, in der seine Frau die Kinder niederlegte, habe ich reiflich überlegt, da wären wir gut aufgehoben, das wäre ein erstes Versteck vor den Behörden.

Als er sich neben mich gesetzt hat, habe ich ihm die Hand auf die Schulter gelegt und zu ihm gesagt: Sie sind so aufrichtig zu uns, Sie verstehen die Notwendigkeit des Abwehrkampfes der Arbeiterschaft. Er: Ich bin ja selber ein Arbeiter. Sie sehen, dass ich ein Schüpperl Kinder und zu kämpfen habe, um durchzukommen. Ich habe zwar eine Sau und einige Geißen, und eine Kuh haben wir uns auch eingestellt, damit wir uns leichter tun. Und so habe ich zu ihm gesagt: Sie haben uns erzählt, dass von hier nicht weit weg der Gendarmerieposten ist. Wenn wir weiter den Waldrand entlanggegangen wären, wären wir den Helmwehr, der Gendarmerie in die Hände gelaufen. Das Gefühl hat mir gesagt, dass wir hier herunter müssen. Und so sind wir zu Ihnen gekommen. Und er sagt, kaum zehn Minuten, bevor Ihr gekommen seid, haben die Nachbarbuben und der Knecht, die bei der Heimwehr sind, bei uns hereingeschaut. Sie haben erzählt, sie hätten von der Heimwehr den Befehl bekommen, nach Steyr hinunterzugehen, um dort die Heimwehr zu stärken. Sie haben fast geweint, die Rotzbuben. Gegen den Schutzbund sollen sie kämpfen und haben so eine Angst gehabt. Ich sagte weiter zu ihm: „Ich lege mein Leben in Ihre Hand"

Ich sagte ihm auch, wer ich bin, mein Name ist Moser. Es hat sich bestätigt, dass dieser Mann mein Vertrauen verdient hat. Ich habe ihm auch gesagt, dass ich der Betriebsratsobmann der Steyrerwerke bin, dass ich gestern den Streik proklamiert habe und im Kampf tätig war, und dass wir jetzt politische Flüchtlinge sind. Mein Begleiter ist schon lange arbeitslos. Wir haben beide Familie. Wenn sie mich erwischen, werde ich aufgehängt, und da sich mein Begleiter mir angeschlossen hat, kann es ihm auch so ergehen, wie das Sprichwort heißt, ‚Mitgefangen – mitgehangen!'. Ich möchte Sie deshalb bitten – unterdessen ist die Frau hereingekommen und hat mitgehört – ob wir über Nacht hier bleiben können. Standrecht ist. Anscheinend haben wir leider den Kampf in ganz Österreich verloren. Ob ich noch ein paar

Tage bleiben kann, bis das Standrecht aufgehoben ist. Das ist wegen meiner Familie und der Sache wegen. Ich weiß, was Sie für eine große Verantwortung auf sich nehmen. Sie haben Familie.

Da macht er das umgekehrt, legt mir seine Hand auf die Schulter und sagt: Herr Moser, ich bin selber ein Arbeiter. Ich habe Kinder. Ich habe auch nichts Überflüssiges. Meine Frau trägt neben unserer kleinen Wirtschaft noch Brot aus, aber: Ich verrate keinen Arbeiter!

Hier, im Wimmer-Häusl in Behamberg, konnte sich August Moser etwa zwei Wochen lang verstecken und so dem ihm drohenden Galgen entkommen.

Ein paar Tage, so lange sie glauben, dass es für sie erträglich ist, müssen sie sich in das Heu hinauflegen. Recht viel ist es nicht, aber es wird schon gehen. Da es heute keine Möglichkeit mehr gibt, auf den Heuboden hinaufzugehen, müsst ihr euch herunten in der Stube auf den Fußboden legen. Dann sagte er noch: Auf die Dauer kann ich zwei nicht behalten. Sie sind der Gefährdetste. Mein Begleiter sagt: Ich bin ja schon lange arbeitslos. Der

Genosse Moser soll bleiben. Nur dass ich heute nacht hier bleiben kann, morgen früh gehe ich weg.

Und der Zimmermann sagt: Ja, ich muss um 6 Uhr weg in die Arbeit, und er soll etwas früher weggehen. Aber es darf niemand in Steyr erfahren, dass der Herr Moser da ist. Denn davon hängt die Sicherheit meiner Familie ab. Mein Begleiter hat in den ersten Tagen geschwiegen, aber später hat er es schon gesagt: „Der Moser ist in Sicherheit, er ist gut aufgehoben."

Der Zimmermann hat seine Frau gefragt, ob er mich halten kann und mir helfen kann. Ihr Einverständnis war da.

Dann haben wir uns niedergelegt. Um fünf Uhr früh wurden wir aufgeweckt und haben einen Tee getrunken. Mein Begleiter ist weg und ich bin ins Heu hinauf. Sie hat gesagt: Ich werde schon auf sie schauen, dass sie was zum Essen haben und ihnen nicht kalt wird. So habe ich mich von meinem Arbeitskollegen verabschiedet.

Die obigen Ausführungen von einer Tonbandaufnahme von Gusti Moser wurden minimal gekürzt. Er hat sich etwa 14 Tage bei dem Zimmermann und seiner Familie aufgehalten, bis zur Organisierung der Flucht, an der der Zimmermann, seine Frau sowie der 13jährige Sohn mitgewirkt haben. Dann ging er ins Mühlvierte!, über Summerau nach Oberhaid in die CSR, nach Prag, Paris und von dort nach Schweden.

August Moser nach seiner Heimkehr aus dem Exil

Sepp Bloderer
Dem Schafott entkommen

Bloderer Josef, Sepp, wurde als uneheliches Kind der Margarethe Bloderer am 24.12. 1914 in Linz geboren. Vom 1. bis zum 6. Lebensjahr war er bei seinen Großeltern in Frauenstein in der Gemeinde Molln. Und von dieser Zeit weg war er bei seiner Mutter, die sich inzwischen mit dem Bundesbahnangestellten Konrad Friedlberger verehelicht hatte.
In Steyr besuchte er die Volks- und Bürgerschule (jetzt Hauptschule). Nach Beendigung der Schule erlernte er das Handwerk des Bäckers in der Gemeinde Sierning. Er gehörte der sozialdemokratischen Kinderorganisation „Freie Schule Kinderfreunde an". Als Lehrling trat er dann der Sozialistischen Arbeiterjugend (SAJ) bei, wo er als Ortsobmann in Sierning tätig war.

Aufgrund der Teilnahme am Februaraufstand des Republikanischen Schutzbundes am 12. Februar 1934 wurde er drei Wochen lang in Haft gehalten. Das war der Anlass zu seiner Entlassung aus dem Betrieb, wo er das Handwerk eines Bäckers erlernt hatte.

Er trat mit vielen seiner Freunde dem KJV, dem Kommunistischen Jugendverband, bei und wurde bereits im Oktober 1934 wegen seiner Tätigkeit für den KJV verhaftet und zu einer sechswöchigen Polizeihaft verurteilt. Nach seiner Entlassung musste er für seine berufliche Weiterbildung zwei Prüfungen als angelernter Schlosser ablegen, um in den Steyrerwerken beschäftigt zu werden.

Anfang 1936 wurde er dann von seinem Arbeitsplatz weg verhaftet. Da die Beweise für eine Gerichtsverhandlung nicht ausreichten, wurde er zu einer sechsmonatigen Polizeistrafe verurteilt und in das Anhaltelager nach Wöllersdorf überstellt.

Nach seiner Entlassung aus dem Anhaltelager Wöllersdorf im Dezember 1936 war er von dieser Zeit an ohne Arbeit. Im Jahre 1937 wurde er vom Zentralkomitee des KJV nach Wien berufen. Dort wurde er als Instruktor für die Arbeit unter der Jugend innerhalb des KJV in der Steiermark und in Kärnten eingesetzt. In Klagenfurt erkrankte er ernstlich und bekam hohes Fieber. Da er dort unter falschem Namen lebte, musste er nach Wien zurück. In Wien wurde er von der illegalen Leitung bei Genossen untergebracht.

„Als Folge der Kinderlähmung hatte ich Wechselfieber. einmal hohe Temperatur, dann wieder nichts. Die Familie brachte einen jungen Arzt, auch ein Genosse. Ich musste, ins Krankenhaus, war aber illegal und wurde in Steyr überall gesucht. Berta Lauscher brachte mich dann ins Spital, hat mich dort auf die Stiege gesetzt, ging hinein, sagte, dass da draußen jemand auf der Stiege sitzt, und verschwand sofort wieder. Sie nahmen mich hinein, ließen mich eine Zeit liegen und erst in der Früh des nächsten Tages haben sie mich aus dem großen Saal heraus und kamen bei der Untersuchung drauf, dass ich wirklich Kinderlähmung hatte. Daraufhin ließen sie den Saal sperren. Ich kam ins Franz-Josefs-Spital. Die eine Hand war total tot, der eine Fuß war sehr schlecht, der andere besser und die andere Hand konnte ich etwas bewegen. Aber ich hatte Glück und es ist altes wieder geworden, bis auf die Rückwärtsbewegungen. Im Spital lief ich unter „Handwerksbursch", und es flog nichts auf. Bin dann sogar nach der Krankenhausentlassung nach Steyr zurück.

Es wusste keiner, warum es bei mir so schnell besser wurde, mir gingen nur alle Haare aus, richtig bündelweise. Ich sagte, lieber eine Glatze, obwohl es für mich als junger Mensch auch sehr bitter war. Es gibt kein Bild mit Haaren von mir, da wir ausgebombt wurden."

Nach seiner Entlassung aus dem Krankenhaus konnte er aufgrund seines Gesundheitszustandes nicht mehr als Instruktor des KJV tätig sein. Nach Steyr zurück, nahm er sofort Verbindung mit der Leitung des KJV von Steyr auf und war bis zu seiner Verhaftung am 11. Jänner 1938 tätig. Er wurde aufgrund der allgemeinen Amnestie, die von der Schuschnigg-Regierung erlassen worden war, enthaftet. Das war wenige Tage vor dem Einmarsch der deutschen Truppen. Im März 1938 wurde er drei Wochen lang von den Nationalsozialisten in Schutzhaft genommen.

Ab Juni 1938 konnte er wieder in den Steyrerwerken arbeiten, und am 24. Juli 1938 verheiratete er sich mit Theresia Mertl. Beim Einmarsch der deutschen Truppen ins Sudetenland am 1. Oktober 1938 wurde er neuerdings drei Wochen in Schutzhaft genommen.

Im Juli 1939 musste er zur deutschen Wehrmacht einrücken und kam zur Sanitätskompanie 44. Er nahm an den Feldzügen in Polen und Frankreich teil. Im Oktober 1940 wurde er zum Sanitätsgefreiten befördert und zur selben Zeit erhielt er über Ansuchen der Steyrerwerke einen Rüstungsurlaub, und 1942 wurde er UK (unabkömmlich) gestellt. Das bedeutete seine Entlassung aus der Wehrmacht.

Nach seiner Rückkehr stellte er sich sofort der KPÖ zur Verfügung und wirkte leitend mit bis zu seiner Verhaftung durch die Gestapo. Über seine Haftzeit und die Verurteilung zum Tode, die Flucht aus der Todeszelle, das heißt, aus dem Gefängnis Stadelheim bei München in seine engere Heimat und über sein Versteck bis zur Befreiung von der Nationalsozialistischen Herrschaft berichtet er selbst.

Nach der Befreiung übernahm er die Leitung des Bezirkes der KPÖ in Steyr als Bezirksobmann und wurde Mitglied der Landesleitung der KPÖ Oberösterreich. Im Februar 1946 wurde er zum Landessekretär der Landesorganisation Oberösterreich gewählt. Diese Funktion hatte er bis April 1948 inne.

Er wurde von der Amerikanischen Besatzungsmacht verhaftet, in Verbindung mit einem „Sprengstofffund", der sich nach wenigen Tagen als glatte Provokation herausstellte. So erlebte er die achte Freiheitsberaubung für seine antifaschistische Tätigkeit.

Aufgrund vergangener schwerer Zeiten erfolgte die Trennung von seiner Frau Theresia. Nach einiger Zeit verheiratete er sich mit Frau Margarethe Zeitl.

Nach seinem Ausscheiden als Landessekretär der KPÖ–Oberösterreich wurde er Personalchef in einem großen Betrieb in Niederösterreich. Mit dem Abschluss des Österreichischen Staatsvertrages und der Rückgabe der Betriebe an die ehemaligen Eigentümer war auch diese berufliche Tätigkeit beendet. Er ging in die Privatwirtschaft, wo er bis zu seiner Pensionierung erfolgreich tätig war.

1979 wurde Bloderer vom Bundespräsidenten das Ehrenzeichen für Verdienste um die Befreiung Österreichs verliehen. Er starb 1994.

Josef Bloderer berichtet über seine politische Tätigkeit, die er nach dem Oktober 1940 wieder aufgenommen hatte:

„Ich war Sanitäter bei der Deutschen Wehrmacht und kam zum Rüstungsurlaub zurück, ohne Uniform und Waffe. Nigl

Heinz kam zu mir und sagte mir, dass sie wieder eine Organisation gebildet haben und dass sie sich mit mir unterhalten wollten. Punzer Karl war auch dabei. Ich kam zum Heinz in die Wohnung, wir redetet und es stellte sich heraus, dass die Organisation auf einem Kettensystem aufgebaut war. Nur einer weiß jeweils vom anderen, der nächste weiß vom nächsten, und so weiter. Dies gefiel mir nicht, da wir es ja nicht mit der österreichischen Polizei zu tun hatten, sondern mit der Gestapo. Und die hatten andere Methoden. Ich wusste, was es hieß, geschlagen zu werden. Ich wollte auf das alte Zellensystem zurückgreifen, nur auf ein kleineres. Da hat man die Gewähr, wenn eine Gruppe hochgeht, dann geht höchstens noch eine zweite Gruppe hoch, aber es wird nicht alles aufgerollt.

Wir haben uns dann geeinigt, aber die anderen wussten ja durch dieses Kettensystem nicht einmal, wer bei der Organisation aller dabei war. Wir drei waren uns einig, dass die verschiedenen Verbindungen einmal bei uns gesammelt werden mussten. Dabei waren der Riepel, Ulmann, Palme Koller. Palme und Koller waren aus Amstetten, Ulmann aus Wien. Da wir aber noch gefährlicher dastanden als früher, konnten wir nur Steyrer nehmen, die wir von früher kannten, deren Charakter wir gut kannten. Deshalb haben wir zu denen gesagt, dass sich die Organisation aufgelöst hat, dass es keine Verbindung mehr gibt. Punzer Karl war der Verbindungsmann von Palme und hat es durchgesetzt, dass Palme doch in der Organisation bleiben konnte.

Ich war in der Getriebekontrolle. Durch Hitler wurde die Arbeitszeit länger, aber den Leuten machte dies wenig aus, da sie mehr verdienten. Nach meiner Militärzeit kam ich in die Abteilung, wo die Fahrgestelle gemacht wurden. Die Menschen waren alle von Hitler begeistert, obwohl es schon weniger zur essen gab. Aber die Stimmung der Faschistenanhänger änderte sich kaum. Es gab vielleicht Bedenken, aber bei den Siegesfeiern war die Begeisterung wieder voll da. Es gab viele, die vorher Hitlergegner waren und dann totale Nazis geworden sind. Sie grüßten nicht einmal mehr die Freunde, die Nazigegner geblieben sind.

Wir waren am Anfang zirka achtzig bis hundert Genossen. Blumenschein ging schon vor Palme hoch. Das einzige was wir wollten, war, uns zu organisieren. Wir hatten sogar Sprengmittel, aber es ist nicht dazu gekommen. Vorwiegend aus moralischen Gründen, da ja zum Beispiel bei einer Sprengung eines Zuges auch unschuldige Eisenbahner umgekommen wären. Wir waren einfach noch nicht so weit, dies zu tun, zu sagen: Dass muss sein, koste es was es wolle. Trotz vieler Verhaftungen und trotz des Verbots bestand immer eine große Organisation, der Grundstock blieb immer vorhanden.

Eine Weile ging es ganz gut. Wir bauten im Kugellager auch Gruppen auf und hatten viele Pläne. Plötzlich gingen Palme und Riepl hoch. Dann war vierzehn Tage lang Ruhe. Wir kamen nicht mehr zusammen, doch auch Draber und die anderen wurden von der Polizei geholt, bis auf Punzer Karl, den sie erst später verhafteten. Verhaftet wurden wir von der Linzer Gestapo, von Neumüller, Hofbauer und anderen, die nach Steyr kamen. Palme ist zwei Wochen vor uns verhaftet worden. Als wir dies erfuhren, zitterten wir schon und bangten, ob nicht wir die nächsten sein würden. Die Verhaftung kam nicht völlig überraschend. Dies ist jetzt kein Vorwurf, aber Palme hätte die ganze Steyrer Organisation retten können. Aber da er ein anständiger Bursch war, hatte er eben nicht zugelassen, dass seine ganzen Amstettener Freunde, die wirklich unschuldig waren, verhaftet wurden.

Zuerst hatte er ein paar angegeben, aber wie das so ist, sie lassen dann nicht locker, und wenn man schon im Gestehen ist, ist es leicht, die ganze Wahrheit herauszuholen. Um ihn zu entlasten, hab ich es auf mich genommen. Wir hatten keine Gelegenheit mehr, mit Palme über die ganze Geschichte zu reden.

Es hat auch Widerstandsgruppen gegeben, auch kommunistische, die nirgends erfasst waren, zum Beispiel Werksgruppen. Sie hatten keinen Gruppenanschluss oder wollten auch keinen. Wir hatten auch nicht alles organisatorisch erfasst. Auf einmal ist wieder jemand gekommen und hatte gesagt, dass sie beisammen sind. Wir hatten uns einfach als ein paar Leute zusammengetan und selbst beschlossen, wer für was zuständig war. Die Gruppen hatten untereinander nur lose Kontakte.

Als unser Todesurteil bekannt wurde – dies wurde mir nach 1945 erzählt – haben eine Reihe von Leuten gesagt: „Das geschieht ihnen schon recht! Diese Vaterlandsverräter!". Das Todesurteil wurde am 24. Mai 1944 ausgesprochen. Wahrscheinlich ist es in der Zeitung gestanden, oder die Leute haben es anders erfahren. Auf jeden Fall wurde es nach 1945 abgestritten.

Ich hatte ja zwei Verhandlungen. Die eine über das Jahr 1943, die deshalb vertagt wurde, weil ich gesagt habe, dass ich das Protokoll nur deshalb unterschrieben habe, weil ich so geschlagen worden bin, dass ich gar nicht wusste, was ich unterschrieb. An meiner Unterschrift mussten sie sehen, dass dies nicht meine richtige Schrift war. Ich wurde so gedroschen.

Wir schworen uns damals, die wir geschlagen wurden, dass wir uns diese Schläger holen. Der Neumüller war der größte Schläger. Er ist später umgekommen. Gott sei Dank habe ich keinen Mord auf meinem Gewissen. Aber der Neumüller hat uns fürchterlich zugerichtet. Wenn damals der Neumüller einvernommen worden wäre, wäre dies sicher nicht passiert, aber es war der Gestapobeamter Hofbauer. Der hatte nämlich zugegeben, dass ein verstärktes Verhör stattgefunden hat. Der Richter war deshalb sehr unzufrieden und brach die Verhandlung ab.

Ab September sind wir wieder im Untersuchungsgericht gesessen, bis Mai 1944. Da fand dann die Verhandlung statt und wir wurden verurteilt. Es ging sehr schnell. Bei uns war wieder Ausnahmezustand. Der Koller ist schon vor uns zu Tode verurteilt worden. Er musste auf unser Urteil warten, weil er bei unserer Verhandlung aussagen musste. Er saß noch länger in der Todeszelle. Wir saßen von Mai bis Dezember 1944 in der Todeszelle. Die anderen Häftlinge sind alle innerhalb von zwei Monaten geköpft worden, nur wir nicht.

Ich war zwei Monate in der Todeszelle, als ich mit Draber Franz und Punzer Karl in eine Todeszelle zusammenkam, aus der wir fliehen konnten. Normalerweise wurden dort die Todeskandidaten in der Zeit zwischen vier und sechs Wochen hingerichtet, außer politische Häftlinge. Die blieben meistens länger. Nach acht Wochen waren alle anderen weg, nur wir sind übriggeblieben.

```
Begl.Abschrift.
5 H 35/44  5 H 28/44
S  7  J 109/43  6  7  J 108/43
                                    An
                                    das Wehrmeldeamt
                                    12 b in Steyr
                                    zu den Karteimitteln
```

Im Namen
des Deutschen Volkes
in der Strafsache gegen

1. den Einsteller Johann Palme aus Steyr, geboren am 8.April 1949 in Amstetten.
2. den Dreher Johann Riepl aus Bad Hall, Verwaltungsbezirk Steyr, Geboren am 16. August 1900 in Mittertrixen, Verwaltungsbezirk Völkermarkt.
3. den Hilfsarbeiter Anton Ulram aus Steyr, geboren am 25.November 1921 in Wien.
4. den Meister Maximilian Petek aus Steyr, geboren am 22.Sept.1913 in Marburg.
5. den Konstrukteur Alois Wunderl aus Steyr, geboren am 31.Dez.1919 ebenda.
6. den Spengler Franz Stingl aus Steyr, Münichholz, geboren am 29.September 1918 in Wien.
7. den Kontrollarbeiter Josef Bloderer aus Steyr, geboren am 24.Dezember 1914 in Linz.
8. den Werkzeugschlosser Franz Draber aus Steyr, geboren am 23.März 1913 in Steyr.
9. den Montagearbeiter Karl Punzer aus Steyr, geboren am 18.Okt. 1912 in Wels.
10. den Fräser Adalbert Schwarz aus Steyr, geboren am 4.April 1897 in Christkindl, Verwaltungsbezirk Steyr.

sämtlich in dieser Sache in Schutzhaft, wegen Vorbereitung zum Hochverrat hat der Volksgerichtshof,5.Senat,auf Grund der Hauptverhandlung vom 23.u.24.Mai 1944 an welcher teilgenommen haben

als Richter:
Senatspräsident Dr.Albrecht, Vorsitzender,
Landesgerichtsrat Dr.Zmach,
Generalmajor a.D.Haas,
SA-Gruppenführer Bunge,
Staatssekretär Köglmaier,
als Vertreter des Oberreichsanwalts:
Landesgerichtsrat von Zeschau
für Recht erkannt:

Die Angeklagten Palme,Riepl,Ulram,Petek,Bloderer,Draber, und Punzer haben in den Jahren 1941/42 in Steyr und Umgebung
                                                            durch

durch Gründung und Beteiligung an einer marxistischen Unterstützungsaktion nach Art der Roten Hilfe den Hochverrat vorbereitet und bis auf Petek - dadurch zugleich den Feind begünstigt. Ulram hat auch im Rahmen seiner Beteiligung ein staatsfeindliches Flugblatt weitergegeben und die Herausgabe von Flugblättern angeregt.

Petek hat seine - im übrigen nicht umfangreiche-staatsfeindliche Tätigkeit, im Frühjahr 1942 von sich aus aufgegeben.

Es werden deshalb verurteilt:

Palme,Riepl,Ulram,Bloderer,Draber und Punzer

zum Tode

und zum Ehrenrechtsverlust auf Lebenszeit,Petek zu fünf Jahren Zuchthaus und zum Ehrenrechtsverlust auf die gleiche Zeitdauer.

II. Dem Angeklagten Petek werden ein Jahr acht Monate der erlittenen Schutzhaft auf die erkannte Zuchthausstrafe angerechnet.

III. Ein hinreichend sicherer Beweis für eine strafbare Beteiligung der Mitangeklagten Wunderl,Stingl und Schwarz an der oben genannten Unterstützungsaktion konnte durch die Hauptverhandlung nicht erbracht werden. Diese drei Angeklagten werden daher mangels Beweises freigesprochen.

IV. Die bei den Angeklagten Petek,Bloderer und Punzer sichergestellten Geldbeträge von 8.-,1250 und 275 R M werden eingezogen.

V. Die verurteilten Angeklagten haben auch die Kosten des Verfahrens zu tragen; die durch das Verfahren gegen die freigesprochenen Angeklagten erwachsenen ausscheidbaren Kosten werden der Staatskasse auferlegt.

Die Richtigkeit der vorstehenden Abschrift wird beglaubigt und die Vollstreckung des Urteils bescheinigt.

Potsdam, den 25.Mai 1944
gez.Ulbricht, Justizinspektor,
als Urkundsbeamter der Geschäftsstelle.

Beglaubigt
Sekretär,

als Urkundsbeamter der Geschäftsstelle.

Das Urteil u. a. gegen Sepp Bloderer und Franz Drabek (s. nächstes Kapitel)

Da gab es dann die Möglichkeit, da die wir Aufseher gekannt haben, dass wir zusammenkommen konnten in eine Zelle, in eine Todeszelle. Es war immer ein Kommen und Gehen. Wir waren zu dritt in einer Zelle und es war ein ständiges Warten, ob man drankäme. Die zwei Häftlinge aus meiner Zelle wurden geköpft, es kam noch einer in meine Zelle, aus jener Abteilung, in der ich auch vorher gewesen war, der aber auch bald geköpft wurde. Dann bettelten wir, dass wir drei – Punzer Karl, Draber Franz und ich – in eine Zelle gemeinsame kommen könnten.

Aber die Aufseher sagten, dass es sich nicht auszahlt, denn wir kämen morgen sowieso dran. Aber wir kamen dann trotzdem zusammen. Beide hatten schon einen Versuch gemacht auszubrechen, waren aber gescheitert. Die haben uns ja alle ausgelacht und gesagt, dass da noch nie jemand ausgebrochen ist, dass von hier niemand bei der Tür hinauskommt. Bekanntlich sind wir die einzigen, die aus der Todeszelle ausgebrochen sind. Diese Flucht war eine ausgesprochene Glückssache. Wenn ich heute dorthin gehe, dann sage ich mir, dass das alles unmöglich war. So viele Zufälle sind da zusammengekommen.

Als wir drei Steyrer, Franz Draber, Karl Punzer und ich, in eine gemeinsame Zelle der Todesabteilung gelegt wurden, fanden wir zwei Geldscheine, einen Zwanzig- und einen Fünfzigmarkschein, den ein vor uns verurteilter und hingerichteter, uns unbekannter Mithäftling versteckt hatte. Wir teilten das Geld und mussten dazu Hölzl ziehen. Auf Karl Punzer fiel der Fünfzigmarkschein, auf Franz Draber der Zwanziger, und ich ging leer aus. Wir vereinbarten, bei der Flucht in der Reihenfolge des größeren Geldbesitzes zu laufen, weil ein größerer Geldschein in der Freiheit mehr Chancen geben würde.

Wir waren schon sechs Monate in der Todesabteilung stationiert, und jeden Tag konnten wir drankommen. In den letzten Tagen wurden wir häufig zum Wassertragen eingesetzt, weil durch einen Bombenangriff die zentrale Wasserversorgung zerstört worden war. Das Zuchthaus Stadelheim verbrauchte viel Wasser, um Guillotine und Hinrichtungsraum zu säubern. Denn täglich, auch an Samstagen, wurden 20 bis 45 Hinrichtungen durchgeführt.

In großen Kannen, die wie „Mülipitschn" (Milchkannen) aussahen, schleppten wir Wasser.

In der Todeszelle kreisten unsere Gespräche um die Frage, auf welche Weise eigentlich das Wasser in das Gebäude käme. Wir waren überzeugt, dass ein Tor in den Vorhof zu den Aufseherwohnungen während des Wasserdienstes offen sein musste, weil das Wasser in einem Schlauch hereingeleitet wurde, und der würde ja bei geschlossenem Tor abgeklemmt.

Wir kannten uns auf dieser Seite des Gefängnisses ziemlich gut aus, weil wir schon lange da waren und in der langen Untersuchungshaft auch öfter zu Arbeiten für die Aufseher eingesetzt worden waren. Franz Draber musste einmal Schlösser reparieren. Karl Punzer war Tischler, und die Gefängnisverwaltung nutzte seine gediegenen Fähigkeiten weidlich aus. Er musste manchmal im äußeren Hof, also schon jenseits der Aufseherwohnungen, Möbel zerlegen oder Teile zusammenbauen. Dabei machte er eine äußerst wichtige Entdeckung: In der Mauer befand sich eine kleine, unversperrte Tür, durch welche die Frauen der Wachbeamten ein- und ausgingen, wenn sie nach draußen mussten. Offenbar wollten die Frauen den Umweg durch ein großes Tor vermeiden, das außerdem auch ständig bewacht war und wo ihnen ein Aufseher ein jedes Mal hätte aufschließen müssen.

Am 30. November 1944 war es dann so weit: Früh am Vormittag, etwa um 8 Uhr 30, waren wir zum letzten Mal zum Wasserdienst eingesetzt. Wir ließen eine Kanne fallen, und in der entstandenen Verwirrung rannten wir los. Die Aufseher schrien wild hinter uns her, sie waren wegen der großen Gefahr in der Todesabteilung unbewaffnet und konnten dadurch nicht auf uns schießen. Wir rannten durch das Tor, durch das der Wasserschlauch gelegt war, kamen in ein Aufseherhaus hinein und wieder hinaus, stürmten über den äußeren Hof auf die kleine Pforte zu, und die winzige Tür war offen. Dann liefen wir vereinbarungsgemäß jeder in eine andere Richtung weiter. Franz Draber verlor ich rasch aus den Augen, aber ich sah noch, wie Karl Punzer zusammenbrach. Er wurde gefangen und später hingerichtet.

Vor den Mauern draußen arbeiteten Gefangene. Sie wurden von den Aufsehern angetrieben, mir den Weg abzuschneiden.

Ich rannte zunächst über einen Sturzacker, dann musste ich, um meinen Verfolgern auszuweichen, in den nahe beim Gefängnis liegenden Friedhof hinein. Später hat es oft geheißen, ich sei in ein offenes Grab gesprungen. Aber da wäre ich im Ernstfall gefangen gewesen wie ein Wolf in der Grube. Ich legte mich daher zwischen zwei frische Gräber und zog von beiden Grabhügeln einen Haufen frischer Kränze über mich. Hier lag ich etwa eine Dreiviertelstunde. Die Verfolger liefen vorbei. Sie hatten inzwischen auch einen Suchhund eingesetzt. Aber der Hund war überfordert, weil alles überstürzt vor sich ging. Er hätte zuerst in meine Zelle geführt werden müssen, um meine Witterung aufnehmen zu können. Dies war nicht geschehen, und so kläffte der Hund zwar wild herum, konnte mich aber nicht entdecken. Meine Rettung war ein Fliegeralarm: Meine Verfolger mussten abrücken. Während in der Nähe Bomben krachten, kroch ich vorsichtig aus dem Friedhof hinaus. Das Gelände bestand abwechselnd aus Wald- und Wiesenstreifen, die jeweils eine Tiefe von einigen hundert Metern hatten. Ich sah zwei uniformierte Radfahrer und sprang in einen Splittergraben. Es war ziemlich nebelig, und schließlich kam ich nach etwa einer Stunde an die Autobahn München-Salzburg. Sie war für Fahrzeuge gesperrt, weil die Messerschmitt-Jäger sie als Startbahn benützten. Wie ich später entdeckte, war ich rein zufällig in die einzig mögliche Richtung gelaufen. Ich ging durch eine Unterführung der Autobahn und befand mich plötzlich inmitten einer Anzahl von Uniformierten.

Wahrscheinlich trug meine Kleidung viel zu meiner Rettung bei. Das „Totengwandl", wie wir Häftlinge diese Kluft nannten, bestand nämlich aus ausgedienten Uniformen der schwarzen SS, ohne die auf den Häftlingskleidern üblichen Streifen. Dadurch war das „Totengwandl" einer Eisenbahnuniform ähnlich und fiel nicht als Zuchthauskleidung auf. Ich stolperte in eine Schottergrube hinein, und weil hier viele Leute arbeiteten, ging ich auf die Autobahn zu. Bei einer netzgetarnten Flak-Stellung stoppte mich ein Soldat und fragte nach meinem Ausweis. Ich erklärte, dass ich bei den BMW dienstverpflichtet und dort einem Bombenangriff entkommen sei. Meine Frau sein in ein Dorf evakuiert, ich müsse sie suchen, damit sie wisse, dass ich davongekommen sei. Man sollte den Vogel zum Leutnant bringen, meinte einer der Soldaten, aber ein anderer sagte: „Hau ab!". Ich sprang über die Böschung hinunter, und ein Soldat rief mir nach: „Lass dich nicht noch einmal auf der Autobahn blicken, das ist verboten!".

Ich marschierte dann fünf bis sechs Stunden, wie ich meinte, parallel zur Autobahn. Ich kam durch ein Dorf, und als ich schließlich wieder an die Betonbahn herankam, sah ich an einem Merkzeichen, dass ich erst einen einzigen Kilometer vorwärts gekommen war. Aber die Richtung stimmte, denn der Wegweiser zeigte nach Rosenheim. In einem Stadel habe ich übernachtet, und am nächsten Tag schmerzten mich meine Knie derart, dass ich mich kaum auf den Beinen halten konnte. Es hatte zu schneien begonnen.

Ich schleppte mich mühsam dahin und jetzt, da die ungeheure Spannung nachgelassen hatte, war ich niedergeschlagen und tief erschöpft. Als ich bei Rosenheim über die Innbrücke kam, zweifelte ich, ob meine Flucht wirklich weitergehen könne. Ich schaute hinunter, und es kam Gedanke in mir auf, mich in die Tiefe zu stürzen. Aber der Überlebenswille gewann wieder Oberhand. Ich bin dann hauptsächlich in der Nacht weitermarschiert. Bis in die Gegend der alten österreichischen Grenze bei Salzburg hatte ich mich dreimal in einen Heustadel verkrochen.

In einem kleinen Dorf habe ich in der Nacht einen Pfarrhof aufgesucht. Ich pochte mit dem Türklopfer den Pfarrer heraus und sagte ihm, dass ich aus dem Lager Dachau ausgebrochen sei. Von der Todesabteilung in Stadelheim sagte ich nichts. Der Pfarrer war zu Tode erschrocken und sagte, er sei selber verfolgt und könne mir kein Quartier geben. Da ich jedoch von einem Eisregen ganz durchnässt und teilweise vereist war, ließ mich der Pfarrer beim Ofen etwas auftauen. Ich habe lediglich Wasser getrunken. Von dem Pfarrer konnte ich erfahren, dass die Brücke über die Salzach im Rohbau schon fertig war. Ich nahm meinen Marsch wieder auf.

Inzwischen ist auf den Wiesen der Schnee liegengeblieben, und ich konnte wegen der Fußspuren, die mich verraten hätten, in keinen Stadel mehr hinein. Bei einem Bauern habe ich etwas getrocknet. Aber das Flüstern der Bauersleute ließ mich nichts Gutes ahnen. Schnell bin ich wieder auf und davon. Da ich keine Kopfbedeckung hatte, habe ich mir ein Sacktuch über den Kopf gespannt. Schließlich bin ich auf der heutigen Bundesstraße 1 bis Timelkam gekommen. Erst dort konnte ich wieder einmal schlafen, und zwar in einem Pferdestall. Bei Lenzing überquerte ich unbehelligt die Ager, und über die Gegend von Regau kam ich am helllichten Tag nach Gmunden. Bei meine „Einzug" wurde gerade Fliegeralarm gegeben. Ich rannte durch die Stadt, was weiter nicht auffiel, weil es aussah, als liefe ich zu einem Schutzraum.

Nun ging ich gezielter, weil ich mich hier schon besser auskannte. Ich konnte noch einmal in einem Heustadel übernachten, kam durch Scharnstein und über den Ziehberg nach Micheldorf hinüber. In der Nähe von Micheldorf bei Altpernstein kam ich an einer Kohlstatt vorbei. Der Köhler bewachte mit umgehängtem Gewehr ausländische Zwangsarbeiter. Ich kam dem Bewacher verdächtig vor, und er hielt mich an. Da ich aber hier schon im Gebiet meiner Heimatsprache war, wurde ich bereits frecher.

Ich erzählte, dass ich im Ersatzwerk der Steyr-Werke in Kirchdorf arbeite und mein Fahrrad gebrochen sei. Der Köhler sagte, er müsse mich zur Gendarmerie bringen. „Da willst du dir einen guten Tag machen", rief ich ihm zu, „und die Leute willst unbeaufsichtigt lassen?". Der Köhler wurde unschlüssig und ließ mich ziehen. Ich versprach noch, mich bei der Gendarmerie zu melden. So kam ich bis Leonstein im Steyrtal.

Dort hatte ich aus meiner Zeit bei den Kinderfreunden Bekannte in einem abseits gelegenen Haus. Ich bemerkte zwar, dass das Licht in einem anderen Teil des Gebäudes brannte, als ich es in Erinnerung hatte. Ich schlich mich ins Vorhaus. Plötzlich hörte ich die Stimmen von Kindern und einer mir unbekannten Frau. Das Haus war inzwischen in zwei Wohnungen geteilt worden. Ich wartete im Dunkeln auf meinen Bekannten, einen Sensenschmied aus Leonstein. Als er kam, war er ganz außer sich und flüsterte: „Jessas, der Peperl aus Steyr! Ich habe geglaubt, du bist schon tot."

In der kleinen Wohnung erklärte mir der Bekannte, dass er mich nicht lange behalten könne, weil die Räume sehr klein sind und er ständig von einem alten Eisenbahnpensionisten besucht werde. Während wir noch sprachen, kam auch schon ein älterer, weißhaariger Mann herein. Der Sensenschmied berichtete zögernd über meinen „Fall", und zu unserer Überraschung sagte der Eisenbahnpensionist sofort, es sei gut, dass man endlich etwas gegen die Faschisten tun könne. Er hatte bereits von mir gehört.

In dem kleinen Zimmer wurde es plötzlich warm, weil mich das Gefühl überwältigte, seit meiner Flucht erstmals wieder unter Menschen zu sein.

Der Eisenbahner war ein erfahrener Sanitäter und schnitt mir zunächst vorsichtig die Fetzen von meinen blutverkrusteten Füßen. Er gab mir lauwarme Magermilchsuppe zu essen, weil mich jeder kräftigere Bissen schwer geschädigt hätte. Jetzt erst fiel mir ein: Am 30. November war ich in Stadelheim ausgebrochen, am 8. Dezember bin ich in Leonstein angekommen. Ich hatte in den ganzen acht Tagen keinen Bissen gegessen.

Über den Eisenbahnpensionisten, der mich pflegte, wurde dann die Verbindung nach Steyr hergestellt. Trotz der Verhaftungswelle und des ständigen Drucks der Gestapo war die Organisation intakt geblieben. Schon nach einigen Tagen bekam ich aus Steyr Kleider, Schischuhe und eine Pistole.

Da es in dem kleinen Haus auf Dauer zu gefährlich geworden wäre, wurde ich zu einem Bauern in einen abgelegenen Graben gebracht, wo ich auf dem Heuboden gut versorgt Weihnachten und Neujahr 1945 verbringen konnte. Dann aber sollte der Sohn des Bauern auf Urlaub kommen. Da könne ich, so meinte der Vater, nicht bleiben.

Zusammen mit einem Steyrer Genossen zog ich mit den Schiern durch Molln und durch die Gegend der Breitenau ins Ennstal nach Großraming hinüber. Die Steyrer Organisation hatte mir inzwischen auch einen „gültigen" Wehrpass besorgt. Durch die Hilfsbereitschaft eines anderen Genossen kam ich schließlich nach Kleinreifling, wo ich beim Genossen Wiesenberger, im Haus einer Trafik und genau gegenüber dem Gebäude der Gendarmerie, einquartiert wurde.

Obwohl nun schon eine Anzahl Menschen von meiner Anwesenheit wissen musste, weil schon eine ganze Gruppe mit der Organisierung der Hilfe beschäftigt war, drang nichts nach außen. Meine Mutter, die in Leonstein als Köchin in einem Kinderheim arbeitete, wusste nichts von meiner Anwesenheit. Ich denke noch heute mit Ergriffenheit an die Genossen und Kameraden, die mir damals geholfen haben, obwohl sie dabei selbst allesamt ihr Leben aufs Spiel setzten.

Am 1. Mai 1945 kam ich hinter den Resten der geschlagenen deutschen Armee aus dem Ennstal heraus und begann in Steyr-Münichholz sofort wieder mit der Parteiarbeit."

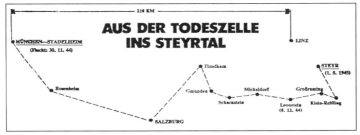

Der Fluchtweg von Josef Bloderer von München-Stadelheim bis Steyr

Entnommen aus dem Lebenslauf von Bloderer Josef, 27. März 1946, aus einem Bericht in der Neuen Zeit vom 14. Mai 1980 von Franz Kain, sowie von einem Tonbandgespräch, das Peter Kammerstätter am 28. August 1984 mit Bloderer in Hinterstoder geführt hat. Der nachfolgende Ausschnitt entstammt dem Bericht von Josef Bloderer auf dem Landesparteitag der Kommunistischen Partei Oberösterreichs im Februar 1946, in dem er schloss:

„Ich saß lange, qualvolle Wochen in der Todeszelle des Gestapo-Gefängnisses in München. Während dieser Zeit habe ich viele Genossen den letzten Gang, den Gang zum Schafott, antreten sehen. Ich habe viele Hände gedrückt, die Minuten später ein Fetzen Fleisch waren, ich habe viele Augen gesehen, die kurz darauf gebrochen und erloschen waren, aber ich habe noch die Worte in den Ohren, die fast jeder von ihnen sagte:

Vergesst nie, für welch hohes Ziel wir sterben! Sorgt ihr dafür, dass dieses Ziel Wirklichkeit werde!"

Franz Draber
Dem Fallbeil entkommen

Franz Draber wurde am 23. März 1913 in Steyr geboren, sein Vater Josef Draber, geboren 1882, gestorben 1968, war von Beruf Werkmeister, seine Mutter Hermine, geborene Seidl, geboren 1890, gestorben 1979, war im Haushalt tätig. Wie Franz Draber berichtet, waren sie drei Buben und ein Mädchen. Er besuchte die Volksschule und dann die Bürgerschule und erlernte das Werkzeugschlosser-Handwerk in den Steyrerwerken. 1931 wurde er arbeitslos. Nach dem Ablauf der gesetzlichen Bestimmungen auf Bezug der Arbeitslosenunterstützung und der Notstandsunterstützung wurde er ausgesteuert, das heißt, er war ohne jegliches Einkommen. Die Eltern waren verpflichtet, ihn zu erhalten. Dann bekam er wieder Arbeit in den Steyrerwerken im Magazin.

Politisch beeinflusst durch die Familie und durch seine Freunde war er bei den Kinderfreunden und in der Sozialistischen Jugend (SAJ). Durch sein besonderes Interesse am Sport gehörte er dem ATSV an. Er war Leichtathlet, Handballer, Fußballer, Radler und Eishockey-Spieler. Er war auch ein begeisterter Bergsteiger und Kletterer sowie Schifahrer und natürlich im Touristenverein der Naturfreunde dabei. Er half beim Ausbau der Schoberstein-Hütte und vollbrachte andere Hilfsleistungen.

Am 12. Februar 1934 beteiligte er sich am Aufstand des Republikanischen Schutzbundes und hatte das große Glück, nicht verhaftet zu werden.

Nach dem Einmarsch der Hitlertruppen in Österreich und der Machtübernahme durch die Nationalsozialisten haben die Steyrer-Werke auf dem Truppenübungsplatz Allentsteig eine Reparaturwerkstätte eingerichtet. Dort wurde er wieder eingestellt und war als Reparaturarbeiter und Magazineur beschäftigt. Bald wurde er in das Werk zurückberufen.

Er trat freiwillig zu einer dreimonatigen Ausbildung bei der Wehrmachts-FLAK ein und musste dann zur FLAK nach Linz-Wegscheid einrücken. Dort war er 1939/1940 für den Fuhrpark verantwortlich. In dieser Zeit kam er mit Soldaten zusammen, die bereits im österreichischen Widerstand waren, unter anderem mit dem Jugendkommunisten Valentin Strecha (Valli), der nach dem Ende des Krieges zur Wiener Polizei kam und als Polizeirat in Pension ging. Im Oktober 1940 wurde er von den Steyrer-Werken UK, das heißt unabkömmlich, gestellt.

Wieder zurück im Betrieb nahm er die Verbindung mit seinen Freunden auf, die in Widerstandsorganisationen tätig waren und auch die drei vorhandenen Zellen leiteten. Da Heinz Nigl, einer dieser Zellenleiter, einrücken musste, übernahm Draber die Organisation. Die Leiter der anderen zwei Organisationen waren Karl Punzer und Sepp Bloderer. Er war nicht glücklich über diese Organisationsform, weil sie den Normen der Konspirativität nicht entsprach. Er selbst bringt dies in seinem Bericht zum Ausdruck.

Im August 1942 erfolgten die ersten Verhaftungen von Angehörigen der Widerstandsorganisation, und am 7. September 1942 wurde er verhaftet. Er war bis 28. Februar 1943 in Gestapo-Haft in Linz, das waren sechs Monate. Von dort weg ist er am 1. März 1943 im Gefängnis München-Stadelheim eingetroffen, wo er 15 Monate in Einzelhaft verbrachte. Während dieser Zeit hatte er die erste Volksgerichtsverhandlung, und zwar im August 1943.

Am 23. und 24. Mai 1944 fand die zweite Verhandlung statt, bei der er und seine Freunde zum Tode verurteilt wurde. Vom 24. Mai 1944 bis zu seinem geglückten Ausbruch am 30. November 1944 war er in der Todeszelle, sechs Monate lang. Vom 30. November 1944 an war er auf der Flucht und im Untergrund verborgen, in Bad Hall und Hinterstoder. Im Juni 1945 kehrte er nach siebenmonatigem Versteck nach Steyr zurück. Im Untergrund hatte er den Namen Gruber Franz, Wohnort Steyr, Adolf-Hitlerplatz 123 verwendet.

Im Juli 1945 trat er in den Dienst des Magistrat Steyr ein, wo er als Beamter in verschiedenen Aufgabenbereichen tätig war, bis er 1975 in die Pension ging. Er verheiratete sich mit Erna Blamauer, geb. 1920 und hat zwei Kinder und bereits Enkelkinder.

Nach dem Zusammenbruch des Hitlerreiches und nach seiner

Rückkehr aus dem Untergrund baute er mit seinen Genossen die KPÖ-Organisation Neustadt auf, deren Obmann er wurde. Er war auch Mitglied der Bezirksleitung der KPÖ Steyr. Sein ganzer Einsatz galt den Opfern des Faschismus und Nationalsozialismus. Aus diesem Grund war er im Bezirks- und im Landesverband der österreichischen KZ-Häftlinge und politisch Verfolgten tätig, wo er Landesobmann-Stellvertreter war. Seiner großen Leidenschaft, dem Sport und den Bergen ging er weiter mit großer Begeisterung nach.

In Anerkennung seiner Verdienste wurde Franz Draber mit dem Verdienstabzeichen der Republik Österreich in Silber und der Johann-Koplenig-Medaille der KPÖ ausgezeichnet. Er starb nach längerer Krankheit im 83. Lebensjahr am 28. August 1996.

Franz Drabers persönlicher Bericht:
In der Zeit nach 1934, nach der Niederlage der Arbeiterbewegung, bekam ich Arbeit in den Steyrwerken als Magazineur. In dieser Abteilung waren zum Großteil Sozialisten beschäftigt, darunter Böhm Hans. Er brachte die Kleinzeitung „Die Rote Fahne". Wir bildeten eine illegale Widerstandsgruppe und forderten alle demokratischen Kräfte auf, an einer Urabstimmung teilzunehmen, welche gegen den Nationalsozialismus gerichtet war. Am 12. März 1938 brachte Hans Böhm ein Paket Flugblätter über den Nazi-Wahnsinn, über Verhaftungen und Hinrichtungen von Sozialisten und Kommunisten in Deutschland. Ich hatte am 12. März 1938 Nachtschicht, von halb vier bis ein Uhr nachts. Ich verteilte im ganzen Autobau die Flugblätter. Um zirka 24 Uhr kam ein Arbeiter in Naziuniform samt Hakenkreuzbinde am Arm zu mir und sagte: „Franz, wir sind da." Ich sagte, das ist doch nicht möglich. Du spinnst ja! Als ich um ein Uhr nach Hause fuhr, kamen mir schon Jugendliche mit Hakenkreuzfahnen entgegen. Bundeskanzler Schuschnigg war schon am Salzberg bei Hitler und hat Österreich freigegeben.

Die Nazis marschierten am 13. März ein. Da meldete ich mich mit einer Gruppe nach Allentsteig, wo wir am Truppenübungsplatz eine Reparaturwerkstätte einrichteten. Von dort rückte ich im Mai 1939 zur Flak ein und lernte den Genossen Valentin Strecha kennen, der in Moskau gewesen war. Er teilte mir mit, dass in Wien bereits eine Widerstandsbewegung bestehe und dass ich in Steyr Kontakt mit alten Genossen aufnehmen sollte. Im Oktober 1940 wurde ich UK [1] gestellt, in die Rüstungsindustrie nach Steyr zurückgeholt und im Flugzeugbau eingestellt, wo auch Bloderer arbeitete. Ich nahm mit ihm Kontakt auf, und nach einigen Gesprächen mit alten Genossen wussten wir, dass bereits eine Widerstandsbewegung besteht. Einer ihrer Mitbegründer war mein Freund Karl Punzer. Einige davon mussten einrücken. So übernahm ich eine Funktion. Wir organisierten das System um, da sie mit einer Kartei arbeiteten. Ich nahm Verbindung mit Mitgliedern auf, darunter war Hans Palme. Da seine zwei Gruppengenossen auswärts wohnten, erkundigten wir uns über deren Verlässlichkeit, worauf wir von Riepl eine negative Antwort erhielten. Ich sagte zu Palme, er solle den beiden mitteilen, dass die Organisation aufgelassen wurde, da eine Gruppe aufgeflogen ist.

Wir betätigten uns beim Werkssport als Sportwarte und beim Paddeln. Im Bootshaus konnten wir die Widerstandsbewegung ausbauen. Wir machten Paddelausflüge und Bergwanderungen, wobei wir Schulungen und Besprechungen abhielten. Bei Bootswettfahrten in Wien nahmen wir Kontakt mit Genossen auf, die Bloderer kannte.

Ein guter Bergfreund, der mit uns oft zusammen war, mahnte uns zur Vorsicht. Er sagte uns, er transportiere wöchentlich ermordete Häftlinge aus dem KZ-Mauthausen nach Steyr ins Krematorium, wo sie verbrannt werden.

Im August 1942 wurde Bloderer von der Gestapo abgeholt. Ich dachte, dass mit Wien was los sei, spürte aber bald, dass sie auch hinter mir her schnüffelten. Zum Wochenende holte ich mir einen Urlaubsschein für Samstag mit der Begründung, dass ich nach Wien zur Kajak-Regatta fahre. Wir machten aber eine Wildwasserfahrt von Klaus nach Steyr.

Am Montag um 11 Uhr standen hinter mir drei Männer von der Gestapo. Einer legte mir die Hand auf die Schulter und fragte mich, ob ich der Franz sei. Ich bejahte und fragte, was sie von

---

1) UK – das bedeutet: unabkömmlich, der Betroffene musste dadurch nicht zur Wehrmacht einrücken

mir wollen. Sie durchsuchten meine Werkzeuglade und sagten, komm mit in den Waschraum. Dort untersuchten sie mich und meinen Spind. Sie fragten: Was glaubst du, warum wir dich mitnehmen? Ich erwiderte: Ich habe keine Ahnung. Dann fuhren sie mit mir in das Polizeigefängnis Berggasse, wo ich gut eine Woche in Haft war. Sie fragten mich noch, wo ich am Samstag und Sonntag war. Ich sagte, dass ich eine Wildwasserfahrt machte. Die Gestapomänner sind nämlich nach Wien gefahren. Sie glaubten, dass ich den Genossen von der Verhaftung Bloderers Mitteilung mache.

Eines Tages wurde ich in Fesseln gelegt, zur Bahn gebracht und nach Linz überstellt. Dort verbrachte ich Wochen in der Zelle 26. Eines Tages holten mich die drei Gestapomänner, fesselten mich und gingen mit mir in das Kolpinghaus in einen tiefen Keller. Dort stellten sie mich in eine Nische neben eine Betonsäule. Einer setzte mir die Pistole an, der zweite hatte eine Lederknute in der Hand. Der Schläger Neumüller, 1,90 Meter groß, sagte: So, jetzt pack aus. Ich entgegnete: Was wollen Sie von mir? Ich doch nichts getan! Schon hagelte es Faustschläge gegen mich. Ich stand neben der Säule. Die Hand des Schlägers machte einen Knacks, er hatte sich das Gelenk verletzt. Daraufhin gingen sie weg. Neben mir stand ein kleiner Tisch, darauf lag ein Protokoll. Als ich mich etwas erfangen habe, konnte ich daraus lesen, von Begegnungen mit Palme, von der Gründung der Widerstandsbewegung, von der Herausgabe und Verteilung von Flugblättern und so weiter. Ich hatte keine Ahnung, dass die drei bereits in Haft waren, aufgeflogen durch Riepl in Bad Hall.

Mir wurde bewusst, dass ein Leugnen vergeblich war. Als sie zurückkamen und wieder Stellung bezogen zum Verhör, sagte ich, dass ich von Palme früher Geld kassiert habe, welches ich an Eglseder weitergab. Es ist aber schon länger her und ich wusste auch nicht, was er mit dem Geld machte. Eglseder war mein Vorgänger und war bereits in Russland vermisst. Sie brachten mich in meine Zelle zurück. Nach einer Woche bekam ich einen Zellengenossen, es war Genosse Mathias Haslinger, den ich nicht kannte. Im Gespräch kam ich drauf, dass er im Ni-Werk (Nibelungenwerk in St. Valentin) arbeitete. Dort wurden mehrere Genossen verhaftet. Eines Tages holten mich die Gestapomänner aus der Zelle, zeigten mir Fotos von den Genossen Breirather, Punzer, Petrak und Hübsch Karl. „Kennst Du diese Genossen?" – „Nein, die hab ich nie gesehen." Worauf sie mich in die Zelle zurückführten.

Bald darauf holten sie mich wieder und gingen mit mir den Gang entlang. Da begegnete mir der zerschlagene Karl Punzer. Er arbeitete in der gleichen Abteilung wie Palme und war früher mit mir in Verbindung gewesen.

Es tauchten immer mehr Namen von Genossen auf. Die Verhöre dauerten bis Februar 1943. Dann wurden wir nach München-Stadelheim gebracht. Ein Gestapomann sagte zu uns, abgesehen von eurer Tätigkeit seid ihr klasse Burschen. Eins tat sogar uns weh, engste Freunde von euch in Steyr beschuldigten euch auf das Schwerste.

In München angekommen wurden wir eingekleidet und in Einzelhaft gesteckt. Dort mussten wir arbeiten: Tornister zerlegen, Erbsen ausklauben, Feldpostbriefe kleben und so weiter. Nach einiger Zeit holte mich ein Aufseher aus der Zelle und brachte mich in eine Werkstätte. Dort musste ich Batterien und Aggregate zerlegen (Giftarbeit). In der Mittagspause gab es Gemüsesuppe, eine Kartoffel und zwei Scheiben Brot. Ich schälte die Kartoffel und warf die Schalen in einen Eimer. Da stürzte sich ein Häftling drauf, suchte die Schale heraus und aß sie. Mir wurde klar, was hier los war. Eines Tages fragte der Gefängnisaufseher, ob ein Schlosser da sei. Ich bejahte und fragte, was zu machen ist. Eine Papierschneidemaschine ist kaputt, der Keil vom Schwungrad ist verlorengegangen. Den fertigte ich an und setzte die Maschine in Gang. Von da an hatte ich immer bessere Arbeit, kam im Gefangenenhaus herum und lernte die Ortsverhältnisse kennen.

Im August 1943 begannen die ersten Gerichtsverhandlungen in München, bei denen es von Freispruch bis lebenslängliche Strafen gab. Anton Koller wurde wegen Waffenbesitz zum Tode verurteilt. Seine Mitangeklagten erhielten Strafen von drei bis fünfzehn Jahren Zuchthaus.

Unsere Hauptverhandlung vor dem 5. Senat des Volksgerichtshofes dauerte zwei Tage. Nach dem Verlesen der Anklageschrift, Zeugenaussagen und Einvernahmen wurden wir befragt. Wir gaben zu, Geld gesammelt zu haben für Angehörige, deren Söhne im Gebirge verunglückt oder beim Wildwasserfahren ertrunken sind (Beispiel: Bergtragödie auf der Spitzmauer: Schatzl, Wagner, Kramlinger, Ernst Dorner). Die Geständnisse, die wir der Gestapo gemacht hatten, waren erpresst. Sie haben uns so lange geschlagen, bis wir die Unterstützungsaktion „Rote Hilfe" zugaben. Ein Gestapomann war als Zeuge geladen und er gab zu, dass die Einvernahmen verschärft geführt worden waren, worauf der Vorsitzende die Verhandlung vertagte und eine Wiederaufnahme beantragte. Wir wurden nach Stadelheim zurückgebracht und waren überzeugt, dass uns nichts mehr passieren kann. Wir dachten, die Wiederaufnahme werde vom Gericht vorgenommen, aber es kam anders.

Der berüchtigte Schläger, Gestapomann Neumüller, führte das Verhör durch. Er wurde bald darauf von einem Flüchtling aus dem KZ Dachau in Attnang erschossen. Mitte Mai 1944 erhielten wir die neue Anklageschrift, in der wir neuerlich von der Gestapo aufs Schwerste belastet wurden. Für den 23. und 24. Mai 1944 war die zweite Volksgerichtsverhandlung angesetzt, bei der es zwei Freisprüche gab. Diese Häftlinge wurden der Gestapo übergeben und in ein KZ gebracht. Einige bekamen Zuchthausstrafen, und wir sechs wurden zum Tode verurteilt.

Die Todesurteile sollten in Steyr vor dem Gerichtsgebäude – als abschreckendes Beispiel – vollstreckt werden. Als Henker waren Herr Petermandl und eine gewisse Frau Slenker vorgesehen. Wegen der vielen Fliegerangriffe wurde dieses Schauspiel jedoch vereitelt.

200 Tage in der Todeszelle
Nach der Volksgerichtsverhandlung wurden wir nach Stadelheim in die Todesabteilung eingeliefert. Punzer und ich kamen in die Zelle 24, in der schon Genosse Koller war. Der war schon bei seiner ersten Verhandlung zum Tode verurteilt, jedoch als Zeuge gegen uns aufgehoben worden. Er unterrichtete uns über den Ablauf in dieser Abteilung. Jeden Dienstag und Donnerstag

gab es Hinrichtungen, zusätzlich auch an anderen Tagen. Es wurden zwischen 6 und 30 Kandidaten an einem Tag hingerichtet. Um 9 Uhr kam immer der Staatsanwalt, die Kandidaten wurden aus den Zellen geholt, das Urteil wurde verlesen und bestätigt, dann ging es in die sogenannten Armesünderzellen. Dort durfte man einen Abschiedsbrief schreiben. Man bekam zu rauchen, zu trinken und eine Henkersmahlzeit. Um 17 Uhr kamen die Scharfrichter, zwei Henkersknechte mit dem Fallklotz, ein Priester und noch zirka 6 Beamte. Dann begann die Hinrichtung. Man konnte in der Zelle hören, wie oft das Fallbeil heruntersauste.

Gehängt wurden Partisanen, Russen, Polen, Jugoslawen und solche, die dazu verurteilt worden waren.

Am 4. August 1944 ging um 9 Uhr die Gittertüre auf, die Aufseher und der Staatsanwalt kamen den Gang entlang, die erste Zelle wurde geöffnet und ich hörte eine Stimme „Koller – heraus!". Ich dachte, heute sind wir an der Reihe. Aber es blieb nur beim Genossen Koller, der mit zirka zwanzig anderen Kandidaten in die Armensünderzellen gebracht wurde.

Nach einigen Tagen konnten wir ein Gnadengesuch schreiben. Dies ging zur Ersten Instanz und dauerte vier Wochen. Von da an musste man mit der Hinrichtung rechnen. Genosse Koller hatte in einem Buchrücken ein Sägeblatt versteckt. Er fragte mich, ob die Säge in Ordnung sei. Ich bejahte. Er dachte, dass er bei der nächsten Hinrichtung dabei sein werde. Er sagte, ich möchte das Gitter durchsägen. Das war zehn Tage nach dem Zusammenkommen in der Todeszelle. Diese Eisensäge hat eine Bäuerin ihrem Mann hereingeschmuggelt, der aber hingerichtet wurde. Nachdem ich sagte, die Säge sei gut, drängte Koller auf einen Ausbruch, da er ja jeden Tag mit der Hinrichtung rechnen musste. Am 4. Juni 1944 bei Einbruch der Dunkelheit begann ich mit der Arbeit. Ich sägte fast die ganze Nacht. Es war Vollmond. Die Lage war ungünstig. Ich schnitt das Gitter fast durch, musste die Arbeit aber unterbrechen.

Am nächsten Tag hatten wir Hofgang. Als wir zurückkamen, war die Zellentür verschlossen. Ein Hausl ging vorbei und sagte: Ihr habt das Gitter durchgesägt! Für Ausbruchsversuch gab es 21 Tage Arrest, hartes Lager sowie Dunkelhaft bei Wasser und Brot und in Ketten. Bei einer der nächsten Hinrichtungen war man dann dabei. Die Beamten unterließen aber die Meldung. Ich büßte die Arreststrafe ab und kam wieder in eine Zelle. In der Nebenzelle waren drei Bergarbeiter aus dem Ruhrgebiet. Sie lehrten uns das Klopfsystem. Wir wollten gemeinsam eine Geiselnahme durchführen, wurden aber abgehorcht. Am Abend kam der Wachtmeister herein und sagte: Lasst den Krampf gehen! Hier ist noch keiner vorne herausgekommen, nur rückwärts – durch das Schafott.

Ich organisierte drei Ausbruchsversuche. Bei einem Fliegerangriff durchschlug ich mit dem Scheißkübel die Eichentüre, machte einige Zellen auf, aber die Aufseher waren bald da und wir mussten in die Zellen zurück.

Am Sonntag, den 20. Juli um 15 Uhr, ertönten die Sirenen. Dann ging unsere Türklappe auf, und wir bekamen eine Schüssel Suppe. Der Aufseher sagte, es sei was los. Es war der Stauffenbergputsch. Am Abend wussten wir bereits, dass er gescheitert war. Die Fliegerangriffe wurden immer mehr und am 27. November 1944 wurde die Hauptwasserleitung zerstört. Wir Österreicher wurden zum Wassertragen bestimmt. Am 29. November trug ich mit einem mir fremden Häftling eine Wassertonne in ein Beamtenhaus. Da wollte ich fliehen, aber der Aufseher hatte eine Pistole in der Hand. So unterließ ich das Vorhaben. Beim Betreten des Gefangenenhaus sagte ein Wachtmeister: In der Früh müsst ihr noch einmal gehen, dann ist die Wasserleitung wieder in Ordnung. Es war unsere letzte Gelegenheit.

Wir sprachen uns kurz ab. Am 30 November vor 9 Uhr gingen wir zum Haupteingang. Da standen die Eimer. Wir stellten uns auf, ich gab mit dem Ellenbogen das Zeichen, und wir liefen alle zum Tor hinaus. Ich hatte bald einen Vorsprung von etwa zwanzig Metern. Ich suchte den Ausgang, eine Türe in der Mauer, die tagsüber nicht versperrt war, weil sie von den Beamtenfrauen immer benützt wurde. Die Türe war offen und ich war im Freien. Vor mir lag ein großes Feld, auf dem zirka 30 Häftlinge arbeiteten, bewacht von drei Aufsehern. So lief ich an der Mauer entlang. Ich hatte zirka 150 Meter Vorsprung, da kamen die beiden Genossen heraus. Ich lief weiter und musste den Weg verlassen.

Die Wiese war voll mit Raureif. Vor mir der Wald. Ein Schwächeanfall zwang mich zu einer kurzen Rast. Ich schaute um und sah, wie einer stürzte. Es war Karl Punzer. Er wurde gefasst und zurückgebracht. Bloderer kam in den Friedhof und konnte sich verstecken.

Für mich begann der Leidensweg. 40 Kilometer im Umkreis von München war höchste Alarmstufe. Die musste ich schnell überwinden. So ging ich Tag und Nacht in Richtung Osten. Das Wetter war schlecht, Nebel kam auf und ich hatte keine Orientierung. So ging ich in Richtung Norden und stand an der Isar. Nach einem nächtlichem Irrgang trat ich in ein Gasthaus ein, an einer Luftschutzkarte konnte ich mich orientieren. Dann versuchte ich, das Gebiet zu durchqueren, bin aber die ganze Nacht im Kreis gegangen. In der Früh war ich wieder an der gleichen Stelle. Danach kam ich in einen Wald. Dort verkroch ich mich in einem Reisighaufen und blieb einige Stunden liegen. Gegen Mittag machte ich mich auf den Weg zurück in Richtung Dorfen.

Als ich dort am Abend angelangt war, sah ich einen Strohhaufen, in dem ich mich verkriechen wollte. Da kam ein Mann um die Ecke. Er sagte, ich sei verdächtig und müsse mitkommen. Ich sagte, ich sei nur zur Seite gegangen und will ohnehin in das Dorf. Ich bin verwundet und kann nicht schnell gehen. Ein Mann und eine Frau gingen des Weges. Sie hörten mich sprechen und sagten, das ist ein Österreicher. Die drei gingen mitsammen weiter. Ich lief, so weit es mir möglich war, über Feld und Acker bis in den nahegelegenen Wald. Dort brach ich Fichtenreisig ab, machte mir ein Lager und blieb liegen. Gegen fünf Uhr früh wurde ich munter und versuchte aufzustehen. Aber ich war total am Ende. Mein ganzer Körper war erschöpft und steif, die Füße waren wund, die Socken hart und blutig. Langsam raffte ich mich auf, langsam bewegte ich mich weiter. Es war Morgengrauen. Ein Schneesturm begann. Ich bemerkte einige Kleehaufen und nahm dort Unterschlupf. Gegen Mittag verspürte ich die Nässe am ganzen Körper. So machte ich mich auf den Weg und kam in ein Dorf. Die Schule war gerade aus und die Kinder kamen mir entgegen. Sie schauten mich an und liefen davon. Mit zerrissener Hose und unrasiert ging ich durch das Dorf.

Am Ende betrat ich ein Haus, klopfte an und eine Frau kam heraus. Ich bat um einen Teller Suppe, den sie mir brachte, mit einem Semmelknödel. Nach langem etwas Warmes. Dann ersuchte ich sie noch um Nadel und Zwirn, bedankte mich und ging des Weges. Ich reparierte meine Hose und schleppte mich fort. Abends kam ich zu einem Haus mit einem Stadel. Das Tor war nicht versperrt. Heu war drinnen. So hatte ich ein gutes Lager. Draußen lag zehn Zentimeter Neuschnee, damit wusch ich mein Gesicht.

Mir wurde klar, dass es mit dem Gehen zu Ende war. Zwei Kilometer hatte ich nach Mühldorf. Dazu brauchte ich über zwei Stunden. Dort ging ich zum Bahnhof und löste eine Fahrkarte. (Nach dem Bericht Bloderer Sepp: „Als wir in der Zelle der Todesabteilung gelegt wurden, fanden wir zwei Geldscheine, einen Zwanzig- und einen Fünfzigmarkschein … Wir teilten das Geld und mussten dazu Hölzlziehen. Auf Punzer fiel der Fünfzigmarkschein, auf Franz Draber der Zwanziger und ich ging leer aus"). Der Zug nach Ried fuhr um 7 Uhr früh ab, um 8 Uhr hieß es in Simbach: „Alles aussteigen!". Beim Ausgang standen eine Bahnbedienstete und ein Zivilist zur Kontrolle. Ich fragte die Frau, wann der Zug weiterfährt, ich bin verletzt und möchte zum Arzt. Um zirka 12 Uhr war die Antwort. Draußen schaute ich mich um und setzte mich dann in einen Warteraum, die Füße unter dem Tisch. Diese Stunden kamen mir wie eine Woche vor. Es klappte. Um 12 Uhr kam der Zug und brachte mich nach Ried. Dort hatte ich einen Verwandten. Bei dem klopfte ich an, die Frau machte auf und fragte mich, was ich will. Ich gab mich zu erkennen. Da wollte sie wissen, ob sie mich ausgelassen haben. Ich sagte, ich bin geflüchtet, aber hinter mir ist niemand her. Sie holte ihren Mann. Der hatte riesige Angst.

Ich konnte mich pflegen, bekam eine Hose und Lebensmittel. Abends begleitete mich die Frau zur Bahn, aber es war mir nicht möglich weiterzugehen. So brachte sie mich zu ihrer Schwester. Dort konnte ich übernachten und mich noch etwas erholen. Am nächsten Abend fuhr ich mit der Bahn nach Wels, durchquerte die Stadt über die Traunbrücke und ging Richtung Kremsmünster. Dort rastete ich mich beim Stift auf einer Steinbank aus, wo mich ein Fliegeralarm aufrüttelte. Dann ging es weiter nach Bad Hall. Um 8 Uhr morgens auf dem Weg zur Furtmühle begegneten mir die Müllerin und eine Frau. Sie erkannten mich nicht.

Als ich in der Mühle angelangt war, sah ich vom Vorhaus durch ein kleines Fenster in die Stube. Drinnen saß der Müller am Schreibtisch. Ich trat ein, grüßte und sagte: Hans, ich bin's, der Franz. „Haben Sie dich freigelassen?" – Nein, ich bin geflüchtet. Aber hinter mir ist niemand her. Nur darf mich niemand sehen. „Hauptsache, dass du da bist!" Er führte mich in das Schlafzimmer: „Raste dich aus."

In Bad Hall war mein jüngerer Bruder im Lazarett. So schrieb ich einen Brief nach Hause und ersuchte um eine Zwirnspule, in der ich im Mittelloch den Brief einführte. Die Müllerin fuhr Nachmittag nach Steyr zu meinen Eltern. Mein Bruder war zufällig zu Hause. Am Abend war er bereits bei mir und brachte mir die gewünschten Sachen. Wir besprachen mit dem Müller, war wir tun könnten. Er sagte, dass ich vorerst bleiben kann und brachte mich in ein Zimmer, in das niemand hineinkam. Ich verrichtete dann kleine Arbeiten und er konnte mich gut brauchen. Dabei erzählte er, dass ihn auch ein Opernsänger aus Wien besuche, der bei den Bauern hamstere und auch Mehl einkaufe. Und er wolle 100 Schafe nach Hinterstoder bringen, um nach Kriegsende mit Lebensmittel eingedeckt zu sein. Zu Ostern nahm ich mit diesem Mann Verbindung auf, da ich in Hinterstoder die Gegend und die Berge gut kannte. Er war von mir begeistert. Und ich fuhr nach Ostern mit dem Fahrrad nach Stoder und meldete mich im Haus Hubertus beim Großwildjäger und Schriftsteller Messany. Dort konnte ich im Haus, das im Wald lag, in einer Hütte bleiben und auch die Schafe unterbringen.

Mit einigen Schwierigkeiten konnte ich das Eintreffen der Amerikaner erleben. Mein jüngerer Bruder, der im Krieg verwundet worden war, löste mich ab und versorgte die Schafe, die ich zu betreuen hatte.

Im Juni 1945 fuhr ich mit dem Fahrrad von Hinterstoder nach Steyr und meldete mich bei der Partei, der KPÖ. Ich wurde dann im Juli beim Magistrat der Stadt Steyr angestellt.

Zeitzeuge Franz Draber bei einer Veranstaltung in Steyr

Nachtrag
Nach der ersten Volksgerichtsverhandlung, die wegen Mangel an Beweisen vertagt worden war., hatte ich Hoffnung, meine Heimat wiederzusehen und schrieb in ein kleines Heft einige Zeilen:

d'Hoamatliab

Du liebe alte Steyrerstadt,
Die hab i gar so gern
Weil Du so schöne Täler hast
Mit grimmig hohe Bergn.
Wann werden wir uns wiedersehen,
O Hoamatland, o mein,
Auf Deiner Berge Gipfel stehn
Wird's schönste für mich sein.

Stadelheim war ein Untersuchungsgefängnis und gehörte zu Dachau. Hier gab es nur kurzfristige Haftzeiten bis zur Verhandlung, dann ging's ab in ein Zuchthaus, in eine Strafanstalt oder in ein KZ, daher war die Verpflegung sehr schlecht.

Wir bekamen eine Blechschüssel und einen Löffel fürs Gemüse: Zweimal die Woche Sauerkraut, einmal Karotten, Spinat, Erdrüben oder Sago. Sonntags gab es Erbsen oder Nudelsuppe, zwei Stück Brot und eine Handvoll Kartoffeln, am Weihnachtsabend eine Knackwurst.

Jedem Monat gab es einen Tobsüchtigen, der kam in eine Isolationszelle und in jedem Monat erhängte sich ein Häftling.

Wöchentlich besuchte uns ein Priester, der immer fragte, ob wir beichten wollen, was wir verneinten. Einer war gut, er berichtete uns über die Lage an der Front und so weiter. Der Zweite sagte nur: „Ja, der Teufel braucht auch Leute", und ging.

In kurzer Entfernung von Stadelheim lag der Perlacher Friedhof. Dort wurden die Hingerichteten im Krematorium verbrannt und auf einer zwanzig Quadratmeter großen Fläche beigesetzt. Auf einem Gedenkstein befindet sich eine Inschrift für mehr als 5.000 in Stadelheim hingerichtete Kommunisten, Sozialisten und Christen, zum Großteil Deutsche und Österreicher.

Am 4. August 1944 wurde Genosse Anton Koller hingerichtet. Sein Körper wurde nach Augsburg in ein anatomisches Institut gebracht. Nach Kriegsende besuchte mich seine Frau und teilte mir mit, dass sie von Augsburg ein Paket mit der Asche ihres Mannes erhalten habe. Ich besorgte ihr eine Urne und fuhr mit einigen Kameraden nach Amstetten, wo wir an der Beisetzung teilnahmen.

Anmerkung des Herausgebers: Dem aufmerksamen Leser wird nicht entgangen sein, dass die Zahlenangaben bezüglich der Hinrichtungen in der Haftanstalt München-Stadelheim zwischen Bloderer und Draber beträchtlich differieren. Eine Rückfrage bei der bayerischen Justizverwaltung ist jedoch leider ohne Antwort geblieben.

Maria Ehmer
Der tödlichen Kugel entkommen

Ein Gespräch mit Frau Maria Ehmer, geborene Tröstl, Gschwandt, Edtmayrstraße 2, geboren am 15. Oktober 1910 in Gmünd.
Sie entstammt einer kinderreichen Familie, die Mutter hieß Johanna, gestorben 1942, der Vater hieß Ignaz, gestorben 1943. Frau Ehmer ging mit noch nicht ganz 14 Jahren in die Fabrik arbeiten, nach zwei Jahren war sie in der Trafik ihres Vaters beschäftigt, nach weiteren zwei Jahren lernte sie Josef Ehmer kennen. Er wurde am 2. Februar 1905 in Gschwandt geboren, verstorben ist er am 10. November 1975. Frau Ehmer hat zwei Söhne: Bruno, geb. am 30. November 1929 und Sepp, geb. am 7. November 1948. Bruno ist Kaufmann, Sepp ist Doktor der Philosophie.

Das Gespräch fand am 6. Dezember 1984 statt (Tonbandaufnahme).
1929 wurde mir von meinem Arzt ein Luftwechsel empfohlen, und ich war drei Monate in einer Lungenheilanstalt in Judendorf-Passing. Ich kannte Josef zu dieser Zeit schon. Er war gerade in Gmunden, weil er in Gmünd entlassen worden war. Nach meinem Aufenthalt in der Lungenheilanstalt ging ich zu ihm nach Gmunden, wo wir dann am 2. April 1929 heirateten. Wir lebten dann vier Jahre in Gmunden. Dann waren wir ein Jahr in Scharnstein. Mein Mann war damals nicht mehr bei der Post, er war schon arbeitslos. Dann gingen wir nach Gmünd. In Scharnstein wurde mein Mann auch einmal verhaftet, als er am 1.-Mai-Aufmarsch mitmachte und dort die Rede hielt.

Am 12. Februar 1934 waren wir in Gmünd. Da wurde mein Mann wieder verhaftet. Nach Gmünd wohnten wir wieder in Gmunden bei einem Herrn Richter. Mein Vater war Sozialdemokrat, ich war bei den Kinderfreunden, auch bei der Sozialistischen Jugend und beim Turnverein (ATSV).

1929 war in Gmunden eine antifaschistische Veranstaltung, eine Antikriegsveranstaltung, wo mein Mann auch dabei war. Dort wurde ein Mann, er hieß Menk, von der Bühne geworfen. Er war schon ein alter Mann. Er war Kommunist. Mein Mann war damals noch beim Schutzbund. Er war irrsinnig empört über diese Aktion, dass sie einen alten Mann von der Bühne warfen, der sicher schon über sechzig war. Das machten die Sozialdemokraten.

Mein Mann war so entsetzt, dass dies der Anlass für ihn war, von den Sozialdemokraten zur Kommunistischen Partei überzuwechseln. Ich war zwar nicht so begeistert darüber. Aber andererseits dachte ich, dass es auch nicht gut wäre, wenn jeder von uns bei einer anderen Partei ist und deshalb entschloss auch ich mich, zur KP zu gehen. Das war 1929, kurz nachdem wir geheiratet hatten. Mein Beitritt war Anfang 1930. Es war eine ziemliche Katastrophe, weil wir unseren Buben dadurch nicht taufen ließen. Unser Sohn hatte deshalb ziemliche Schwierigkeiten in der Schule. Mein Mann ging daher zu den Altkatholischen, weil unser Sohn ja einen Religionsunterricht brauchte.

In der Schuschniggzeit wurde mein Mann öfters verhaftet. Einmal hatten sie beim Wirt am Berg eine Zusammenkunft, bei der sie aufflogen. Ich besuchte dann meinen Mann in Wels und er sagte mir, dass ich beim Wirten schlafen könne. Daraufhin ging ich mit Bruno zu dem Wirten. Wir konnten dort übernachten und essen und mussten nichts dafür bezahlen.

Das waren meine schlimmsten Stunden im Leben. Immer wieder wurde mein Mann verhaftet, und ich stand vor dem Nichts. Ich fühlte mich richtig deprimiert und alleingelassen. Von 1930 bis 1936 lebten wir nur von der Arbeitslosen- und der Notstandsunterstützung.

Ich glaube, es war 1936, als mein Mann wieder zur Post kam. Die Nationalsozialisten waren noch nicht hier. Da holten sie meinen Mann wieder ins Telegrafenbauamt. 1943 musste er einrücken. Nach der Machtergreifung von Hitler wurde mein Mann gleich wieder verhaftet, da er dauernd bei Demonstrationen dabei gewesen war. Ich glaube, er war damals ungefähr acht Wochen lang in Haft.

Zuerst saß er mit den Nazis gemeinsam in einer Zelle, und nachher wurde er von ihnen verhaftet. Er musste bei den Nazis unterschreiben, dass er sich nicht mehr politisch betätigen würde. Er blieb dann beim Telegrafenbauamt, musste aber trotzdem einrücken. Sie sagten damals beim Telegrafenbauamt, dass es für ihn besser wäre, wenn er gleich einrücke, denn sonst würden sie ihn schon früher oder später ganz woanders hinbringen.

Ich wurde am 3. Oktober 1944 verhaftet. Es wurden damals viele verhaftet. Ich wurde gemeinsam mit der Zilli Spitzbart verhaftet. Die Fanni Kunz war schon im Gefängnis, auch die Hilde Hohenberger.

Ich weiß noch genau, dass es ein Dienstag war. Ich war in Gmunden auf dem Wochenmarkt gewesen und ging wieder nach Hause. Ich ging noch mit einem Blumenstrauß auf den Friedhof, da die Mutter meines Mannes den Todestag hatte. Ich hatte eine riesige Freude, weil ich auf dem Markt Paradeiser bekommen hatte. Bruno war damals in der Lehre und ich wusste, dass ich ihm mit einer Paradeissoße eine Freude bereiten würde.

Um halb zwei kamen dann zwei Männer vorbei. Mir war gar nicht wohl, da ich schon am Vormittag einige Männer so komisch aus den Fenstern der Gemeinde hatte schauen sehen, als ich vorbeiging. Irgendwie dachte ich mir, dass etwas passieren könnte. Sie sagten gleich zu mir, dass ich im Auftrag der Gestapo verhaftet sei. Ich fragte natürlich nach dem Grund meiner Verhaftung, aber sie sagten nur, dass ich keine Geschichten machen, sondern sofort mitkommen soll. Ich ging natürlich mit und sie sagten, dass wir vorher noch Richtung Bach gehen müssten. Ich wusste gleich, dass sie auch noch die Zilli holen würden. Wir waren damals viel zusammen, holten immer gemeinsam die Lebensmittelmarken. Wir machten eigentlich alle Wege und Erledigungen zusammen.

Mir war schon klar, warum sie mich geholt hatten. Ich lehnte den Beitritt zur NSDAP und zur Frauenbewegung ab. Ein Gendarm brachte mich in die Stadt, der andere ging Richtung Zilli. Er brachte mich zur Bezirkshauptmannschaft, wo sie mich in Tagwache nahmen. Dort kam ich ins Gefängnis. Ich muss sagen, dass dort ein humaner Gendarm war. Ich fragte ihn, ob die Spitzbart auch kommen würde, und er beantwortete meine Frage mit Ja. Er sagte auch, dass er nichts machen könne, dass er mich verhaften müsse. Ich ersuchte ihn, dass er die Zilli zu mir in die Zelle geben sollte, aber er verneinte zuerst und sagte, dass er das nicht dürfe. Dann erlaubte er es doch unter der Bedingung, dass wir ihn bei der Gestapo nicht verraten dürften. Also kam wirklich die Zilli zu mir in die Zelle.

Um ungefähr halb sechs Uhr früh wurden wir von demselben Mann (sein Name war Pesendorfer) geholt und weggebracht. Er sagte auch noch, dass wir, wenn wir etwas zu schreiben hätten, dies im Zug tun könnten, aber wir dürften nichts verraten. Er hat uns auch alleine im Abteil gelassen.

Wir kamen nach Linz zur Gestapo und wussten, dass dort nicht gerade feine Leute waren. Als wir ankamen, sahen wir einige bekannte Frauen dort, die gerade ihre Männer besuchten. Dort kamen wir ins Polizeigefangenenlager. Wir kamen gleich zum Gestapobeamten Pötscher, der uns mit den Worten begrüßte: „Da sind ja die Kommunistenweiber, geben wir ihnen gleich einen Fußtritt!" Von dort kamen wir in das Frauenlager Kaplanhof, wo wir dann getrennt wurden. Und es wurde ziemlich darauf geachtet, dass wir uns nicht zusammenreden konnten.

Wir sagten überhaupt nichts, nur dass unsere Männer eingerückt sind und dass wir nichts anderes tun, als darauf zu warten, von ihnen ein Lebenszeichen zu bekommen. Lustig war, wie sie uns aufgeteilt hatten: Ich war in der Viererzelle, die Hilde Hohenberger war in der Dreierzelle und die Zilli Spitzbart in der Zweierzelle.

Als sie die Türe zur Viererzelle aufrissen, um mich dazuzugeben, wimmelte es drin vor lauter jungen Leuten. Ich dachte mir, dass es unmöglich sei, dass so viele Menschen auf so engem Raum zusammenleben konnten. Die Frauen haben sich die Läuse abgesucht. Die Pritsche war etwa 60 Zentimeter breit, und zu zweit sind wir darauf gelegen. Ein junges Mädchen sagte mir damals, dass eben in der Nebenbaracke auch eine aus Gmunden drinnen wäre und dass wir uns zusammenklopfen könnten. Das taten wir auch. Es war die Hilde Hohenberger. Verhaftet worden waren wir aus folgendem Grund: In den Jahren 1943 und 1944 haben ja wir Frauen alles übernommen, was zuerst die Männer übergehabt hatten. Hauptsächlich haben wir Gelder für die „Rote Hilfe" gesammelt. Viele Männer sind eingesperrt gewesen oder im Krieg, und die Frauen haben nix gehabt. Bin ich halt immer zu den Leuten sammeln gegangen. Zum Bankdirektor, zu Geschäftsleuten in Gmunden, die keine Kommunisten waren, aber auch nicht bei den Nazis. Aufgeflogen sind wir durch die Fanni Kurz, die drei Wochen vor uns verhaftet worden war. Sie sagte aus, dass sie immer zu mir oder zur Zilli Geld gebracht hatte. Die Fanni war dann in Mauthausen, wo sie ziemlich arge Dinge mit ihr aufgeführt haben, damit sie ausgepackt hat. Ich hatte nämlich kurz einmal Gelegenheit, in einem Luftschutzkeller bei einem Fliegeralarm mit ihr zu reden, und sie sagte mir damals, dass sie sowieso schon alles gewusst hatten. Ich sagte ihr darauf, dass sie es nicht gewusst hatten, sondern nur so getan hätten, damit sie es bestätigte, dass sie ihr das Wissen nur vorgemacht hätten. Wir kamen aber dann nicht mehr im Luftschutzkeller zusammen, da ein Mädchen damals davongelaufen war aus dem Luftschutzkeller, das sie nicht mehr gefunden haben. Von da an durften wir die ganze Zeit überhaupt nicht mehr an die Luft. Das Mädchen, das damals davongelaufen war, war eine Italienerin. Sie meldete sich zur Arbeit nach Ebelsberg, wo Waggons aussortiert wurden. Sie konnte öfters etwas mitbringen. Sie schaute auch in der Baracke immer beim Gitter, wie sie am besten hinauskommen könnte.

Ich konnte auch der Hilde und der Zilli am Tag, bevor wir nach Mauthausen kamen, stecken, dass ich alles abgestritten hatte. Ich sagte bei den Verhören, dass sie ruhig bei mir eine Hausdurchsuchung machen könnten, dass ich nie gesammelt hätte und dass ich keine Liste mit Namen von den Spendern hätte. Sie wollten nämlich immer eine solche Liste haben. Dies konnte ich den beiden stecken, dass ich alles abgestritten hatte. In Mauthausen, wo auch eine Außenstelle der Linzer Gestapo war, sagten wir alle dasselbe aus, und deshalb konnte uns auch nichts mehr geschehen.

Am nächsten Tag bin ich wieder verhört worden. Haben's

mich rein in ein Personenauto, vorn zwei SSler, bei mir hinten ein Häftling, die Hände in Eisenfesseln. Der hat mir zugeflüstert, nach Mauthausen geht's. Du liebe Zeit, Mauthausen! Ich hab eine riesige Angst gehabt. Von Mauthausen hab' ich ja schon solche Sachen gehört. Wenn ich da jetzt reinkomm, komm ich eh nimmer raus! Von Enns sind wir mit der Fähre über die Donau nach Mauthausen. Wenn wir jetzt alle miteinander reinfielen, das wäre das Allergescheiteste, hab ich mir gedacht.

Wie ich aber reingekommen bin ins KZ, war ich richtig stur. Da ist gestanden Zahnambulatorium, hab ich mir gedacht, das auch noch. Wir haben ja schon gehört, was das zu bedeuten hat. Da haben sie mich reingestoßen in so einen Raum, da ist dieser Pötscher gesessen, ein junger, fescher Mann. Ein großer, mit so 26 Jahren. Sagt er: Weißt, warum du da bist? Nein, das hat mir bis jetzt noch niemand erklärt. Tschinbumm, hab' ich schon eine Watschen gehabt.. Dann hat er mir den Mantel heruntergezogen und hat halt alles mögliche wissen wollen. Aber ich hab' nichts gewusst. Ob ich den kenn und den. Wie auf einer Landkarte, auf einer Tafel, die an der Wand gehängt ist, waren lauter so Köpfe von unseren Genossen aufgezeichnet, und in die Ecken haben sie kleine Fotografien gepickt. Ob ich den kenn? Ich hab' mich nie um jemanden gekümmert, habe ich gesagt. Natürlich kenn' ich von Gmunden den oder jenen, aber ich hab schon lang nichts mehr gesehen von ihnen. Beim nächsten Mal hat er mir immer mit dem Lineal, einmal auf die rechte, dann auf die linke Seite und dann auf den Buckel gehaut. Einmal hab ich einen Fußtritt gekriegt, dass ich von der Tür bis zum Fenster geflogen bin.

Er war ein Jahr eingesperrt für'n Hitler, hat der Pötscher geprahlt, und er ist froh darüber. Na, ich vergönn's ihnen, wenn sie da froh sind. Aber mich wundert, mein Mann ist eingerückt, dass so kräftige Leute wie Sie noch da sind. Maria, hab ich's erraten gehabt! Der hat mich derart geschlagen, die Jacken hat er mir runtergerissen. Ich hab mich mit dem Gesicht zur Wand stellen müssen, bin lang dort gestanden. Dann sagte er, jetzt schrei ich der Nora, dem Schäferhund, der wird dich in Stücke reißen.

Innerlich hab ich schon sehr gezittert, hab mir aber gedacht, bevor du von mir was erfährst, lass ich mich zerreißen. Schreit er.

Nora! – Kommt da eine Sekretärin angetänzelt, eine fesche. Ja, jetzt lacht man, aber ich hab wirklich geglaubt, jetzt kommt der Hund. Weil ich im Lager vom Guckerl aus schon gesehen habe, wie sie mit den Schäferhunden herumgegangen sind. Dann haben sie sich von einem Häftling alles mögliche auftischen lassen.

Komm!, sagt die Sekretärin, wenns't erzählst, was der Herr Pötscher wissen will, kannst auch mitessen, wir sind ja net so. Ich weiß nix, hab ich gesagt. Nachher haben sich die beiden umhalst und abbusselt. Sie wollen ja nicht, dass Soldatenfrauen eingesperrt sind, haben sie so schön geredet, dass ich mir denkt hab, ihr seid's doch Pharisäer. Dann hat er wieder gedroht, er werde meinen Buben holen und ich werd zuschauen, wie er beim Stacheldraht zugrunde geht. Hab ich gesagt, was kann denn der Bub dafür, ist eh der Vater eingerückt, und mich hat er auch nicht.

Wegen dem Geld, hat der Pötscher gefragt, das mir die Fanni gegeben hat für die Widerstandskämpfer. Es stimmt schon, dass sie mir Geld gegeben hat, aber net für die Widerstandskämpfer. Sie hat gewusst, dass ich net viel hab, sie hat mich unterstützen wollen.

So a Lug, hat der Pötscher geschrieen. Und ein Flugblattl soll sie von mir gekriegt haben. Ich weiß von an Flugblatt nix. Aber das haben sie mir halt alles nicht geglaubt. Dann sind noch zwei von der Gestapo dahergekommen. Die drei haben mich dann ins Kreuzfeuer genommen, haben mich geschlagen, überall. Da hab ich mir gedacht, aus is, ich halt eh nimmer durch.

Dann bin ich zurückgekommen in den Kaplanhof. Einen Mordsweinkrampf hab ich gekriegt, nachher ist mir wieder leichter geworden. Klopft dann die Hohenberger Hilda, was war los? Es ist bekannt, klopf ich zurück, dass du von uns unterstützt worden bist, derweil dein Mann eingerückt war. Sag der Zilli, sie soll nein sagen bei allem, sie weiß nix.

Das Gefühl hab ich damals schon gehabt, dass ich beobachtet werde, weniger von der Gestapo, aber von der Gemeinde. Die Fanni ist oft von Gmunden gekommen und über Nacht geblieben, wir haben uns den englischen Sender angehört. Unter uns hat aber eine Frau gewohnt, die bei den Nazis war. Und wie mein Mann noch daheim gewesen ist, hab ich Flugblätter abgezogen und gesteckt in der Nacht, wir haben alles miteinander gemacht.

Einmal hätten sie mich zur Frauenschaft werben wollen, die Nazis. Ich hab gesagt, ich war nie bei einem Verein und geh jetzt auch nicht dazu. Ja. Warum denn? Das war doch eine Ehre, wenn ich dem Führer eine Freud machen könnt. Hab ich gesagt, Nein, das tu ich nicht. Dann hätte ich mit der Sammelbüchsen von Haus zu Haus gehen sollen. Winterhilfe hat sich das genannt. Wer das Geld gekriegt hat, weiß ich nicht. Ich hab mich geweigert. Ich geh nicht. Da hab ich gesagt, mein Mann hat eine Kleintierzucht, Hasen. Gerade jetzt muss ich schauen, wo ich Gras herkrieg, ich hab keinen, der mir was mäht.

Jede Woche am Montag waren dort im Kaplanhof die Transporte. Da hieß es immer, alles mitnehmen, und weg war man vom Gefängnis.

Ich wurde nur einmal zu einem Verhör nach Mauthausen gebracht, aber dafür von früh morgens bis spät am Abend. Anschließend wurde ich wieder in den Kaplanhof gebracht.

Einmal kam der Plakolm, der damalige Polizeidirektor von Linz, in den Kaplanhof. Da gingen ein paar Männer durch. Ich weiß noch, dass wir damals ein einziges Mal ein gutes Essen bekamen, denn sonst bekamen wir in der Früh nur einen Kaffee mit einem Stück Brot, mittags und am Abend immer nur so eine Suppe. Er ging von Zelle zu Zelle und kam auch in unsere Viererzelle. Er sagte zu mir, dass sie ja nicht wollen, dass ich im Gefängnis sitze, wo ja mein Mann fürs Vaterland kämpfte, und wenn ich halt sagen würde, was gewesen war und andere Namen angeben würde, von denen ich etwas wüsste, dann könnte ich an diesem Tag noch nach Hause gehen. Er sagte auch, dass ja mein Bub auch sehr froh sein würde, wenn ich wieder zuhause wäre.

Ich antwortete ihm, dass ich nichts zum Sagen hätte, dass ich auch nichts wüsste und dass ich auch weiterhin nichts sagen könnte, dass ich mir keiner Schuld bewusst wäre. Dies wiederholte ich immer. Sie drohten mir wieder einiges an, aber es ist dann eigentlich nichts mehr geschehen.

Eigentlich hatten wir ja gar nicht viel gemacht. Wir gingen sammeln, und ab und zu kamen wir im Gmundener Gasthaus „Neue Welt" zusammen. Ich weiß nicht genau, wie viele wir bei den Zusammenkünften waren. Es gab ja ständig Verhaftungen. Wir sammelten auch die Mitgliedsbeiträge für die KP ein.

1944 kannten wir uns eigentlich schon alle, und wir mussten nicht mehr so viele Versammlungen abhalten. Teilweise trafen wir uns in Gaststätten.

Das gesammelte Geld wurde eigentlich von allen zur Zilli Spitzbart gebracht, die dafür sorgte, dass es weiter ging. Gesammelt wurde vorwiegend für die Partisanen, dass die etwas bekamen. Der Leiter war der Plieseis Sepp. Zu unseren Zusammenkünften kamen auch öfters Leute aus Wels und aus Linz. Die Fanni Kunz ist öfters nach Steyrermühl gefahren, von dort ging die Verbindung zu mir und weiter zur Zilli, und so weiter.

Im Kaplanhof gab es Wärterinnen, die gut waren, aber auch andere. Man hatte teilweise eine Pause von der Gestapo.

Alle vierzehn Tage wurde ganz kurz die Dusche aufgedreht und man musste sich die Wäsche in dem Wasser, mit dem man selber gewaschen wurde, auch waschen. Es gab dort keine Gefängniswäsche, man hatte die eigene. Es ging immer alles so schnell, und das Wasser wurde nur ganz kurz aufgedreht. Ich war bis zum amerikanischen Bombenangriff im Kaplanhof. Es waren vorher auch schon immer Angriffe, aber früher konnten wir ab und zu in den Luftschutzkeller hinaus, in einen Splittergraben.

Ich lernte dort auch die Viertel Maria, Mutter und Tochter, kennen.

Alle vierzehn Tage gab es Besuchszeit, und jede Woche bekam man eine Postkarte zum Schreiben, aber Post gelangte fast nie in den Kaplanhof, zumindest bekam ich sie fast nie.

Einmal kam mich mein Bub besuchen, der ja bei einem Nazi, dem Nußbaumer, arbeitete. Sie kamen herein und sagten mir, dass mein Bub draußen stehe, aber dass ich keine Sprecherlaubnis erhalten hätte. Zuerst musste man ins Polizeipräsidium um eine Sprecherlaubnis. Mein Sohn brachte mir damals ein wenig Wäsche.

Meine Schwester wollte mich auch einmal besuchen, erhielt aber auch keine Besuchserlaubnis. Es wäre wirklich besser gewesen, sie hätten mir das alles gar nicht gesagt.

Der Kompanieführer meines Mannes war der ehemalige Bürgermeister von Freistadt, dessen Frau auch bei mir im Gefängnis war. Deshalb wusste es auch mein Mann, und der Kompanieführer sagte zu ihm, dass er ihm jetzt einmal Urlaub geben würde, damit er zu mir kommen könne. Er gab ihm auch etwas für seine Frau mit, es war die Frau Zemann. Da kam mein Mann mit unserem Buben. Wir konnten zehn Minuten miteinander reden. Die Frau Zemann lernte ich erst kennen, als wir in eine andere Baracke kamen, weil unsere Bracke derartig verlaust war. Sie kam auch wegen einer Spendenliste ins Gefängnis.

Mein Sohn musste zu Kriegsende noch einrücken, obwohl er im November erst fünfzehn Jahre alt gewesen war.

Am 31. März 1945 war der amerikanische Bombenangriff. Wie immer um ungefähr zwölf bekamen wir die Suppe. Vor jeder Baracke wurde sie niedergestellt. Wir freuten uns schon, weil wir die Töpfe hörten, als plötzlich alles losging. Es war ein totales Chaos. Der Luftdruck war so gewaltig, dass wir alle durcheinanderkugelten. Das Komische an diesem Tag war – es muss bewusst gewesen sein –, dass niemand arbeiten gehen durfte. Das war nicht wegen des Fliegeralarms, sondern das war bewusst. Es gab einen gewaltigen Knall. Man kann überhaupt nicht beschreiben, wie das damals war. Eine Gefangene aus Kremsmünster schrie, dass sie uns eh aufmachen würde. Sie war zwar auch eine Gefangene, konnte sich aber frei bewegen, sie musste Botengänge usw. erledigen. Die drei Russinnen aus meiner Zelle wollten durchbrechen, als sie von draußen schrie, dass sie uns eh aufmachen würde. Viele Teile von den Baracken waren schon auseinandergebrochen. Die Baracke von der Hilde war auch schon offen gewesen. Ich ging als letzte aus meiner Baracke heraus. Plötzlich sah ich die Hilde auf zwei Pritschen stehen und hinausschauen.

Ich rief ihr zu, dass sie laufen sollte, aber sie wollte sogar, dass ich mich auch zu ihr hinaufstelle und schaue, was los sei. Man sah zwar noch nicht, dass es irgendwo brannte, aber ich dachte, dass jeden Moment zu brennen anfangen würde und dass es das beste wäre, nur wegzulaufen. Aber die Hilde wollte nicht. Sie fragte, warum sie davonlaufen sollte. Ich hatte das Gefühl dass ich nur rennen sollte und tat es auch. Die Hilde rannte zwar dann doch hinter mir her, aber es war sofort alles zusammengestürzt, und die Hilde hat es nicht mehr geschafft. Es fing auch hinten schon zu brennen an. Die Kurz Fanni war schon draußen gewesen, lief aber noch einmal zurück, um ihren Mantel zu holen und kam auch nicht mehr heraus. Beide kamen um.

Ich stand draußen. Rundherum wurde geschossen. Zwei SS-Leute wollten sich auch retten und fragten mich, warum ich so renne. Ich begann zu brennen und brach zusammen. Irgendwie kam ich aber wieder zu Bewusstsein und dachte, dass ich so zugrunde gehen würde. Es brannte von den Füßen herauf. Ich drehte mich ein paar mal, rannte wieder weiter und brach wieder zusammen. Drei Mal wurde ich angeschossen, denn ich hatte drei Schussverletzungen. Ich weiß aber nicht, wer geschossen hat. Die Kugel, die meinen Arm traf, ist noch immer drinnen. Die anderen Kugeln waren im Fuß und im Gesäß. Irgendwann blieb ich liegen, kam aber immer wieder zu Bewusstsein. Ich wurde von zwei Ausländerinnen aufgehoben. Sie brachten mich zu einem Sammelplatz und fragten mich, wer ich sei. Sie konnten nur gebrochen Deutsch. Ich hatte auch einen Bauchschuss, aber Gott sei Dank war dieser nicht so durchgegangen. Ich hatte eine Jacke an mit einer Geldbörse drin, die diesen Schuss etwas abgefangen hatte.

Beim Sammelplatz legten sie mich auf einen Haufen, von dem mich die Zilli Spitzbart heruntergezogen hat. Ich war praktisch schon bei den Toten. Sie blieb bei mir, bis ich das Bewusstsein erlangte. Ich dachte natürlich gleich daran, dass jetzt mein Bub ganz alleine sein würde, und sie versprach mir, dass sie sich um meinen Buberl kümmern werde, wenn sie früher als ich heimkomme.

An meinem linken Fuß war kein Stück, das nicht verbrannt war, außerdem hatte ich viele Schusswunden. Ich lag drei Wochen lang im Unfallspital. Ich lag immer auf so einem Wagerl ganz vorne, da sie dachten, dass ich sowieso jeden Moment sterben würde und dass sie mich somit gleich wegtransportieren könnten. Es waren auch noch einige andere Verwundete dort, die dann gleich wieder ins Lager nach Linz-Schörgenhub kamen. Danach kam ich in den Keller des Allgemeinen Krankenhauses auf eine Pritsche. Dort wurde ich behandelt und befand mich zwischen Sein und Nichtsein. Der Raum war geteilt, und neben mir lag ein verwundeter Mann, den sie von einer Lokomotive heruntergeschossen hatten. Er redete und redete, bis ich wieder mein Bewusstsein erlangte. Dort blieb ich drei Wochen.

Anschließend wurden wir, ungefähr 60 Leute, nach Berg bei Ritzelhof (Gemeinde Ansfelden) überführt. Dort waren wir in Zimmern mit sechs Betten. Es gab dauernd Luftangriffe. Eine Schwester dort hieß Zeppezauer, sie war aus Bad Goisern. Sie und eine andere Schwester sagten zu einer – ich weiß nicht mehr, wie sie hieß, aber sie war aus Ebensee – dass sie sie auf ihre Station nehmen wollten. Sie fragten mich, woher ich gekommen und was mir passiert sei. Das war am 20. April 1945.

Die Schwestern dort wollten mit mir nichts zu tun haben, weil ich ein politischer Häftling war. Es gab dort katholische Schwestern. Eine Schwester ordnete an, dass ich keine Milch erhalten solle, da ich politische Gefangene sei. Es war eine katholische Schwester in ihrer Kutte. Aber die Zeppezauer erwiderte, dass ich sehr wohl Milch erhalten würde, denn sie wüsste schon welche, die die Milch nicht so notwendig bräuchten wie ich. Von denen würde sie etwas Milch abzweigen. Ich war bis zum Skelett abgemagert. Als draußen geschossen wurde, dachte ich, dass der Krieg aus sei. Ich kam erst Ende August nach Hause. Vom 20. April bis August war ich in Ritzelhof.

Einmal – es war schon nach dem Krieg – kamen zwei Frauen aus Ritzelhof, weil sie jemanden suchten, der angeblich noch drinnen sein müsste. Sie fragten mich, was mit mir sei, und von da an brachten sie mir jeden Tag etwas hinein. Einmal kam die, dann wieder die andere. Sie brachten zum Beispiel ein Butterbrot, denn das Essen war dort wirklich sehr wenig.

Irgendwann kam ich dann in die Behandlung. Ich wurde ja bis dort hin nicht behandelt. Die Schwestern hatten mir zwar die Kugeln herausgenommen, bis auf die im Arm, aber der verbrannte Fuß war nie versorgt worden. Er begann zu eitern und war total entzunden. Ich kam zu zwei amerikanischen Ärzten, und die konnten mir eine 50prozentige Rettung garantieren. Sie hätten mich aber operieren müssen. Ich wollte es mir noch überlegen. Aber da kam mein Sohn. Er überredete mich, mich operieren zu lassen. Der Arzt war ein paar Tage dort, und so ließ ich mich dann doch operieren. Ich weiß nicht, wie viele Stunden sie an meinem Fuß operiert haben, aber es war sehr lange. Mein Fuß war total verbunden und ich bekam einen richtigen Weinkrampf. Langsam sah man, dass die Operation geholfen hatte und ich begann schön langsam wieder mit dem Gehen. Bruno versuchte, so oft wie möglich zu kommen und er stachelte mich immer an, aufzustehen und mit dem Gehen zu beginnen. Am 17. oder 18. August kam mein Sohn wieder und sagte, dass er noch immer alleine daheim wäre und dass ich heimkommen sollte. Ich antwortete ihm, dass ich nicht wüsste, was ich daheim tun sollte. Er sagte, dass in unserem Haus ein Arzt sei, ein tschechischer Flüchtling, der mich behandeln könne. Also ging ich nach Hause.

Dieser tschechische Arzt überwies mich dann zu einem Arzt nach Gmunden, da er nicht behandeln durfte als tschechischer Flüchtling. Er wanderte dann irgendwann nach Deutschland aus.

Kurze Zeit darauf kam mein jüngster Bruder heim. Er lebte nach dem Tod unserer Eltern auch bei mir, da er erst vierzehn Jahre alt gewesen war. Sie wollten ihn immer zur Hitlerjugend haben, aber ich versuchte es ihm immer wieder auszureden. Einmal gaben sie ihm einen Schein zum Unterschreiben mit, aber ich brachte ihn wieder auf die Gemeinde zurück und sagte ihnen, dass mein Bruder nicht beitreten würde. Zuerst brachten sie ihn zwei Tage nach Wels, wo sie ihn traktierten. Er blieb aber dabei, nirgends beizutreten. Anschließend musste er einrücken.

Mein Mann kam im April 1946 aus der französischen Kriegsgefangenschaft zurück. Ich wusste ja überhaupt nichts von meinem Mann. Ich schrieb der Frau Zemann, ob sie etwas von ihrem Mann wüsste, worauf mir ihr Mann schrieb, dass er vermute, dass mein Mann in französischer Kriegsgefangenschaft sei. Durch das Rote Kreuz konnte ich ausfindig machen, dass mein Mann in Avignon war. Dann konnten wir uns sogar schreiben, und eines Tages stand er überraschend vor der Tür.

Kurz darauf brach bei der Arbeit der Telefonmasten, auf dem

sich mein Mann befand, zusammen und er hatte schwerste Gehirnerschütterung mit Gehirnaustritt, und fast alle Rippen gebrochen. Es war überhaupt ein Wunder, dass er überlebt hatte. Er musste irrsinnig leiden. Bruno arbeitete damals in Wien, und er kam und brachte mir Geld, da ich nicht mehr wusste, wie ich die Krankenhauskosten bezahlen sollte. Ich war jeden Tag bei ihm im Krankenhaus. Ich begann ihn zu massieren, da er überall gelähmt war. Außerdem war er nicht bei Bewusstsein. Als er wieder bei Bewusstsein war, waren die Lähmungen weg. Jeden Tag fuhr ich ins Krankenhaus nach Kirchdorf. Er wurde dort nicht einmal richtig gewaschen.

Ich leide jetzt noch unter meinen gesundheitlichen Schädigungen. Am 17. November 1948 wurde mein zweiter Sohn Sepp geboren. Am meisten erschrak ich, als der Volksschullehrer sagte, dass der Sepp der einzige in der Klasse sei, der gescheit sei und ins Gymnasium gehen sollte. Ich fragte den Lehrer, wie er sich das vorstelle. Mein Mann war gerade verunglückt, und wir hatten wirklich überhaupt nichts. Es dauerte Monate, bis wir einmal ein bisschen etwas bekamen. Zuerst wollte Sepp selber nicht ins Gymnasium, aber dann wieder schon. Darauf sagte ich, dass er halt doch ins Gymnasium fahren sollte. Es gab ja damals dafür noch überhaupt keine Unterstützungen. Ich dachte, dass er nach acht Jahren Gymnasium wenigstens einen gescheiten Beruf kriegen würde, aber dann hat er noch zu studieren begonnen, aber unter welchen Umständen! Ich fuhr öfter zu ihm nach Wien und jedes Mal dachte ich mir, das gibt es doch nicht, unter welchen Umständen die da hausen müssen.

Ich bekomme eine Rente vom Sozialministerium, vom KZ-Verband, die Rente von meinem Mann und die Invalidenrente. Insgesamt komme ich auf ungefähr 5.000 Schilling. Es ist nicht viel, aber ich komme aus damit. Beim Bundesministerium kann ich auch zwei Mal im Jahr um ein bisschen etwas ansuchen. Ich bin nur 30 Prozent Invalide, das macht daher nur bei siebenhundert Schilling.

Nach der Befreiung war Maria Ehmer in der Gmundener Bezirksorganisation der KPÖ, im Bund Demokratischer Frauen und im KZ-Verband aktiv. Für ihren Beitrag im Widerstand wurde sie mit dem Ehrenzeichen um die Befreiung Österreichs ausgezeichnet. Sie starb im 83. Lebensjahr am 23. November 1992.

Dr. Siegfried (Sigi) Köhl
Der Kugel entkommen

Ich wurde am 6. November 1913 in Königswiesen geboren. Meine Mutter, Berta Köhl, war Postmeisterin und mein Vater, Josef Köhl, Gendarm. Ich besuchte das Realgymnasium in Linz, maturierte im Jahr 1933 und nahm anschließend das Studium der Rechts- und Staatswissenschaften an der Universität Wien auf.

Schon im Jahre 1930 hatte mich ein jüdischer Mitschüler zum Sozialistischen Mittelschülerverband geworben, weil er der Meinung war, ich gehöre meiner offenkundigen Gesinnung nach ohnedies zu den Sozialisten. Zuvor war ich beim Wandervogel [1]. Angesichts des damaligen ständigen und verheerenden Zurückweichens der sozialdemokratischen Führung vor den konservativen Rechten und dem Faschismus wurde ich, wie damals viele jungen Menschen, immer kritischer zur Sozialdemokratie und begann, mit der kommunistischen Bewegung zu sympathisieren. Bald bildete sich im Sozialistischen Mittelschülerverband eine linke marxistische Fraktion, die eine heftige politische Diskussion entfachte. Das brachte uns in Konflikt mit der Organisation. Ich wurde 1932 aus dem Verband ausgeschlossen. Mit anderen Freunden und Gesinnungsgenossen schloss ich mich der kommunistischen Jugend an. Die politische Lage in den Jahren zwischen 1932 und 1934 war stürmisch und das politische Leben für uns Jungen faszinierend. Wir stritten mit der Sozialistischen Rechten, mit Nationalsozialisten, Christlichsozialen, mit Heimwehrlern und mit aller Welt.

---

1) Als Wandervogel wird eine in ihren Anfängen 1896 entstandene Bewegung bürgerlicher Jugendlicher und junger Erwachsener bezeichnet, die, angeregt durch die Ideale der Romantik, vor dem autoritären Druck der Gesellschaft in die Natur flüchteten, um dort mehr nach ihren eigenen Überzeugungen zu leben.

Ungeheuer viel wurde gelesen: Upton Sinclair, Maxim Gorki, Anderson-Nexö, Jack London, und wir studierten Marx und Engels, Karl Liebknecht und Rosa Luxemburg und vor allem Lenin. Die Diskussionen drehten sich vornehmlich um Themen wie Verhinderung von Krieg und Faschismus, bürgerliche oder sozialistische Demokratie, reformistischer oder revolutionärer Weg zum Sozialismus, Otto Bauer oder Lenin, Trotzki oder Stalin, die Weltwirtschaftskrise im Kapitalismus und den sozialistischen Aufbau in Sowjetrussland. Die KPÖ wurde Mai 1933 verboten.

Nach dem 12. Februar 1934 und der damit verbundenen Illegalisierung der SPÖ stießen weitere sozialdemokratische Kräfte zum kommunistischen Lager. Wir, revolutionäre Sozialisten und Kommunisten, die wir an den Hochschulen Wiens studierten, sammelten uns in einem illegalen Studentenverband, dem wir den Namen „Roter Studentenverband" gaben. Wir publizierten eine Zeitschrift, hielten politische und theoretische Schulungen ab, verbreiteten Flugblätter und gründeten auch eine legale Studentenorganisation, die wir „Kulturelle Arbeitsgemeinschaft" nannten und in der linke, fortschrittliche, pazifistische und humanistische Persönlichkeiten Vorträge hielten und kulturpolitische Diskussionen veranstaltet wurden. Ich selbst wurde bei den Roten Studenten zum Politischen Leiter, das war so etwas wie ein Obmann, gemacht. Unsere Tätigkeit richtete sich gegen die Faschisierung der Hochschulen und des geistigen Lebens. Wir setzten uns mit der Ideologie und Politik der Vaterländischen und der Nationalsozialisten in jeder Weise und auf allen Ebenen auseinander. 1937 gelang es uns sogar, wegen der Erhöhung der Studiengebühren, einen auch international beachteten Hochschülerstreik zu organisieren.

Ab dem Jahre 1936, nach dem berühmten 7. Weltkongress der Kommunistischen Internationale, wurden neue entscheidende Probleme in den Mittelpunkt gerückt: Volksfronten, d. h. Bündnisse zwischen Sozialdemokraten, Kommunisten und Linksbürgerlichen, die Verteidigung jeglicher Demokratie beziehungsweise deren Wiedererlangung, die Errichtung einer Anti-Hitler-Koalition im Weltmaßstab und die Themen und Postulate einer österreichischen Nation und die österreichische Unabhängigkeit.

Leider entwickelte sich rund um diese Fragen eine unheilvolle Diskussion im Verband. Es gab auch heftige Auseinandersetzungen um die Stalin'schen Säuberungen, die gerade ihren Höhepunkt erreicht hatten. Eine größere Gruppe der Studenten lehnte die Volksfrontpolitik und die nationale österreichische Orientierung ab. Weil sie eine ähnliche Position vertraten, wie sie damals Leo Trotzki repräsentierte, wurden sie als Trotzkisten abqualifiziert und ausgeschlossen. Ich selbst – als für den Verband Verantwortlicher – wurde wegen so genannter mangelnder Wachsamkeit von der Partei veranlasst, die Verbandsführung aufzugeben und der zentralen Agitation- und Propagandaabteilung des Kommunistischen Jugendverbandes zugeteilt, in der ich vor allem mit der Verfassung von Schulungsbriefen und redaktionellen Arbeiten für illegale Flugschriften und Zeitungen befasst war. Nebenbei war ich so etwas wie der Finanzchef dieser Organisation. Ich hatte den so genannten Berufsrevolutionären ihre Ausgaben zu bezahlen, den Ankauf von Abziehapparaten und Schreibmaschinen zu finanzieren, kurz gesagt, für den personalen und sachlichen Aufwand der Organisation zu sorgen. Die Geldmittel dafür wurden mir von der Partei überantwortet.

Es kam der März 1938, die Tage der Halblegalität, der stürmischen Demonstrationen und der hektischen Verhandlungen mit den Schuschniggleuten, um eine nationale Einheitsfront herzustellen. Am 11. März wurde ich von der Kommunistischen Partei nach St. Pölten, Amstetten und Linz geschickt, um die Lokalorganisationen über die jüngste Entwicklung zu informieren und über die neueste Linie zu instruieren. Ich kam nur bis Amstetten. Dort überraschte mich der sogenannte Umbruch. Als ich aus dem Zug stieg, war der Bahnhofsplatz bereits voll mit uniformierten SA-Männern. Nachdem ich – wie das damals demonstrativ getan wurde – ein rot-weiß-rotes Bändchen im Rockrevers trug, stürzten sich etliche SA-Männer auf mich, rissen mir das Bändchen herunter und ohrfeigten mich.

Am Hauptplatz entfaltete sich ein Aufmarsch von tausenden Nazis. Währenddessen fuhr über den Hauptplatz eine Abteilung des österreichischen Bundesheeres Richtung deutsche Grenze. Der ganze Platz brüllte ‚Sieg-Heil!'. Die Soldaten reagierten in keiner Weise. Während der Rede des NS-Kreisleiters kam die Meldung, Schuschnigg sei zurückgetreten. Der Jubel kannte keine Grenzen. Ich kehrte nach Wien zurück.

Die Partei und der Jugendverband waren durch die Ereignisse zutiefst betroffen und verwirrt. Es gab teilweise Panik und schon Verhaftungen. Einige Tage nach der Etablierung des NS-Regimes wurde ich zum Polizeikommissariat vorgeladen. In der Meinung, es handle sich um eine Meldeangelegenheit, ging ich hin. Es war aber die Gestapo, bei der ich landete. Man nahm mich in Haft. Nach einigen Tagen wurde ich vorgeführt. Man legte mir eine Loyalitätserklärung vor, die ich zu unterschreiben hätte, ansonsten ich in das KZ Dachau verschickt würde. Es blieb mir nichts anderes übrig als zu unterschreiben. So wurde ich wieder auf freien Fuß gesetzt. Die meisten Verbindungen waren zerrissen. Selbst die meisten Gehaltsempfänger erschienen nicht mehr zu den Treffen. Sie waren entweder verhaftet oder gezwungen, sich zu verstecken. Die zentralen Funktionäre im Inland, Franz West, Wilhelm Frank, Karl Zwiefelhofer und Bruno Dubber versuchten, die Partei neu zu organisieren und umzubauen in der Richtung, einen neuen Funktionärskader aus der Polizei bisher unbekannten Leuten zu bilden. Die von der Partei geplante Dezentralisierung durch gebietsweise Leitung vom Ausland her erwies sich als nicht durchführbar. Eine wirklich neue Organisationsform, und zwar wieder in zentralisierter Struktur, brachte im Herbst 1938 der unerschrockene und dynamische Bruno Dubber zustande. Es gab wieder illegales Material, ein wachsendes Verbindungsnetz im Inland und funktionierende Beziehungen zu den Zentralen in Prag und Zürich. Freilich wurde damit der Gestapo der Zugriff auf die Kader und der erste große Schlag gegen die Partei im November 1938 erleichtert, durch den über fünfzig Parteileute – darunter der Führungskader – in Haft gerieten. Trotzdem ist eine Parteiorganisation ohne effizientes Zentrum nicht denkbar. Die Losung „Jeder einzelne ist die Partei" ist absurd, obwohl es individuelle Widerstandshandlungen geben kann, ebenso wie ein versprengter Partisan noch eine Einzeltat setzen kann. Unter den äußerst schwierigen Bedingungen des NS-Staates hätten noch strengere und besser durchdachte konspirative Regeln entwickelt werden müssen. Man war mit dem Gestapo-System am Anfang im Unterschied zur österreichischen Staatspolizei zu wenig vertraut und reagierte in vieler Hinsicht unerfahren. Die Partei hat auch nach dem Auffliegen der zentralen Gruppe Dubber im Jahre 1938 noch weitere Zentralen im Inland aufzubauen versucht, beziehungsweise auch wirkungsvoll aufgebaut, so 1939 durch Ludwig Schmidt, 1940 durch Erwin Puschmann und schließlich durch Hermann Köhler.

In diesem Zusammenhang sei noch eine Bemerkung gemacht: Die Auffassung, vor Staatsterrorismus zu kapitulieren, sich einem übermächtigen System anzupassen und abzuwarten, bis wieder Morgenluft weht, ist nicht nur opportunistisch, sondern auch unrealistisch. Denn, wie die Geschichte und auch die heutigen politischen Ereignisse in der ganzen Welt zeigen, lassen sich Widerstandsbewegungen nicht einfach auslöschen, geschweige denn lösen sie sich selber auf, im Gegenteil: Sie erfüllen überall und jederzeit ihre historische Funktion, obwohl nirgendwo eine Garantie für einen opferlosen Sieg bestand oder besteht oder überhaupt von vornherein ein Erfolg gewährleistet ist.

Unter den im November 1938 Verhafteten eruierte die Gestapo sieben, die der Anführerschaft beschuldigt wurden. Bruno Dubber qualifizierte man als den Inlandsleiter, Josef Csarmann wurde als Leiter der Wiener Partei identifiziert, Josef Müller wurde als Instruktor für die Steiermark und Leo Kühn als für Niederösterreich zuständig angesehen. Regina Kästenbauer und Friederike Christoph warf man vor, die Apparatfrauen zu sein. Ich selbst wurde beschuldigt, mit der Leitung der Roten Studenten betraut, als Instruktor für Oberösterreich bestimmt und mit allen vorhin genannten zentralen Funktionären verbunden gewesen zu sein. Wir wurden dem Volksgerichtshof übergeben, der diese Verdächtigungen auch als erwiesen annahm und seinem Urteilsspruch zugrunde legte. Die übrigen Mitverhafteten wurden vor die ordentlichen Gerichte gestellt oder ins KZ abgeschoben und einige wenige nach längerer Gestapohaft freigelassen. Die Anschuldigungen wurden aufgrund von Beschattungen, bei Hausdurchsuchungen gefundenen Materialien und aufgrund von erpressten Geständnissen erhoben. Ich selbst gestand nichts, was sich im Volksgerichtsurteil dahingehend auswirkte, dass mir eineinhalb Jahre Untersuchungshaft nicht angerechnet wurden.

Am 14. November 1938 sollte ich um 5 Uhr Nachmittag eine Staatsprüfung ablegen. Aber es kam anders. An diesem Tag wurde ich um 5 Uhr früh von der Gestapo verhaftet. Ich wurde zuerst in der Gestapozentrale am Morzinplatz in Wien gefangen gehalten, dann in das zentrale Wiener Polizeigefängnis überstellt und schließlich im Landesgericht Wien in Untersuchungshaft genommen. Im Sommer 1939 erhielt ich einen Schutzhaftbefehl zugestellt, das heißt den rosaroten KZ-Einweisungsschein, in dem kurz und bündig behauptet wurde, ich gefährde die Sicherheit des Volkes und des Staates. Das bedeutete auf jeden Fall, dass ich in den Händen der Gestapo blieb, auch wenn mir keine politische Straftat nachgewiesen werden sollte. Aber es ging nicht so glimpflich ab. Man begnügte sich nicht mit einer bloßen Vorbeugungshaft. Im Herbst 1940 wurde ich dem Untersuchungsrichter vorgeführt, welcher mir eröffnete, dass der Oberreichsanwalt beim Volksgerichtshof in Berlin mich wegen Vorbereitung zum Hochverrat anklagen wolle und ich deshalb nach Berlin überstellt werde. Ich war zutiefst bestürzt, da der Volksgerichtshof die gefürchtetste Institution und der mir vorgeworfene Tatbestand mit Todesstrafe bedroht war. Ich wurde mit den anderen Hauptangeklagten Dubber, Csarmann, Müller, Kühn und den zwei Frauen Kästenbauer und Christoph

Gestapoaufnahmen von Siegi Köhl

Die dortige Haft erwies sich als eine totale Isolationshaft. Keine Kontaktmöglichkeiten, keine Zeitungen und kein Schreibzeug, keine Zigaretten, keine Bücher und keine Besuche. Zum Essen immer nur Eichelkaffee, Dörrgemüse, Wassersuppen mit Fischgräten und einige Erdäpfel. Und dazu den mörderischen Prozess vor Augen.

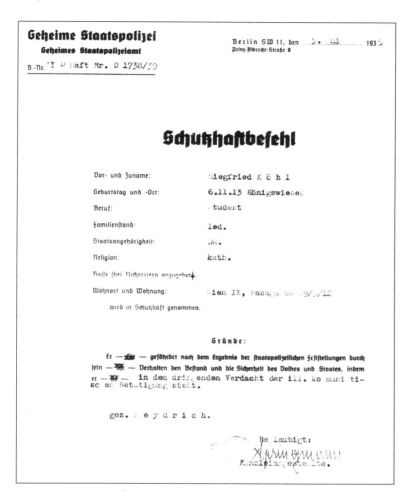

Wer wurde nun vor Gericht gestellt und wer wurde ins KZ gesteckt? Nach den Kompetenzbestimmungen waren die Gerichte für alle strafrechtlich relevanten politischen Tätigkeiten gegen das NS-Regime zuständig, während die Gestapo nur wegen strafrechtlich nicht fassbarem Verhalten oder wegen merkbarer missliebiger Gesinnung oder aus Vorbeugungsgründen ins KZ verschicken durfte. Diese Bemerkungen beziehen sich nur auf die Kompetenzregeln in rein politischen Fällen. Es ist hinreichend bekannt, dass bestimmte KZs, wie Auschwitz, auch aus anderen Verfolgungsgründen, wie rassischer Natur, als Vernichtungsstätten dienten.

Die schwereren und wichtigeren politischen Straffälle zog der Volksgerichtshof in Berlin an sich. Für die relativ leichteren Fälle waren Sondersenate bei den Oberlandesgerichten zuständig. In die Kompetenz des Ersten Senates des Volksgerichtshofes fielen Attentate auf Hitler und andere Staatsführer und die schwersten Fälle des Hochverrates, wie die der Verschwörer des 20. Juli 1944. Der Zweite Senat war zuständig für die Causen der Vorbereitung des Hochverrates und der Dritte für Spionagefälle. Später wurden weitere Senate gebildet, die regionale Zuständigkeiten hatten, wie zum Beispiel der Sechste Senat, der für Wien zuständig war. Gegen Ende des Krieges kamen viele Fälle gar nicht mehr zu den Gerichten, sondern wurden einfach von der Gestapo durch Abschiebung in die KZs erledigt. Wehrmachtsangehörige wurden ausschließlich von Militärgerichtshöfen judiziert. Der Volksgerichtshof hat rund 2.700 Todesurteile gegen Österreicher gefällt, davon rund 2.300 gegen österreichische Kommunisten. Ungefähr 16.000 Österreicher kamen in Gefängnissen, Gestapogefängnissen und Zuchthäusern um, zirka die gleiche Zahl kam in die Konzentrationslager, wobei hier noch an die 69.000 Holocaust-Juden dazu kommen. Gerichtlich Verurteilte, die in Strafanstalten ihre Freiheitsstrafen voll verbüßt hatten, wurden meistens noch weiter in den KZs, sicherheitshalber, wie das so hieß, festgehalten. Rechnet man die rassisch Verfolgten und die aus politischen Gründen in Militärgefängnissen Inhaftierten mit den in Gestapogefängnissen, Zuchthäusern und Konzentrationslagern gefangenen zusammen, so waren von 1938 bis 1945 über einhunderttausend Österreicher aus politischen Gründen inhaftiert.

Im April 1941 knallte die Anklageschrift in meine Zelle. Es tauchte ein amtswegiger Verteidiger auf, der von mir verlangte, ihm aufzuschreiben, was ich zu meiner Verteidigung vorzubringen hätte. Er veranlasste, dass mir Schreibzeug zur Verfügung gestellt wurde. Ich verfasste innerhalb eines Tages eine 60 Seiten starke Verteidigungsschrift, die mir aber der Verteidiger als zu umfangreich zurückwarf. Ich dürfe höchstens sechs Seiten niederschreiben. Aber auch diese verkürzten Argumente verwendete er dann in seinem Plädoyer nicht. Er meinte nur, an meiner Schuld wäre nicht zu zweifeln, es wäre jedoch mildernd, dass ich noch so jung wäre, die Segnungen der nationalsozialistischen Befreiung der Ostmark noch nicht genießen hätte können und durch das Judentum Wiens verdorben worden sei.

In der Woche vom 11. bis 17. Mai 1941 wurde unser Volksgerichtshofprozess im großen Saal vom Zweiten Senat verhandelt, der aus dem Vizepräsidenten des Volksgerichtshofes, einem zweiten Berufsrichter, einem Generalmajor der Polizei und je einem SA- und einem SS-Brigadeführer bestand. Der Saal war voll mit Gestapo-Männern, die offenbar zu Unterrichtszwecken an der Verhandlung teilnahmen. Über uns wurde getrennt verhandelt. Der erste Verhandlungstag in der Sache Dubber endete mit einer unvorstellbaren Erleichterung für uns: Der Hauptangeklagte erhielt nur lebenslänglich. Daher waren unserer aller Köpfe gerettet.

Als mein Verhandlungstag kam, trat ich nun selbstsicher vor die Anklagebank. Wie üblich, wurde ich vom Präsidenten beschimpft, er nannte mich „Lügenschüppel", „Judenknecht" und entzog mir immer wieder das Wort. Mein Vater, der zuhören durfte, war über mein Auftreten entsetzt, weil er es zu keck befand, wie er mir später seinen Eindruck wiedergab.

Ich erhielt acht Jahre Zuchthaus, eineinhalb Jahre Untersuchungshaft wurden nicht angerechnet, also neuneinhalb Jahre. Csarmann bekam zwölf, Müller fünfzehn, Kühn acht, Kästenbauer fünf Jahre, wobei ihr die Untersuchungshaft nicht angerechnet wurde, und die Friedl Christoph bekam drei Jahre. Wir waren nur deshalb, ohne geköpft zu werden, davongekommen, weil für die Ostmark zum Zeitpunkt unserer Tat noch eine mildere Übergangszeit vorgesehen war, was wir aber damals nicht wussten.

Die Verurteilung stützte sich auf die §§ 80 und 83 des Reichsstrafgesetzbuches, Vorbereitung zum Hochverrat, begangen durch den Versuch, gewaltsam „die Alpen- und Donaugaue", das heißt Österreich, vom Großdeutschen Reich loszureißen und die deutsche Regierung zu stürzen. Das war zwar unser politisches Hauptziel gewesen, wie auch die Verhinderung des Krieges, die Wiedererrichtung eines unabhängigen, freien und demokratischen Österreich. Aber angesichts der Kräfteverhältnisse und aller Umstände konnten diese Ziele nicht Gegenstand eines aktuellen Unternehmens sein. Der Inhalt unserer Schriften und unserer Organisationsformen richteten sich nicht auf Vorbereitungen zu einem gewaltsamen Umsturz. Dazu hätte es selbstverständlich einen ganz anderen Instrumentariums, einer ganz andere Art von Tätigkeit und eines ganz anderen Szenarios bedurft. Das war der im Wesen von mir vertretene Rechtsstandpunkt. Der Volksgerichtshof verfolgte hingegen eine ganz andere Verfolgungspraxis und qualifizierte selbst karitatives Verhalten wie Sammlung für die „Rote Hilfe" sowie Geldspenden für Inhaftierte und deren Angehörige als hochverräterisch.

Wie war unser Schicksal hernach? Bruno Dubber verstarb im Zuchthaus Hamburg-Altona 1943, nachdem man ihm eine tödliche Injektion verabreicht hatte. Josef Müller wurde in Zusammenhang mit dem SS-Massaker im April 1945 in Stein erschossen. Leo Kühn wurde 1944 auf Außenarbeit in eine Außenstelle kommandiert, von dort gegen Kriegende wegen sogenannter politischer Umtriebe ins KZ-Mauthausen geschickt worden mit dem Tötungsauftrag „Rückkehr unerwünscht". Er wurde dort aber von Genossen in der Schreibstube anstelle eines tatsächlich verstorbenen Häftlings als verstorben registriert, unter dem Namen und der Häftlingsnummer des Verstorbenen weitergeführt und so vor der angeordneten Liquidierung gerettet. Regina Kästenbauer wurde gemütskrank und verstarb frühzeitig. Wir anderen wurden im Mai 1945 befreit. Csarmann und ich waren in der Haft schwindsüchtig geworden. Ich selbst hatte mir eine schwere kavernöse Lungentuberkulose zugezogen.

In Stein wurde ich gleich am Anfang vom Kerker ins Kreisgericht Krems für einen Rücktransport nach Berlin überführt, weil mich der Oberreichsanwalt noch brauche, wie es hieß. Es stellte sich aber später heraus, dass er mich doch nicht brauchte.

Ich war wieder zu Tode erschrocken, weil ich eine Aufhebung des Volksgerichtshofurteiles und eine noch schwerere Strafe befürchtete.

Das alles und die verheerende Kriegsentwicklung in Russland sowie das Bewusstsein, dass jetzt eine noch schlimmere Phase mit unübersehbaren Folgen bevorstand, bewirkte, dass ich einen verzweifelten Fluchtversuch unternahm. Von Stein nach Krems führte mich ein älterer, kleinerer und schwächlicherer Justizwachebeamter in ungewöhnlich lockerer Weise ohne Fesseln. Bei der ersten besten Gelegenheit entlief ich ihm in eine Seitengasse. Der Bewacher aber schoss mir nicht nach, sondern rief einem entgegenkommenden Passanten zu, er solle mich aufhalten. Der stellte mir ein Haxl, ich stürzte zu Boden und wurde von den beiden überwältigt.

Das zog eine einmonatige Korrektionshaft nach sich und das bedeutete: Aufenthalt bei Wasser und einem kleinen Stück Brot täglich in einer Kellerzelle, in der nur ein Abortkübel stand, an den Füßen mit einer Kette gefesselt. Nach Verbüßung dieser Sonderhaft wurde ich in den Sondersicherheitstrakt verlegt, in dem hauptsächlich Mörder ihre lebenslänglichen Strafen verbüßten. Meine Zelle war fast zur Hälfte mit einem Webstuhl ausgefüllt, und ich musste Leintücher weben. Nach einem halben Jahr erreichten Genossen, dass ich von der Bürstenbinderei angefordert wurde, die im Einzellentrakt im West betrieben wurde. Ich wurde also Bürstenbinder. Ich war zwar nach wie vor in Einzelhaft, aber es waren Kontakte beim Spaziergang möglich, obwohl ein Sechsschritteabstand vom Vordermann und Nachmann einzuhalten war. Weitere Kontaktmöglichkeiten ergaben sich von Fenster zu Fenster und per Fazi, wie der Hausarbeiter genannt wurde.

Wir hatten schon im Wiener Untersuchungsgefängnis einen ausgedehnteren Nachrichten- und Schulungsbetrieb mittels hergestellter und in Umlauf gebrachter Briefe aufgezogen, der sogar bis zu dahin nie vorgekommenen Zellenuntersuchungen durch die Gestapo geführt hatte. Bei Dubber war ein solcher Brief gefunden und auch in seine Anklage einbezogen worden. Im Zuchthaus nahmen wir diese Tätigkeit wieder auf. Wir verfassten dickere Briefe, die politische Nachrichten, Analysen und theoretische Aufsätze enthielten, und ließen sie von Zelle zu Zelle schmuggeln. Das war natürlich äußerst gefährlich, aber zur Aufrechterhaltung der persönlichen und politischen Moral unerlässlich. Die Stimmung war sehr niedergedrückt und desperat, bestimmt durch die Kriegsvorgänge und die unmenschlichen Haftbedingungen. Es gab wieder ein Verbot von Schreibzeug, keine Zeitung und keine eigenen Bücher. In den letzten zwei Jahren herrschte die extremste Hungersnot, obwohl man uns schon seit Beginn des Krieges ständig hungern ließ. Wir bekamen nur Eichelkaffee, angefaulte Erdäpfel, immer kleiner werdende Brotstücke, Suppen mit undefinierbarem Zeug, kein Frischgemüse oder Obst, kein Fett, keinen Zucker und keine Marmelade; Insgesamt eine Kost ohne jegliches Salz. Es gab keine Beheizung, kein Duschbad, keinen Spaziergang mehr, nur eine zerschlissene dünne Bettdecke und deshalb eine hohe Rate von Todesfällen durch die Ruhr. Ich selbst litt schwer an bösen Furunkeln und Karbunkeln im Gesicht, an den Oberschenkeln und am Gesäß.

Je näher es dem Ende des Hitlerregimes zuging, umso turbulenter und zerrissener wurde die Gefühlslage der Eingekerkerten. Einerseits hob sich die Stimmung angesichts der nahenden Befreiung, andererseits wuchs die Angst, zum Schluss noch liquidiert zu werden. Diese Furcht waltete in allen Gefängnissen und Lagern. Wir waren der Meinung, dass die Nazis zum Schluss auch für uns noch eine Endlösung vorbereitet hätten. Die Brutalität und Feindseligkeit der Aufseher nahm zwar ab, und auch unser Stockaufseher, ein SS-Mann, änderte merklich seine Gesinnung, als sein Sohn in Kriegsgefangenschaft geraten war und ihm eine Ahnung aufdämmerte, dass es seinem Sprössling ähnlich ergehen könnte. Andererseits wurden die sonstigen Lebensumstände immer unerträglicher und mörderischer, sodass aus diesem Grund die Furcht größer wurde, den Tag der Befreiung, der vor dem Tor stand, selbst nicht mehr zu erleben. Diese Besorgnis realisierte sich tatsächlich an den 386 Opfern des SS-Massakers im April 1945.

Wie waren die politischen Informationen, die Stimmung und unsere Reaktionen auf die politischen und militärischen Vorgänge draußen? Unser Interesse war selbstverständlich, da unser existentielles Schicksal untrennbar mit dem verbunden war, was in der Welt vorging, von kaum vorstellbarer Intensität und emotioneller Beteiligung. Vor Berlin, das heißt vor dem Herbst 1940, standen uns noch einige Quellen zur Verfügung. Die Information nachher aber war so spärlich und gelangte so verzögert zu uns, dass die Geschehnisse nur schwer zu erfassen waren. Heute stehen dichte und vielseitige Nachrichtensysteme wie Presse, Radio, Fernsehen und persönliche Kommunikationen zu Diensten. Dies alles fehlte uns. Wir waren von Zelle zu Zelle isoliert und von der Außenwelt nahezu total abgekapselt. Die neu Eingelieferten hatten selbst schon eine lange und isolierende Gefangenschaft hinter sich und konnten kaum brauchbare Botschaften vermitteln. Trotzdem konnten wir uns recht gut orientieren, an Hand von Zeitungsfetzen etwa, in die das Jausenbrot der Bewacher eingewickelt war, durch die Informationen, die Außenarbeiter hereinbrachten, durch Abhören der Gespräche der Aufseher untereinander und vor allem mittels ständiges Analysieren der aufgefangenen Informationen.

Der deutsch-sowjetische Nichtangriffspakt hatte in uns gemischte Gefühle hervorgerufen. Die meisten waren davon überzeugt, dass sich am Kampf gegen Hitler und gegen den Krieg nichts ändere, dass trotz aller amtlichen Erklärungen letzten Endes der Zusammenstoß mit der Sowjetunion unvermeidlich sei, und dass unsere Lage und Haft unbewegt bleiben werde. Nur wenige glaubten, unverzüglich freizukommen und meinten, es handle sich um so etwas wie eine Neuformierung der Kräfte gegen den Kapitalismus. Ebenso wurde der Ausbruch des Zweiten Weltkrieges unterschiedlich gesehen. Die einen glaubten an die baldige Niederlage Hitlers, die anderen befürchteten einen langen Krieg, der auch uns in schrecklicher Weise betreffen werde. Die Hitler'schen Triumphe im Westfeldzug 1940 erzeugten bei vielen schwere Depressionen, wurden dennoch überwiegend vom Weltmaßstab aus gesehen und als nur vorübergehende taktische Erfolge, nicht jedoch als strategischer Sieg eingeschätzt. Der Überfall auf die Sowjetunion kam für viele nicht überraschend und wurde mit der Erwartung einer baldigen deutschen

Niederlage verknüpft. Schwere Sorgen traten ein, als der unerwartet rasche deutsche Vormarsch nicht mehr zu leugnen war. Es blieb aber die Überzeugung unerschüttert, dass sich Hitler wie Napoleon im Osten verbluten würde. Als der Stopp vor Moskau, Leningrad und dann erst recht bei Stalingrad evident war, gab es hin und hin nicht mehr den geringsten Zweifel am Kriegsausgang.

Die innere Entwicklung wiederum war enttäuschend. Man hatte in Erinnerung an die stürmische Antikriegsbewegung der Arbeiter im Ersten Weltkrieg eine ähnliche Entwicklung erwartet. Bedenklich wurde das ewige Zögern der Westmächte mit der Errichtung der zweiten Front bewertet. Alle Zeitperspektiven wurden verkürzt gesehen. Die schwierigen Probleme nach dem Krieg wurden erahnt aufgrund gewisser Interessensgegensätze der Weltmächte, die bereits während des Krieges zum Vorschein kamen, wie der Polenfrage. An einem unabhängigen Österreich konnte nicht gezweifelt werden. Eine maßgebliche Rolle wurde der kommunistischen und der revolutionär-sozialistischen Linken zuerkannt. Konservative Lösungen, eine Restauration des alten Kapitalismus oder gar Kompromisse mit den Nationalsozialisten wurden nicht befürchtet. Mit absoluter Sicherheit wurde das Kriegsende mit dem Ende des Hitlersystems gleichgesetzt. Diese Einschätzungen wurden auch in unseren Briefen zum Ausdruck gebracht.

Im Februar 1944 erhielt ich wieder eine einmonatige Korrektionshaft, weil man mich beim Fenstersprechen erwischt hatte. Ich zog mir im Keller eine schwere Erkältung zu, die den Ausbruch einer offenen Tuberkulose förderte. Ich kam schwer angeschlagen aus der Kellerhaft. Die Genossen sparten sich Brot vom Munde ab und halfen mir wieder halbwegs auf die Beine. Der Stockaufseher zog mich zu Hausarbeiten im Stockwerk heran.

Dadurch bekam ich etwas Freiheit und konnte die im Esskessel übrig gebliebenen Reste aufessen. Trotzdem ging es mit mir bergab. Zu Weihnachten 1944, als ich etwas Schweres zu tragen hatte, kam es zu einem Blutsturz. Ich hatte hohes Fieber und zeitweilig erhöhte Temperatur bis zur Befreiung. Der Anstaltsarzt ignorierte mich. Der Stockaufseher bemühte sich, dass ich in die Spitalsabteilung aufgenommen werde. Auch von außen her wurde in diese Richtung interveniert. Schließlich wurde ich in die Spitalsabteilung des Gefängnisses verlegt. Ich hatte einen starken Reizhusten und musste viel Blut spucken. Ich bekam keine spezifische Behandlung, konnte aber im Bett liegen und das tat mir gut.

Es kam der 6. April 1945. Der Gauleiter Jury von Niederösterreich hatte die Deportation der Häftlinge angeordnet. Nur die Straffälligen bis zu drei Jahre sollten auf freien Fuß gesetzt werden. Die Rote Armee stand vor Wien. Ein Häftlingskomitee drängte die Anstaltsleitung auf Freilassung aller Häftlinge. Die Direktion ließ sich auch dazu bestimmen. Um 2 Uhr nachmittags wurde ich freigelassen. In Häftlingskleidung und mit Holzschlapfen, kahlköpfig geschoren, versuchte ich, schnell aus dem Zuchthaus herauszukommen, weil mir die Sache nicht geheuer vorkam. Ich passierte das innere Gefängnistor und war schon beim äußeren angelangt, da drang Waffen-SS in voller Kriegsrüstung ein. Ich flüchtete mit einem zweiten Häftling in eine Aufseherwohnung, die zwischen Innen- und Außentor lag, nachdem das innere Tor bereits verschlossen war.

Kaum war ich im Hausinnern, begann draußen die Schießerei – das große Massaker, dem 386 Häftlinge zum Opfer fallen sollten. Alles, was sich außerhalb der Zellen befand, wurde zusammengeschossen. Eine Frau, die sich in der Aufseherwohnung befand, rief zur SS hinunter: „Hier sind auch noch zwei Häftlinge!" Sogleich tauchte ein Hauptwachmeister mit zwei Waffen-SSlern auf. Als der Hauptwachmeister mich sah, schrie er: „Da haben wir ja den Kommunistenführer!" Ich wurde im Hof einem SS-Offizier vorgeführt, der mich kurz befragte und dann befahl, mich an die gegenüberliegende Mauer zu stellen. Ich wusste, das war das Ende und ging gefasst zur befohlenen Stelle. Als ich mich, an der Mauer angekommen, umdrehte, bemerkte ich, dass die Erschießungsgruppe ihre Maschinenpistolen neu laden musste. Blitzschnell entschlossen schleuderte ich die Holzpantoffeln weg und sprang in einen nahen offenen Schuppen, in dem Munitionskisten gelagert waren. Gedeckt durch die Kisten lief ich rückwärts hinaus und in einen anderen, weiter weg stehenden offenen Schuppen hinein, in dem ein großes Fass lag. Ich wollte mich darin verstecken. Es war aber schon ein Häftling darin verkrochen. So lief ich hinten wieder hinaus und warf mich an der Seitenwand unter ein Gerüst. Schon näherten sich die SSler, ich dachte nur mehr an meine Mutter. Im Schuppen fielen Schüsse und dann entfernte sich die Truppe. Ich kehrte in das Innere des Schuppens zurück. Da lag der Häftling, der im Fass Zuflucht gesucht hatte, erschossen in seiner Blutlache. Die SS hatte offenkundig geglaubt, mich erwischt zu haben. Ich schlich dann vorsichtig zum Spitalsgebäude. Vor der hinteren Eingangstür lagen Tote. Ich warf mich zu ihnen, beschmierte mich mit ihrem Blut, stellte mich tot und horchte, was vor sich ging.

Plötzlich hörte ich innerhalb des Krankenbaues den Spitalschef sprechen, der mir gewogen war. Ich klopfte, er machte auf, fragte, ob ich verwundet sei, führte mich in meine Zelle und sperrte mich wieder ein. Eine Zeitlang ging das Schießen noch weiter. Vom Fenster aus beobachtete ich, wie unten im Hof Gräben ausgehoben und darin die Toten verscharrt wurden.

Wie war es zu diesem Massaker gekommen?

Als die Direktion nicht nur die geringfügig Bestraften, sondern alle Eingekerkerten enthaftete, alarmierten nationalsozialistische Wachtmeister den Kremser Volkssturmführer, SA-Brigadeführer Pilz, mit der bewusst falschen Nachricht, es wäre im Zuchthaus ein Aufstand ausgebrochen und Plünderungen seien im Gange. Der SA-Führer mobilisierte eine gerade durch Krems an die Front marschierende SS-Einheit. Obwohl für einen Aufruhr nicht die geringsten Anzeichen vorlagen, richtete die SS-Truppe, berufsgewohnt kaltblütig, ein Blutbad an. Zum Schluss machte sie auch den Direktor, den Vizedirektor der Anstalt und zwei Aufsichtsbeamte nieder. Welche SS-Einheit die Massenmorde ausgeführt hatte, wurde nie festgestellt.

Um ungefähr 4 Uhr dieses Massakertages kam der Spitalswachtmeister und stellte uns frei, zu bleiben oder uns mit den anderen deportieren zu lassen. Ich entschloss mich zu bleiben, schon aus Angst, der Hauptwachtmeister könne mich unter den Überlebenden entdecken. Trotzdem gab es eine beängstigende Unsicherheit. Was soll nach dem Abzug mit uns Schwerkranken geschehen? Würde man uns umlegen?

An diesem 6. April ereignete sich nichts mehr. Am nächsten Morgen tauchten uns unbekannte Aufseher auf, die uns nun bewachten. Es war kein Arzt mehr da. Wir wurden nicht mehr rasiert und geschoren. Wir wussten nicht, was draußen vorging. Erst am 1. Mai drang die Nachricht durch, dass Hitler tot sei und die Russen bei St. Pölten stünden.

In der Nacht vom 8. auf den 9. Mai hörten wir von der anderen Seite der Donau durch russische Lautsprecher, dass Deutschland kapituliert habe. Um 5 Uhr morgens schoss noch die hinter Krems stationierte SS aus allen Rohren auf die Russen am anderen Ufer. Um 6 Uhr wurden weiße Fahnen von der Zivilbevölkerung gehisst und um 2 Uhr Nachmittag war ich frei, freilich in einer schauderhaften gesundheitlichen Verfassung. Ich wurde sofort im Kremser Spital untergebracht. Bis 1948 war ich noch krank, war in Spitälern, Lungenheilstätten und in häuslicher Pflege. Im Winter 1945/46 ging es mir in der Lungenheilstätte Baumgartenhöhe in Wien so schlecht, dass man mich bereits aufgegeben hatte.

Ich hatte bereits längere Zeit das Bewusstsein verloren gehabt. Die mir zugetane geistliche Krankenschwester meinte es gut mit mir und so ließ sie mich versehen. Als der Geistliche, es war das um 5 Uhr früh, mir die Stirn salbte, wachte ich auf und merkte, wie man sich um mich gesorgt hatte. Die Schwester war verlegen und stammelte eine Entschuldigung. Ich schlief wieder ein und wachte bei Sonnenaufgang auf und sah vor dem Fenster einen schneebedeckten Nadelbaum, von der Sonne beschienen, auf dem ein Rabe hockte. Das war ein wunderbares Bild, und ich richtete mich auf. Wenn man gläubig wäre, könnte man das Wunder der beginnenden Genesung auf die sakramentale Handlung zurückführen. In der Tat aber war vorher das Rippenfell eitrig geworden und eine Absonderung entstanden, die meine Lunge zum Kollaps brachte, sie so ruhig stellte und die Ausheilung ermöglichte. Nach diesem wundervollen Morgenerwachen ging es wieder aufwärts mit mir. 1949 schloss ich mein Studium ab, heiratete und promovierte.

Die ersten Nachkriegsjahre waren für mich eine ziemlich bittere Zeit, mit einer ansteckenden Krankheit behaftet, die damals schwer heilbar war, und so ständig ums nackte Überleben bangend. Und das bei einer ungünstigen politischen Entwicklung.

In der Haft hatte ich viele menschliche und auch politische Erfahrungen gesammelt. In der Männerstrafanstalt Stein waren ungefähr ein Drittel der Häftlinge politische, fast durchaus kommunistische Arbeiter und kleinere Angestellte, die meisten zu 10, 15, 20 Jahren und zu lebenslänglicher Haft verurteilt. Es saß da der harte Kern des Widerstandes, soweit er nicht dem Fallbeil zum Opfer gefallen war oder in Konzentrationslagern geschunden wurde. Es war beeindruckend, zu erleben, unter welchen extremen Bedingungen Menschen psychisch und politisch ungebrochen blieben und welcher Idealismus und welche Solidarität aufgebracht werden konnten. Leider wurde dieses Potential viel zu wenig beachtet und genützt.

Abschließend kann ich nicht umhin, etwas Aufklärendes zu zwei wichtigen Fragen zu sagen, die sich beim Anhören dieses Berichtes sicherlich erheben:

Die Anstaltsordnung war äußerst streng gefasst. Der geringste Verstoß wurde mit harten Strafen geahndet. Trotzdem war die Überwachung permissiv, das heißt, die Kontrolle lockerer, durchlässiger, umgehbar. Es gab kriegsbedingt zu wenige Bewacher; einige ließen sich zu Sympathien anregen. Das ganze System verlangte, dass gewisse Funktionen Häftlingen übertragen wurden. Aber das Entscheidende für die Nutzung der Durchlässigkeit, für die Schaffung von kleineren Freiräumen und unkontrollierbaren Nischen war der anonyme Genius der Häftlinge, der die Schwächen des Systems aufspürte, Mittel und Wege entdeckte, funktionierende Infrastrukturen, eine wirkungsvolle Solidaritätsgemeinschaft und eine Subkultur zu entwickeln, die den Häftlingsalltag erleichterten und ihm einen menschlicheren Sinn gaben:

Es entstand eine Tausch- und Schattenwirtschaft, Zigaretten und die Brotration fungierten als Zahlungsmittel. Gebrauchsgegenstände wie Bleistifte, Messer und sonstige tauschbare Artikel wurden produziert. Ein Postwesen für Kassiber und unsere politischen Briefe entstand, Verbindungen – selbst nach außen – wurden geknüpft, ein Handel mit Nadeln und Zwirn, Seifenstückerln, Rasierklingen wurde organisiert. So zog ein Häftling, Gemischtwarenhändler aus Brunn, ein Tabakgeschäft auf. In der Tischlerei beschäftigt, holte er im Herbst das Laub eines Zwetschkenbaumes durch das vergitterte Fenster in die Werkstätte herein, trocknete es und mischte den Rohstoff mit Zigarrenstaub, den er sich durch Außenarbeiter von der Steiner Tabaktrafik beschaffte.

Wie die Naturvölker stellten wir Zünder her, mit abgeschabten Flocken von den Horngriffen der Zahnbürsten und mit Hartholzbohrern, die so lange und schnell in Weichholz gedreht wurden, bis die Plastikflecken entflammten. Den Aufsehern brachen wir die Spitzen ihrer Bleistifte ab, steckten diese Minen oder auch Rasierklingen in geknetete, geformte und gehärtete Schäfte, sodass wir Schreibzeug und Schneidegeräte hatten. Ebenso formten wir Schachfiguren aus Brot. Papierstücke wurden aus der Anstaltsdruckerei geschmuggelt, mit denen wir unsere „Printmedien" herstellten. Verstecke wurden durch Aushöhlen von Sessel- und Tischfüßen und durch Nutzbarmachung der Höhlungen im Sockelteil der über der Werkbank angeschraubten Lampen angelegt. Eine besondere Kommunikation wurde mit Geheimschriften und geklopften Morsezeichen bewerkstelligt.

Manches ging schief, wurde aufgedeckt und musste schwer gebüßt werden. Aber ohne einer solchen Subkultur wäre das andere nicht zu ertragen und in vielen Fällen ein Überleben nicht möglich gewesen.

Zweitens: Wenn ich bei der Skizzierung meiner juristischen Verteidigung sagte, wir hätten keine Umsturzpläne entworfen oder Mittel dazu entwickelt, so blieb eine Frage offen, die beim VG nicht berührt werden durfte: Worauf denn unsere Anstrengungen tatsächlich gerichtet waren. Wir wollten außer Aufklärung und Aufrufe durch Wandlosungen, Flugschriften, Zeitungen und mündliche Information unsere Leute in bestehende Organisationen wie Arbeitsfront und dergleichen einschleusen und dort die jeweiligen wirklichen Interessen gegen die NS-Führung vertreten und soziale, demokratische, österreichisch-kulturelle und friedensliebende Anliegen artikulieren. Später, während des

Krieges, bekam auch das Bestreben Gewicht, in den Rüstungsbetrieben passives und auch sabotierendes Arbeiten zu erreichen und ganz zum Schluss wurde noch versucht, aus Aktivisten und Flüchtlingen Partisanenformen zu organisieren.

Im Unterschied zu anderen Ländern wie Jugoslawien, Frankreich oder Polen waren uns in Österreich größere Erfolge versagt, und das nicht aus Schwäche und Mängeln der Organisation, sondern wegen der besonderen Verhältnisse wie Massenhaftigkeit und Durchorganisiertheit des Nationalsozialismus, Umfang des Gestapoapparates und Spitzeltums, die Einberufung der allermeisten Männer von 17 bis 60 Jahren zur Wehrmacht, ihrer Versprengung in der ganzen Welt, ihr Tod an der Front und ihre Kriegsgefangenschaft.

Dann: Der Geist der Sozialdemokraten und die nichtnationalistische Gesinnung der Christlichen lebten zwar fort, nur ohne verantwortungsvolle Führung konnte von dieser Seite kein relevanter Widerstand kommen und musste es nur bei einzelnen Initiativen bleiben. Die „Revolutionären Sozialisten" hatten nach der Besetzung Österreichs im Jahre 1938 beschlossen, ihre Tätigkeit einzustellen. Nur einzelne profilierte Gruppen von Monarchisten nahmen eine beachtliche Widerstandstätigkeit auf.

Das alles trug dazu bei, dass die Verfolgungsorgane ihre Kräfte auf den kommunistischen Widerstand konzentrieren konnten und den Kommunisten die meisten Opfer abgefordert wurden. Für Europa war die zweite Front der Westalliierten viel zu spät gekommen. In Österreich fehlten uns eine zweite und eine dritte Front des Widerstandes, sodass die Kommunisten ihre Kader schon 1943 fast zur Neige ausgeschöpft hatten und ausgeblutet waren. Man musste Reserven aus dem Ausland heranziehen. Es wurden österreichische Emigranten aus Frankreich als Fremdarbeiter eingeschleust und aus der Sowjetunion vornehmlich Schutzbündler mit Fallschirmen abgesetzt.

Die KPÖ hatte 1938 schätzungsweise 20.000 organisierte Anhänger, davon wurden von 1938 bis 1945 in Wien und Niederösterreich 6.247 und im übrigen Österreich 3.200, also fast die Hälfte, inhaftiert. 4.000 bis 5.000 fanden im Widerstand den Tod, also fast ein Viertel. Welche andere Gruppierung oder Partei hatte dieses Engagement, diese Opferbereitschaft, diesen hohen Organisationsgrad, diese massenhafte Mobilisierung gewagt und geleistet?

Dr. Sigi Köhl eröffnete in den 1950er Jahren eine Anwaltskanzlei in Linz. Von 1961 bis 1964 gehörte er der Landesleitung der oö. KPÖ an. Bis 1976 war er langjähriger Landesobmann des Mieterschutzverbandes. Er starb nach langer schwerer Krankheit am 25. Dezember 1997.

Richard Dietl
Der Gaskammer entkommen

Richard Dietl wurde am 3. August 1911 in Wels geboren. Er besuchte die Volks- und Bürgerschule. Unter anderem übte er den Beruf eines Angestellten aus. Er war verheiratet mit Paula Köpl. Seit seiner frühesten Jugend gehörte er der Arbeiterbewegung an. 1929 wurde er Mitglied des Kommunistischen Jugendverbandes und der KPÖ. Er war dort bis zum Verbot am 26. Mai 1933 tätig und bekleidete in dieser Zeit im örtlichen Bereich führende Funktionen. In der Zeit des Austrofaschismus 1934 – 1938 war er illegal tätig.

Er wurde wegen seiner Betätigung einige Male von der Polizei in Haft gesetzt. Als aktiver Sportler gehörte er dem bekannten Welser Sportverein „Sportklub Hertha Wels" an.

In der Zeit der nationalsozialistischen Herrschaft von März 1938 bis zu seiner Verhaftung am 7. September 1944 war er weiter für seine Partei tätig.

Nach der Befreiung setzte er sich voll und ganz für die Opfer des Faschismus und Nationalsozialismus ein. Er war in der Orts-, Bezirks- und Landesleitung des Bundesverbandes Österreichischer Widerstandskämpfer (KZ-Verband) tätig. Bis zu seinem plötzlichen Ableben war er auch als Gewerbetreibender (Tabak-Trafikant) tätig. Nach der Befreiung von der NS-Herrschaft und den ersten freien Wahlen wurde er als Vertreter der KPÖ in den Welser Gemeinderat entsandt und fungierte einige Jahre lang auch als Stadtrat für das Fürsorgewesen. Er war Mitglied der Bezirksleitung der KPÖ.

Wenige Tage nach der Vollendung seines 60. Geburtstages ist er am 10. August 1971 plötzlich verstorben. Seine Gattin starb 1974.

Über seine Verhaftung und seinen Aufenthalt im KZ Mauthausen, über seine Flucht vor der Vergasung bis zur Befreiung durch die Amerikanische Armee am 5. Mai 1945 berichtete er bereits am 10. Mai 1945. Dieser Bericht wurde schon im Juni 1945 von der Amerikanischen Besatzungsmacht in der ersten erlaubten Zeitung, den Oberösterreichischen Nachrichten, abgedruckt und wird in der Folge geringfügig korrigiert wiedergegeben. Hier wird dieser Bericht mit Fußnoten ergänzt. Da er als Häftling nicht alle Namen und Personen genau kennen konnte, sind diese Ergänzungen notwendig:

Am 7. September 1944 wurde von der Gestapo Linz der Befehl gegeben, sämtliche verdächtige Staatsfeinde (Kommunisten) zu verhaften. Ich selbst, Richard Dietl, als einziger Überlebender, wurde als erster um 5 Uhr früh verhaftet, dann folgten Scharer Karl, Wels, Zelger Wilhelm, Wels, Höllermann Hermann, Wels, Pichlbauer, Wels, Viertbauer Johann, Wels, Direktor Weber, Wels, Frau Viertl samt Tochter [1], ebenfalls aus Wels.

In Handschellen wurden wir in das Gebäude der Gestapo Linz befördert. Als erste dort angekommen, mussten wir im Hofe [2] Aufstellung nehmen, bis man Schwarzmüller [3] samt Frau, Fritz Alois, Wellischek [4], sämtliche aus Stadl, zu uns führte. Fritz Alois, der sich zur Zeit als Patient in Wels befand (im Krankenhaus), Loy Karl, Wels, der als Stabsfeldwebel im Wehrbezirkskommando [5] war, Staufer [6], Mischek [7], Mischko Karl [8], Wels, Bromberger [9] aus Ebensee, führte man ebenso zu uns.

Um vier Uhr Nachmittag wurden sämtliche, außer den Frauen und Liedlmaier [10] nach Mauthausen gebracht, womit sie dann der Folterung der Gestapo und SS Mauthausen ausgesetzt waren.

Als erste Geständniserpressung mussten wir drei Nächte und vier Tage ohne zu essen und zu trinken, auch ohne die Notdurft zu verrichten, auf den Zehenspitzen und Kopf in strammer Haltung an der Mauer stehen, wobei jeder SS-Mann und Gestapobandit seine sadistischen Gefühle an uns ausließ.

Das erste Opfer, das man buchstäblich erschlagen hat, als sich durch ärztliche Untersuchung feststellen ließ, dass man ihm Niere und Leber zerschlagen hatte, war Scharer Karl aus Wels. Mich selbst hat der Tod meines besten Freundes, mit welchem ich volle fünfzehn Jahre lang täglich beisammen war, sehr

---

1) Viertl Maria und ihre Tochter
2) Gemeint ist das Kolpinghaus in der Langgasse, Linz
3) Schwarzmüller Karl
4) Wellischek Alois
5) Wehrbezirkskommando Steyr
6) Staufer Josef
7) gemeint war Misek Franz
8) gemeint war Mischka Karl
9) gemeint war Promberger Karl
10) Leidlmaier Karl

schwer getroffen, und ich habe mir sofort selbst gesagt, mag die Folterung auch noch so arg sein, ich muss durchkommen, damit diese Mörder nicht die Spuren verdecken können. Als Geständniserpressung wendeten die Mörder folgendes an:

Als Schläger mittels Ochsenziemern und Stöcken fungierten die Obermörder der Gestapo Linz, Pötscher, SS-Unterscharführer Gogl 11) und SS-Hauptsturmführer Schulz 12), der Leiter der politischen Abteilung Mauthausen. Weiters haben noch verschiedene SS-Angehörige, deren Namen mir zurzeit noch unbekannt sind, auf uns eingeschlagen. Auch haben sich der größte Mörder Mauthausens, Schutzhaftlagerführer Bachmair Georg und sein Arbeitsdienstführer sehr rege beteiligt. Die Folterung war folgende:

Richard Dietl als KZ-Häftling in Mauthausen

Ich selbst wurde zuerst eine halbe Stunde mit den Händen auf den Rücken gebunden auf einen Tisch gestellt, wonach man dann den Tisch unter meinen Füßen wegzog und ich so eine

---

11) SS-Unterscharführer Gogl Johann Vinzenz
12) SS-Hauptsturmführer Schulz Karl, war bis 1939 Kriminalbeamter, meldete sich freiwillig zum Dienst ins KZ-Mauthausen

halbe Stunde hängen musste, um auf diese Art von mir über meine Gruppe ein Geständnis zu erpressen, was ihnen aber nicht gelang. Nachher stellte man mich wieder zur Mauer, meine Hände waren durch dieses Vorgehen schon gefühllos und durch den Strang ganz wund. Am nächsten Tag wurde ich wieder von neuem aufgehängt und einer noch stärkeren Folter ausgesetzt.

Ich wurde von den gleichen Mördern an meinen wunden Händen aufgehängt und so lange geschlagen, bis ich das Bewusstsein verlor. Ich hatte selbst keinen Fleck mehr an meinem Körper, welcher nicht mit Blut unterlaufen war. Jedoch um mich wieder schneller zur Besinnung zu bringen, hat man mich mit kaltem Wasser überschüttet und den Kopf so lange unter Wasser gesetzt, bis ich wieder Luft fand. Da ihnen auch das nichts nützte, hat man mich wieder zur Mauer geführt und hat dann mit den anderen Kameraden die Folterung fortgesetzt.

Am 10. September wurde ich neuerdings vor die Mauer gestellt, wo man vor mir einen Genossen aus Linz aufgehängt hatte und mir den Befehl gab, denselben zu schlagen, worauf ich den Mördern zur Antwort gab, ich habe kein Recht, einem Menschen, den ich nicht kenne und der mir nie etwas zu leide getan hat, etwas zu tun. Vor Wut ließen sie diesen Kameraden, Hackl[13] aus Linz, wieder herunter und hängten mich zum dritten Mal auf, was ihnen aber nichts nützte. Mit von diesen Schlägen verwundetem Körper und halb bewusstlos, was ich in späteren Tagen erst durch andere Häftlinge erfahren habe, taumelte ich unter dem Gelächter der SS und der Gestapo am Appellplatz im Kreis herum, worüber sie geschrieen hatten, dieses Schwein hat einen Rausch, was ihnen aber keine Deckung bei den anderen Kameraden gab.

Hernach schleiften sie mich mit halb totem Körper zur politischen Abteilung hinaus, wo man mich fragte, wieso ich mit Blut so überströmt bin. Da konnte ich mich gleich besinnen und gab zur Antwort, ich bin über die Stiege gefallen, denn, hätte ich die Wahrheit gesagt, wäre ich heute nicht mehr am Leben.

---

13) Hackl Johann

Nach Abschluss der weiteren Vernehmung wurde ich wieder in das Lager auf Block 16 gebracht, wo sich schon sämtliche mit mir Verhafteten eingefunden hatten und mein bester Freund, Karl Scharer, bewusstlos im Bette lag. Ihn lieferte man dann gleich in das bekannte Russenlager ein, wo so viele Tausende durch Hunger und Krankheit ihr Leben lassen mussten. Durch die gute Behandlung des Blockältesten Ederl aus Wien und der sorgfältigen Umsicht des Genossen Kohl Josef aus Wien und Stoltschnik Josef aus Hallein, die sich sofort mit der Lagerorganisation der Politischen Häftlinge in Verbindung setzten und uns – soweit es möglich war – sehr gut unterstützten. Leider ist mein Freund Scharer Karl seinen Verletzungen am 12. September erlegen. Die Gruppe wurde dann immer größer.

Am 11. September mussten wir alle, halb erschlagen, bei der Mauer Jourhaus [14] antreten, worauf Gauleiter Eigruber [15]; sämtliche Gestapo und Kommandant Zierreis [16] und Bachmaier eintrafen. Als erster sagte Eigruber: Für euch, wie ihr dasteht, ist die Kugel oder der Strick zu gut; ihr müsst ganz anders verrecken! Wenn ihr glaubt, durch die O.F.F.R [17] und Kommunistische Partei Deutschlands uns zu stürzen, da habt ihr euch einmal gründlich getäuscht, und wenn ich in Kürze selbst auf der Barrikade stehe. Aber glaubt niemals, dass ihr blöden Hunde uns schaden könnt! Auf jeden Fall kommt keiner mehr mit dem Leben durch. Zur Arbeit können wir euch noch gut gebrauchen, aber vom Leben seid ihr schon abgeschrieben.

Hernach wurden wir wieder auf unseren Block zurückgeführt, wo man auch Pirklbauer aus Wels hinbrachte, der von Bachmaiers Hund halb zerrissen worden war, um Geständnisse herauszupressen. Am 18. September nachmittags mussten wir zur Sonderstrafkompanie antreten, mit halber Kleidung und barfuss, was umso schwerer war, als der Boden aus spitzen Granitsteinen bestand: Ich selbst mit Loy Karl, Staufer, Mischek [18], Bromber-

---

14) Dienstraum der SS-Organe im Turm beim Haupttor des Häftlingslagers
15) Eigruber August
16) Ziereis Franz
17) Gemeint ist die Österreichische Freiheitsfront
18) Misek Franz

ger [19], Pirklbauer [20], Teufl Josef, Obermaier Heinrich, Stadler Ernst, Höllermann Hermann, Hackl, Hartl [21], Zelger Willi, Schwarzlmüller Fritz, Alois, Wagner [22], und noch ein alter Mann von 63 Jahren aus Steyr [23], dessen Name mir jetzt nicht einfällt.

Wir wurden im Wiener Graben von zwei SS-Männern, der eine war Boxer, der gefährlichste Führer der Strafkompanie, und noch einem, dessen Namen ich nicht weiß, übergeben. Dazu unter Führung eines Zigeuner-Kapos. Im Steinbruch wurden wir dem Kapo Nummer 18, Beck Paul und Hauptscharführer Schwarzenegger 21 übergeben, worauf Beck die Äußerung abgab:

Herr Hauptscharführer, das sind die Hunde, die in Österreich eine neue Regierung bilden wollten! Worauf ihm der Hauptscharführer den Befehl gab, Steine von 80 bis 110 Kilo auszusuchen und uns hernach zu einem großen Steinhaufen zu führen. Dort befand sich schon ein Rottenführer. Als erstes, bevor uns der Steinblock gegeben wurde, bekam jeder einen Faustschlag vom Rottenführer. Dann hieß es Aufnehmen der Steine, worauf wir Kräftigen zuerst aufhalfen. Teufl Sepp, Höllermann Hermann, Wagner, Fritz Alois und ich hatten jeder einen Stein nicht unter 100 Kilogramm. Hier begann dann der zweite Leidensweg. Bis zur Stiege waren es zirka 100 Meter bergauf zu gehen. Dort brachen schon mehrere Kameraden zusammen und wurden von der SS wie Hunde überfallen und mit Peitschen und Ochsenziemern totgeschlagen.

Teufl Sepp und ich haben als erste die 187 [24] Stufen bestiegen. Am Ende der Stiege konnten wir uns beide nicht mehr erkennen, da wir von Blut und Schweiß überströmt waren, weil sich auf der Stiege der berüchtigte Mörder Boxer und noch ein Unterscharführer eingefunden hatten und uns auf dem ganzen Weg schlugen. Mein Gedanke dabei war nur immer der eine: Ich muss rauskommen!

---

19) Promberger Karl
20) nicht Pirkelbauer, sondern Bichlbauer Hermann
21) Hartl Heinrich
22) Wagner Karl
23) Sigmund Ferdinand
24) damals 151 Stufen, jetzt 186a

Als erste wurden bei diesem Steinetragen Pirklbauer und der Steyrer [25], Teufel und ich kamen zurück, um den zweiten Stein aufzunehmen. Was das Bild auf dieser berüchtigten Stiege ergab, ist nicht zu beschreiben. Höllermann stand oben auf der Stiege, blutüberströmt. Ich selbst sah mich noch um und konnte wahrhaftig sehen, wie ihn zwei SS-Männer schlugen und in den Draht warfen, wo zwei SS-Posten schon mit dem Gewehr warteten und seinem Leben mit zwei Schüssen einem Ende bereiteten. Als nächste kamen mir dann Schwarzlmüller und Fritz Alois entgegen und baten mich:

„Richard, du bist einer, der noch Kraft hat: Halte durch und grüße meine Frau und meine Kinder, wenn du raus kommst. Wir wissen, dass wir jetzt sterben müssen, denn unsere Kräfte sind zu Ende."

Mit Tränen in den Augen nahmen wir voneinander Abschied. Ich hörte drei Schüsse und wusste, wen sie getroffen hatten. Herunten am Ende der Stiege lag Stadler Ernst, genauso übel zugerichtet, wie wir alle.

Ich ging zu ihm hin und er sprach noch zu mir: „Richard, ich kann nicht mehr." Er wollte mir seine Hand noch reichen, aber sie wurde ihm vom Wärter weggeschlagen. Ich selbst erhielt ebenfalls einen Schlag auf den Kopf.

Als ich mit Teufl Sepp zum dritten Mal die Stiege emporstieg, mit dem nötigen Gewicht der Steine, war Ernst [26] schon erschossen. Fünf Mal haben wir die 187 [27] Stufen erstiegen. Am Ende des ersten Tages musste ich feststellen, dass man neun gute Genossen erschossen hatte.

Der Zigeuner-Kapo sprach schon zu mir, für euch alle ist es besser, ihr geht in den Draht, denn auskommen tut ihr so und so nicht. Darauf gab ich ihm zur Antwort, er soll uns nicht mit seinen blöden Reden beeinflussen, sondern soll sich um die anderen Kameraden umsehen und ihnen lieber Mut zusprechen, was er natürlich unterließ.

---

25) Siegmund Ferdinand
26) Stadler Ernst
27) tatsächlich: 151 Stufen

Am zweiten Tag, am 19. September, wurden Teufl Josef, Mischek [28)], Staufer, Wellischek Alois und ich wieder gesondert in die Strafkompanie geführt, wo man uns auf den Rock, welchen wir abends erhielten, mit roter Farbe am Rücken drei Kreuze machte.

Das heißt, wir sollten nicht mehr zurückkehren. Was ihnen aber nicht ganz gelang, da wir zwei SS-Männer hatten, die auf uns nicht eingeschlagen haben, obwohl sie mit Gummiknüttel und Ochsenziemer bewaffnet waren.

Aber leider konnten Staufer und Mischek [29)] beim ersten Gang nicht mehr mit, und so hat man auch sie erschossen. Im Lager wieder angekommen, hat man bemerkt, dass noch drei Überlebende hier sind. Man hat uns aufgefrischt, wieder auf sieben Mann.

Direktor Weber [30)] aus Wels und Müller [31)] aus Wels wurden die nächsten Opfer. Man hat sie, wie es damals hieß, „auf der Flucht erschossen". Daraufhin trat dann ein Gestapobeamter an uns heran und sagte:

„Also habt ihr wohl Glück gehabt, das Steinetragen ist jetzt zu Ende." Dann machte er noch eine ganz dumme Bemerkung: „Wo sind denn deine anderen Genossen?" Worauf ich ihm antwortete, er möge sich die Antwort dort holen, wo er glaubt.

Dann wandte er sich mit lächerlichem Mienenspiel ab, und wir restlichen wurden in den Block zurückgeführt. In dieser Zeit befanden sich Hofmann [32)], Mischko [33)], und Obermeier Heinrich durch die Schläge schon im Revier. Nachmittags erschien eine Abordnung, darunter auch der Kommandant Ziereis, der uns übrigen hinausholen ließ und sagte: „Was haben denn die vierzehn gemacht? Warum sind sie geflüchtet? Ihr wisst doch, dass jeder, der flüchtet, erschossen wird. Ich hoffe, dass ihr nicht so dumm seid und euch vielleicht gar aufhängt. Ihr wisst hof-

---

28) Misek
29) Misek
30) Weber Josef
31) Müller Karl
32) Hoffmann Franz
33) Mischka Karl

fentlich auch, dass der Draht rund um das Lager geladen ist. Wenn den einer angreifen will, dann ist er bestimmt tot."

Ich gab ihm nur eine Antwort: Herr Kommandant, das haben wir nicht nötig. Wir wollen unserem Leben nicht durch Selbstmord ein Ende bereiten. Über unser Leben haben wir kein Recht mehr, darüber verfügt die Gestapo. Darauf fragte er mich nach meinem Namen und antwortete mir, die Frechheit und mein Benehmen ihm gegenüber werde ich noch büßen. Nachmittags kam der Läufer und holte Grill Max [34] zur Vernehmung. Wir warteten den Nachmittag und die ganze Nacht auf ihn. Leider kam er nicht mehr zurück.

Am nächsten Tag kam Obermörder Pötscher auf den Block und wollte Grill zur Vernehmung holen, worauf ich ihm sagte, er sei nach der gestrigen Vernehmung nicht mehr zurückgekehrt. Er betonte, das gäbe es nicht. Ich nehme an, dass man ihn auf der Gestapo erschlagen hat, weil sie das Gerücht verbreiteten, Grill sei auf der Flucht erschossen worden. Er hätte sich unter die Steinträger gestellt und wäre im Draht erschossen worden, was wir nicht glauben, da es ganz unmöglich ist, wenn man unter ständiger Aufsicht steht sowie in dauernder Begleitung bei der Vernehmung ist. [35]

Während dieser Zeit kam Richard Bernaschek, den man auch verhaftet hat. Eines Nachts wurde er geholt und man hat zirka vier Monate über seinen Verbleib nichts mehr gehört. Auf einmal kam die Nachricht, ich würde von Bernaschek, der auf Block 5 liegt, gesucht. Ich selbst ging mit Teufl Sepp zu Bernaschek, wo er uns folgenden Bericht gab: Ich bin von ihnen nachts zu einem Verhör über die O.F.F.R. geholt worden. Dann kam ich vier Wochen in den Bunker, mit der Bemerkung, da hätte ich Zeit zum Nachdenken. Nachher brachte man mich nach Wien, wo ich gut drei Monate verhört wurde, jedoch ohne Erfolg für die Gestapo.

---

34) Gemeint ist Grüll Max
35) Nach Aussage von Frau Grüll Anni, die nach einiger Zeit beim Gestapobeamten Pötscher vorsprach, um zu wissen, wo sich ihr Mann Grüll Max befindet, gab ihr Pötscher die Auskunft: „Er hat nur die Zähne zusammengebissen und er hat uns nichts gesagt, so haben wir ihn gleich erschlagen."

Jetzt bin ich hier und warte weiter ab. Nach zirka sechs Wochen, während derer ich fast jeden Tag mit Bernaschek beisammen war, hat man ihn auf einmal vom Block geholt.

Der Rottenführer vom Bunker holte ihn ab, machte beim Hofeingang die Tür auf, und gleich bei der Stiege wurde er erschossen. Er schrie zum Posten hinauf, sie haben nichts gesehen. Ich konnte es aber vom Häftling Kusiber Leopold, der mit ihm auf dem Bunker war, erfahren. Weil sich jener nicht gleich hinter die Küche begab, konnte er alles mitanhören. [36]

In der Zeit vom 7. September 1944 bis April 1945 sind im Sanitätslager, so weit ich mich noch erinnern kann, folgende Kameraden gestorben:

Großmeier aus Gmunden [37],
Ilinitzky aus Steyrermühl [38],
Wollischek aus Stadl [39],
Auinger Karl aus Wels
Mitterer [40] aus Wels,
und noch einige, deren Namen ich nicht kenne.

Am 28. April 1945 wurde vom Gauleiter sowie Obergruppenführer Kaltenbrunner und Kommandant Ziereis beschlossen, dass sämtliche Oberdonauer, welche für sie noch eine Gefahr sein könnten, durch Vergasung vernichtet werden.

---

[36] Aus einem persönlichen Gespräch mit Herrn Johann Kanduth, ehemaliger Heizer im Krematorium im KZM. Er ist dazu gekommen, wie Bernaschek Richard am 18. April 1945 um etwa 4 Uhr früh vom damaligen Bunkerchef Niedermaier erschossen wurde. (Peter Kammerstätter)
[37] Großmaier Johann
[38] Jilemicky Michael
[39] Wellischek Alois
[40] Mitterer Karl

Das Urteil wurde für folgende bestätigt:

Auinger Johann	geb. 30.11.1892	Lindach	HNr 114.075
Bela Josef	geb. 11.01.1923	Achoyesso	HNr 138.309
Breitwieser Josef	geb. 23.02.1887	Irharting	HNr 103.906
Bricevac Martin	geb. 11.11.1910	Prijedor	HNr 107.219
Brunner Franz	geb. 30.10.1902	Linz	HNr 103.911
Buchholzer Johann	geb. 17.05.1894	Waldneukirchen	HNr 106.488
Grochof Michl	geb. 20.05.1920	Achmann	HNr 106.504
Hackl Johann	geb. 31.07.1906	Linz	HNr 97.000
Haselmeier Franz	geb. 31.03.1910	Linz	HNr 102.516
Heider Ludwig	geb. 09.07.1885	Straßwalchen	HNr 113.374
Hirsch Wenzel	geb. 21.09.1905	Schwarzbach	HNr 133.976
Hofmann Franz	geb. 09.07.1900	Linz	HNr 97.383
Jolcic Anton	geb. 20.01.1920	Krakau	HNr 107.253
Jonkouvsky [41]	geb.	Split	HNr ohne
Kondic Nikol.	geb. 16.02.1922	Arsano	HNr 111.622
Kriczmarezyk Stanislaus	geb.	Krakau	HNr 107.218
Lehner Jakob	geb. 28.06.1905	Linz	HNr 107.583
Leitner Josef	geb. 10.08.1910	Gmunden	HNr 106.372
Lepschy Josef	geb. 08.07.1905	Untermoldau	HNr 133.203
Loy Karl	geb. 03.11.1895	Ziegelleiten	HNr 97.970
Maritschnegg Franz	geb. 06.03.1900	Plaun	HNr 133.979
Meier Gustav	geb. 13.06.1914	Watzelsdorf	HNr 111.847
Mischka Karl	geb. 10.05.1888	Wien	HNr 96.971
Neubacher Josef	geb. 23.03.1893	Pinsdorf	HNr 133.981
Obermaier Heinrich	geb. 16.01.1901	Linz	HNr 97.002
Schmilenzky Anton	geb. 22.05.1905	Linz	HNr 111.623
Seidlmann Karl	geb. 20.01.1910	Wels	HNr 111.777
Pensel Otto	geb. 28.11.1895	Linz	HNr 106.272
Pesendorfer Josef	geb. 10.01.1907	Neukirchen	HNr 106.272
Plank Adam	geb. 30.04.1893	Altmünster	HNr 107.750
Pleichner Fritz	geb. 15.06.1901	Traismauer	HNr 107.582
Pollhammer Stefan	geb. 12.12.1906	Linz	HNr 113.373
Reindl Karl	geb. 20.02.1913	Linz	HNr 113.305

---

[41] Jankowsky Josef

Roll Josef	geb. 09.02.1897	Aiching	HNr 106.373
Sommer Johann	geb. 16.12.1889	Vorchdorf	HNr 108.287
Steiner Alois	geb. 24.05.1908	Edt/Lambach	HNr 100.574
Teufel Josef	geb. 23.11.1904	Linz	HNr 97.020
Trapl Karl	geb. 28.12.1896	Weitra	HNr ohne
Truckendanner Franz	geb. 12.10.1894	Ebensee	HNr 103.908
Wolfgang Karl	geb. 23.03.1893	Pettenbach	HNr 111.770
Zelger Willi	geb. 17.09.1907	London	HNr ohne
Zockan Ivan	geb. 08.06.1915	Split	HNr 138.326
Dietl Richard	geb. 03.08.1911	Wels	HNr 96.969

Alle hier angeführten Kameraden sind am 29. April [42] noch von den Verbrechern der SS-Mauthausen und der Gestapo vergast worden.

Ich kam nach Arbeitsschluss in das Lager, wurde gleich beim Tor von den Kameraden empfangen, wobei sie mir sagten: „Richard, wir glauben, mit uns hat man heute Nacht etwas vor, weil wir mit der Rüstung nicht mehr ausrückten und schon erfahren haben, dass man sehr besorgt ist über unsere Lage." Teufl Sepp und ich zogen gleich Erkundigungen ein, die unsere Vorahnung bestätigten. Danach besprachen wir uns und waren fest entschlossen, uns nicht ermorden zu lassen.

Deshalb versuchten wir bei Nacht einen Ausbruch, der aber nicht glückte, da die Lagerpolizei gleich zur Stelle war, und einige Kameraden schon sehr niedergeschlagen waren. Meine Rettung war, dass sich die ausführenden Kräfte sehr berauscht hatten. Bei Nacht hieß es von der Schreibstube aus, wieder auf die Blöcke zu gehen. Ich selbst habe mich nicht mehr hingelegt, sondern nur mit dem Gedanken befasst, was mache ich um auszukommen. Merkl Hans gab mir den Rat, ich soll danach trachten, dass ich nach dem Appell beim Jourhaus hinauskomme. Es war wirklich nicht mehr viel Zeit zu verlieren und daher zu handeln. Ich ging noch zu Teufl Sepp und sagte ihm, wie ich mir das

---

[42] Sie wurden nach Aussage des ehemaligen Lagerschreibers Hans Marsalek am 28. April 1945 vergast, und die Sterbeurkunde wurde am 29. April ausgestellt.

vorstelle. Auch habe ich ihm gesagt, sie sollen eine Trage nehmen und in den Wirtschaftshof gehen und sich dort melden. Wieweit sie das ausgeführt haben, kann ich nicht mehr feststellen.

Meine Flucht vor dem Tode:
Ich ging zum Jourhaus und meldete dem Diensthabenden: „Häftling 96.969, bin vom Lager ins Magazin zurück." Worauf er mich fragte, wann ich hereinkam. Ich sagte ihm, vor zirka einer Viertelstunde, aber Herr Blockführer hat selbst meine Nummer nicht eingetragen. Darauf sagte er: „Hauen Sie ab!" Mein erster Weg ging zu Merkl Hans, der mich in einem Schacht verstecken wollte. Ich traf ihn aber nicht mehr an. Ich versteckte mich deshalb in einem Fass, was ich nach fünf Minuten aber wieder verließ, da ich befürchtete, dass man mich durch Spürhunde auffindet könnte. Ich beschloss daher, mich in das Sanitätslager durchzuschlagen, was mir auch durch rasches Handeln gelang. Ich suchte gleich Herrn Dr. Stich [43] auf, dem ich meinen Fall erzählte und der sich sofort mit dem Lagerältesten Fred in Verbindung setzte.

Obwohl diese Sache für beide auch sehr kritisch war, führten sie mich auf den bekannten Block 7, wo man oft in einem Monat neunhundert Tote hatte. Bruno und Gustav von Block 7 gaben mir den Rat, einen anderen Namen anzunehmen und unter die Zugänge zu gehen, was ich natürlich gleich ausführte. Zum Glück war dort ein Krankentransport neu angekommen. Ich gab mir den Namen „Puredoff Nikolay", geb. in Oldenburg. Somit haben mich der Blockälteste und seine Gehilfen verschwinden lassen. Bruno hat mir immer die Berichte übermittelt, dass man mich schon sucht und meine Kameraden bereits oben bei der Mauer stehen und auf ihre Vergasung warten müssen.

Bis fünf Uhr abends war das Suchen nach mir zwecklos. Oben verbreitete sich dann das Gerücht, dass ich in einer SS-Uniform geflüchtet sei. Mit großem Bangen um meine Kameraden blieb ich unter den halbtoten Häftlingen liegen, bis ich dann erfahren

---

[43] Häftling Dr. Stich

habe, dass die SS schon im Abziehen ist [44], was sich natürlich sehr lange hinzog. Welche Freude ich hatte, als Panzer [45] ins Lager gefahren kamen, kann ich nicht aussprechen.

Jeder einzelne politische Gefangene beziehungsweise Häftling bedauerte noch den Fall, den sich die Mörder Gauleiter Eigruber, Kaltenbrunner sowie Ziereis in letzter Minute vor der Befreiung Österreichs geleistet hatten.

Der Bericht, den ich hier selbst mache, ist nur Wahrheit und keine Lüge. Ich bin überglücklich, dass die Befreiung gekommen ist und weiß meine Aufgabe, was ich zu tun habe. Denn diese 63 Mann, die man hier durch Erschießen oder durch Vergasung, am Anfang durch Erschlagen, ermordet hat, das kann sich die hoch stehende Kultur Deutschlands zuschreiben.

Nachtrag:
Der Mörder des Richard Bernaschek war Unterscharführer Niedermeier, was ich durch den Häftling Hans Kantner [46] in Erfahrung brachte, welcher Capo vom Krematorium war und mit eigenen Augen den Vorgang, welchen ich bereits schon oben ausführte, gesehen hat und auch bestätigt.

Richard Dietl
Mauthausen, den 10. Mai 1945

In Ergänzung des Berichtes von Richard Dietl sei an dieser Stelle noch angefügt, was mit den erwähnten NS-Schergen von Mauthausen später geschehen ist:
Gauleiter August Eigruber wurde am 13. Mai 1946 im Rahmen des „Mauthausen-Prozesses" zum Tode verurteilt und am 28. Mai 1947 hingerichtet.

---

44) Die SS ist am Morgen des 3. Mai 1945 abgezogen.
45) Am 5. Mai kamen am Vormittag die ersten amerikanischen Panzer in das Lager. Nach kurzer Zeit zogen sie sich wieder zurück. Am 7. Mai 1945 befreiten sie das Lager endgültig.
46) Richtig: Johann Kanduth. Er ist am 15. Februar 1984 verstorben.

Lagerkommandant Franz Ziereis wurde bei seiner Verhaftung durch die Amerikaner schwer verwundet und erlag wenige Tage später seinen Verletzungen.
Schutzhaftlagerführer Georg Bachmair beging Selbstmord.
SS-Oberscharführer und Bunkerchef Josef Niedermayer wurde im selben Strafverfahren wie Eigruber verurteilt und hingerichtet.
SS-Hauptsturmführer Karl Schulz wurde zu fünf Jahren Haft verurteilt.
SS-Unterscharführer Hans Gogl wurde freigesprochen.

In dem schon erwähnten „Mauthausen-Prozess" wurden im Mai 1946 von 61 Angeklagten 58 zum Tode verurteilt und 49 von ihnen am 27. und 28. Mai 1947 in Landsberg am Lech hingerichtet.

Alois Straubinger
Bei der Mauer wäre unser Fluchtplan fast gescheitert

Alois Straubinger (aus einer Tonbandaufnahme vom 11. Oktober 1976):
Er wurde am 17. Februar 1920 in Goisern geboren. Sein Vater, Alois Straubinger, war Salzarbeiter; seine Mutter war Theresia, geborene Putz. Seine Eltern hatten sechs Kinder, der Letztgeborene war Alois. Er besuchte die vier Klassen Volksschule und vier Klassen Hauptschule. Sein Wunsch, eine Handelsakademie oder Technische Schule zu besuchen, war auf Grund der damaligen wirtschaftlichen Situation seiner Eltern nicht möglich. Der Vater war schon Pensionist. Einen Lehrplatz zu bekommen, war auch nicht möglich. 1935 bekam er das erste Mal für drei Monate Arbeit im Aluminiumwerk in Goisern, 1936 wiederum drei Monate im selben Betrieb. Dann war er wieder arbeitslos. Aber diese Zeit genügte nicht für einen Anspruch auf Arbeitslosenunterstützung.

Bis 1935 war er illegales Mitglied der Sozialistischen Jugend. Dann war er beim KJV (Kommunistischer Jugendverband). Wegen seiner illegalen Tätigkeit für den KJV und dem Besuch einer Parteischule in Wien 1936 wurde er von der Wiener Polizei verhaftet und bekam eine Polizei-Verwaltungsstrafe von sechs Wochen. Von dort wurde er nach Wels ins Kreisgericht überstellt, wo er am 12. Februar 1937 gemeinsam mit seinen Freunden vor ein Jugendgericht gestellt wurde. Dort hieß es in der Urteilsbegründung:

„... Alois Straubinger ist schuldig. Er habe seit 14. Juli 1936 in Bad Ischl an einer staatsfeindlichen Verbindung, und zwar der Kommunistischen Jugendgruppe Goisern, deren Zweck es ist, auf ungesetzliche Weise die Regierungsform und verfassungsmäßigen Einrichtungen in Österreich zu erschüttern, sich beteiligt, indem Alois Straubinger sich in dieser Verbindung in führender Weise betätigte und diese Verbindung durch Geldzuwendungen als Mitglied und durch Teilnahme an ihren Versammlungen unterstützte ..."

Er wurde nach § 4 des Gesetzes vom 11. Juli 1936 zur Strafe des strengen Arrestes in der Dauer von drei Monaten verurteilt. Wieder war er nach der Entlassung aus dem Gefängnis ohne Arbeit.

Nach der Machtergreifung der Nationalsozialisten wurde er zum Arbeitsdienst eingezogen und anschließend dienstverpflichtet zum Bahnbau in Tirol. Von dort ist er mit einigen seiner Freunde von Landeck aus illegal über die Grenze in die Schweiz gegangen. Dort wurde er von den Schweizer Behörden festgenommen und zwei Tage lang in Haft gesetzt. Und da sie nicht nahe genug an der französischen Grenze waren – ihr Ziel war, nach Spanien zur Internationalen Brigade zu gehen –, „haben sie uns an die damalige deutsche Grenze gebracht und uns schwarz über die Grenze hinübergeschickt", berichtet Alois Straubinger.

Sie haben es nochmals versucht, in Schruns, in Vorarlberg, über die Grenze in die Schweiz zu gelangen, wurden aber von der Deutschen Grenzpolizei verhaftet und 14 Tage eingesperrt. Zu Weihnachten 1938 war er wieder in Goisern. Dann hat er bei der Wildbachverbauung in Bad Ischl gearbeitet. Eine weitere Dienstverpflichtung brachte ihn im April 1940 zu Befestigungsarbeiten an den Westwall. Von dort ging es auf die Insel Sylt.

Am 10. Oktober 1940 wurde er zu Infanterieausbildung nach Linz einberufen. Im April 1941 ging er mit seiner Einheit nach Polen. Vom Standort seiner Einheit in Polen wurde er am 26. April 1941 von der Feldgendarmerie verhaftet (Seine Einheit war vom ersten Tag des Angriffskrieges gegen die Sowjetunion dabei). Seine Verhaftung erfolgte aufgrund der Anforderung durch die Gestapo von Linz wegen kommunistischer Betätigung in der KJV Gruppe Goisern-Bad Ischl. Er wurde vom Standort seiner Einheit weg nach Litzmannstadt ins Militärgefängnis gebracht. Trotz häufiger Anforderungen der Gestapo von Linz gab ihn die zuständige Gerichtskommission des Militärs erst am 10. Dezember 1941 frei zur Überstellung in das Kreisgericht Wels, zur Verfügung der Gestapo.

Am 10./11. Juli 1942 bricht er zusammen mit seinem Zellengenossen Fritz Schwager aus dem Kreisgericht Wels aus. (Darüber berichtet er selbst.) Seine Flucht geht über Vöcklabruck, Bad Ischl,

Lauffen, Goisern, Vöcklabruck, Wien und wieder zurück nach Goisern, Gschwandt, Lauffen und Traunkirchen, wo er bei letzterem Ort zirka sechs Monate verborgen gewesen war. Und natürlich war er auf den Almen. Das war 1942/43.

Im November 1943 fand das erste Zusammentreffen mit Sepp Plieseis statt, der am 20. August bei Außenarbeiten aus dem Außenlager von Dachau in Hallein im Lande Salzburg geflüchtet war. Die Zusammenkunft war in Goisern in der Ortschaft Wiesen in der Wohnung von Zilli Langeder und wurde durch die Bad Ischlerin Resi Pesendorfer organisiert. Dort wurde der Beschluss gefasst, eine Widerstands- und Partisanenbewegung unter dem Namen „Willi" zu organisieren. Später wurde aus konspirativen Gründen der Name „Fred" angenommen. Von November 1943 bis zum Frühjahr 1944 wurden die Vorbereitungen für die Partisanenbewegung getroffen.

Es wurde ein politisches und organisatorisches Programm erarbeitet. Alois Straubinger gehörte zur engsten Leitung dieser Bewegung bis zum Zusammenbruch der Nationalsozialistischen Herrschaft und des Hitlerregimes.

Nach dem Zusammenbruch des Hitlerreiches im Mai 1945 begann der Wiederaufbau unserer verwüsteten Heimat, an der sich Alois Straubinger tatkräftig beteiligte. Natürlich musste er auch an seine Zukunft denken. Bis zu diesem Zeitpunkt hatte er keine Möglichkeit gehabt, einen Beruf zu erlernen oder einen Beruf zu ergreifen, der seinen Vorstellungen entsprochen hätte. Er trat in die Volksbank Bad Goisern ein.

Der Weg, den er da beschritten hatte, wurde ihm wahrlich nicht leicht gemacht. Angefangen von Tätigkeiten in der Buchhaltung, im Kassendienst, als Bilanzbuchhalter, war er seit 1949 Vorstandsmitglied dieser Bank. 1960 wurde er Geschäftsführer, und von 1973 bis zu seiner Pensionierung war er Direktor der Volksbank Bad Goisern.

Er hat sich verheiratet mit Maria, geborene Rottenhofer. Aus dieser Ehe ist ein Kind entsprossen.

Alois Straubinger starb nach längerem schweren Leiden am 17. Februar 2000.

Er berichtet nachstehend über seine Erlebnisse und Erfahrungen in der faschistischen und nationalsozialistischen Zeit:

Bei der Mauer wäre unser Fluchtplan fast gescheitert:
Von Litzmannstadt bin ich in das Kreisgericht Wels zur Verfügung der Gestapo überstellt worden. Der Linzer Gestapomann Neumüller und ein zweiter, dessen Namen mir entfallen ist, haben mich beim ersten Verhör ins Gesicht geschlagen, dass ich vom Sessel heruntergefallen bin. Er, der Neumüller, hat zu mir gesagt:
„Wir wissen alles, dein nächster Weg wird Mauthausen sein. Dort wirst du landen! Das waren seine ersten Worte. Ich kann mich daran noch gut erinnern. Ich war momentan fertig bei dieser Androhung, denn man wusste doch, was KZ bedeutete. Es war vor allem eine Drohung".

Man hat mich alle vierzehn Tage zum Verhör geholt, wo man versuchte, alles über unsere vergangene Tätigkeit von mir herauszuquetschen. In Wels war ich vorerst in Einzelhaft. Als mich die Wärter schon besser gekannt haben und sich meiner erbarmten, gaben sie mir einen zweiten in die Zelle. Zuerst den Zimpernik, der mein Komplize war. Es war ja schon die Voruntersuchung abgeschlossen, und deshalb hat man uns zusammengelegt. Dann wurden wir wiederum auseinandergelegt. Und so bin ich zum Genossen Schwager Fritz in eine Zelle gekommen. Er war ein Wiener, der öfters von seiner Frau besucht wurde. Wir hatten vorher schon einen Fluchtplan geschmiedet, denn bei ihm bestand die Gefahr, dass er zum Gericht nach Berlin kommt. Er hat schon die Vorladung gehabt. Er brachte zum Ausdruck, dass er dorthin nicht gehe, weil ihn da ein Todesurteil erwartet. Er muss unbedingt flüchten. Ich habe gleich gesagt, ich mache mit, denn mich erwartet bei der Wehrmacht oder beim Gericht auch der Tod. Ich habe mit ihm unsere Pläne zur Flucht geschmiedet. Die Frage war:

Wie kommen wir hinaus? Wie kommen wir zu einer Eisensäge? Diese hat uns seine Frau bei einem Besuch verschafft. Es war eine zirka 15 Zentimeter lange Eisensäge. Mit dieser haben wir einen Gitterstab an einer Seite unten durchgeschnitten und auf der Oberseite zu drei Viertel angeschnitten. Schwager Fritz und ich sind dann am 10. Juli 1942 in der Nacht durch das Gitterfenster durch, in den Hof hinaus, ausgebrochen. Vorher haben wir den Rest des Gitterstabes durchgesägt und dann aufgebogen. Dann sind wir durch das Gitter in den Hof hinaus. Es war ungefähr 11 Uhr nachts. Wir haben das so festgelegt wegen der Kontrolle. Unsere Zelle lag im Parterre. Wir waren ja nur zu zweit darinnen. Wir haben unsere Betten so aufgebaut, als würden wir drinnen liegen. Dazu haben wir den Scheißkübel und Marmeladegläser so gelegt und diese mit den Decken zugedeckt, dass es aussah, als würden wir drinnen liegen, wenn der Wächter hereinschaut. Er muss glauben, wir liegen drinnen im Bett. Und es hat geklappt.

Das Gitter haben sie bei Nacht nicht so gut kontrollieren können, denn der Lichtschein in der Zelle durfte nicht auf das Fenster fallen, wegen der Verdunkelung.

Häftlingsfoto von Alois Straubinger

Der Zeitpunkt unseres Ausbruchs, etwa 11 Uhr nachts, wurde festgelegt wegen der Kontrollgänge der Aufsichtspersonen. Vorerst haben wir einen Kontrollgang abgewartet, und dann haben wir mit der Arbeit begonnen. Den Gitterstab hinaus zu biegen hat mindestens eine Viertelstunde gedauert, dann sind mindestens dreiviertel Stunden vergangen, bis wir in den Hof hinunter gekommen sind.

Um uns in den Hof hinunterzulassen, haben wir vorerst unsere Leintücher mitgenommen, die wir benötigten, um über die Hofmauer zu kommen. Draußen haben wir Gartengeräte zusammengesucht, um auf die Mauer hinaufzukommen. Die Mauer war mindestens vier Meter hoch. Auf die andere Seite sind wir hinunter gesprungen, dabei hat sich Genosse Fritz Schwager den Fuß verletzt.

Bei der Mauer wäre unser Fluchtplan fast gescheitert. Aber trotzdem hat er sich weitergeschleppt. Wir sind dann in die Welser Heide hinaus. Dort haben wir das erste Mal bei strömendem Regen übernachtet, also von 10. auf den 11. Juli 1942.

Die ganze Flucht, bis wir auf der Straße draußen waren, hat mindestens zwei Stunden gedauert. Anfangs stellt man sich das so leicht vor. Es gab immer wieder Schwierigkeiten, bis wir die nötigen Geräte gefunden haben, um auf die Mauer hinaufzukommen. Schwager Fritz hat im Hof fast den Plan aufgegeben. Er meinte, wir gehen besser in die Zelle zurück, weil wir die Mauer fast nicht erklimmen hätten können. Schließlich haben wir nicht voraussehen können, welche Schwierigkeiten sich uns entgegensetzen würden. In der Theorie war unser Plan schön, die Praxis sah dann etwas anders aus.

In der Welser Heide glaubten wir, wir könnten mit einem Lastzug fahren. In unserem Plan war vorgesehen, mit einem Kohlenzug nach Polen zu flüchten. Das ist uns aber nicht gelungen. Wir haben uns getäuscht, denn die Züge sind zu dieser Zeit nicht gefahren. Mein Plan wäre gewesen, in die Schweiz zu flüchten. Aber mein Kollege meinte, wir gehen nach Wien, er wird dort illegale Arbeit machen, eine Gruppe zusammenstellen. Wir sind zuerst nach Vöcklabruck. Dort haben wir beim Genossen Stadler Johann Unterschlupf bekommen. Genosse Stadler hat uns einige Tage Unterschlupf gewährt und hat uns gestärkt. Stadler war Postangestellter. Es bestand für ihn eine große Gefahr, denn wenn er erwischt worden wäre, wäre sein Leben auf dem Spiel gestanden. Für solche Fluchthelfer war die Gefahr groß, sie waren sehr gefährdet. Wurden sie dabei erwischt, mussten sie mit dem Todesurteil rechnen. Mich selbst hat das sehr bedrückt, diese Gefahren, denen man diese Leute ausgesetzt hat.

Schwager Fritz war vor und nach 1938 im Salzkammergut, und insbesondere in Vöcklabruck, als Mitarbeiter der KPÖ, der Landesleitung, tätig gewesen. So kannte er Genossen Stadler in Vöcklabruck. Während Schwager bei Stadler war, bin ich anschließend in das Salzkammergut hinein geflüchtet. Ich habe mir Kleider verschafft, denn meine waren miserabel. Ich war doch im Gefängnis in der Militärkluft. Ich habe mir in Bad Ischl und Goisern durch Verwandte und Genossen Zivilkleider verschafft. Bei unserem Ausbruch hatten wir keine Verfolgung wahrgenommen. Ich habe auf meiner Flucht nur ein Abenteuer gehabt, als ich von Vöcklabruck nach Ischl hinein bin.

Da bin ich ein Stück mit dem Zug gefahren und einer Militärstreife in die Hände gefallen. Sie haben mich kontrolliert, und ich hätte in Salzburg mit ihnen auf die Militärkommandantur gehen müssen. Als ich von Vöcklabruck nach Salzburg gefahren bin und von dort mit der Lokalbahn nach Ischl wollte – zu Fuß wäre es doch zu weit gewesen – haben sie mich aufgegriffen. Sie haben Verdacht geschöpft, dass bei mir etwas nicht in Ordnung sein könnte und haben mir den Auftrag erteilt, in Salzburg zur Militärkommandantur zu gehen. Sie werden mich dort erwarten, denn ich hatte keine Ausweise mit.

Vor Salzburg bin ich aus dem Zug gesprungen, das heißt, als der Zug vor der letzten Station vor Salzburg sich in Bewegung gesetzt hat, bin ich zur Tür und hinaus gesprungen. Sie haben es schon bemerkt, sie haben mich gesehen, wie ich über die Böschung und dann über den Hang hinauf gelaufen bin. Sie haben mir nicht nachgeschossen. Ich bin um mein Leben gerannt. Ich kann mich noch heute erinnern, dass es ein Lauf um Leben und Tod war. Sie haben nicht die Notbremse gezogen, der Zug ist weitergefahren nach Salzburg. Anscheinend war ich ihnen doch nicht so wichtig. Dann bin ich einige Stationen der Ischlerbahn entlang gegangen, dann aber doch in die Lokalbahn eingestiegen und nach Ischl gefahren. Der Zug war so überbesetzt, dass eine Kontrolle fast nicht durchführbar war. Es war doch etwas Glück dabei.

In Ischl bin ich zu meiner Schwägerin gegangen, die mir einige Tage Unterschlupf gewährt hat. In Ischl bin ich nicht gesucht worden, da bin ich noch nicht bekannt gewesen. Ich war in Ischl, Lauffen, Goisern, zirka acht Tage, und dann bin ich nach Vöcklabruck zurück. Die Hauptsuche nach mir hat erst begonnen, als sie Schwager Fritz im November 1942 in Wien verhaftet haben. Anfang August ist Schwager mit mir nach Wien, vom 10. auf dem 11. Juli 1942 sind wir vom Gefängnis heraus, und im November 1942 haben sie ihn verhaftet. Ich hatte ihn gewarnt, aber er ist etwas frech bei Tag herummarschiert.

Ich bin vor seiner Verhaftung nach Goisern zurück, weil es mir in Wien nicht gefallen hat. Ich habe mich dort nicht sehr sicher gefühlt. Ich habe ihm gesagt, ich fahre nach Goisern und werde von dort aus auskundschaften, wie wir am besten in die Schweiz flüchten können. Der Versuch, mit den Genossen in Tirol Verbindung herzustellen, ist mir nicht gelungen. Und alleine habe ich das doch nicht gewagt, über die Grenze in die Schweiz zu gehen. Ich habe versucht, mit Schwager Verbindung aufzunehmen. Wir haben uns geschworen, dass wir zusammenbleiben oder trachten, immer wieder zusammenzukommen. Er hat mich immer vertröstet, er werde sich in Wien um gute Papiere umschauen. Ich würde gute Papiere bekommen von einem Eisenbahner. Ich habe immer darauf gewartet, aber statt der Papiere ist die Nachricht gekommen, dass der Schwager Fritz verhaftet worden ist.

Damals war ich hauptsächlich bei Genossen in Goisern untergebracht. Ich habe vollkommen illegal gelebt, ich konnte bei Tag nicht aufscheinen. Ich habe nicht spazieren gehen können, weil mich jeder kannte. Nur bei Nacht, wenn es ganz finster war, konnte ich heraus und mit anderen in Verbindung treten.

Wir haben nicht erst 1945 gehört, wie sie im Kreisgericht Wels auf unsere Flucht draufgekommen sind. Das haben wir schon früher erfahren. Unsere Genossen, die im Gefängnis inhaftiert waren, haben doch ständig Besuch bekommen. Mit diesen Besuchern war ich in Verbindung, als ich auf der Flucht in Goisern war. Und diese haben erzählt, wie es ihnen ergangen ist nach dem Ausbruch. (Siehe dazu die Aussage von Kain Franz im Anhang dieses Abschnitts.)

Unsere Flucht haben sie erst bemerkt in der Früh, bei der Ausgabe des Kaffees. Sie glaubten, wir liegen noch drinnen in den Betten. Die Attrappen waren so gut, das heißt, die Täuschung war so gut. Dann ist erst der Wirbel losgegangen. Natürlich brachte dies für alle Häftlinge eine Verschärfung. Es wurden alle vernommen, ob von ihnen eine Hilfeleistung gekommen war und so weiter. Es war eine große Sache für unsere Leute im Gefängnis. Zwei Genossen sind verschwunden!

Dann musste ich feststellen, dass ich nach der Verhaftung Schwagers keine Verbindung mit Wien mehr hatte. So stand ich vor der Frage: Was muss ich tun? In Goisern habe ich bei sehr vielen Genossen Unterschlupf suchen müssen, die mir diesen auch gaben. Unterschlupf bekam ich bei meiner Schwester, bei den Genossen in Gschwandt, Lauffen (Maria Zeppezauer, 1942), unter anderem bei Zilli Langeder (1943), wo ich mich das erste Mal mit Plieseis getroffen habe. Langeder Martin hatte vor seiner Verhaftung in den damaligen Hermann Göring-Werken als Kraftfahrer gearbeitet. In der ersten Zeit habe ich mich durchgeschlagen bei älteren Genossen und bei Verwandten. Und nachdem Schwager Fritz verhaftet worden war, kam die Botschaft nach Goisern, der Straubinger Alois ist auf der Flucht!

Da hat man alle, von der Gendarmerie über die SA bis zur SS von Goisern eingesetzt, um mich zu finden. Den Schwager Fritz hat man fast zu Tode gefoltert wegen mir, wo ich bin. Er hat genau gewusst, wo ich mich aufhalte. Ich habe ihm ja meine Adresse hinterlassen. Der hat mich nicht verraten. Das war ja das Große an ihm, denn er wusste, wo ich war. Er hat ja alles gewusst von Goisern, denn wir waren dauernd in Verbindung. Er ist stark geblieben und ich bin überzeugt davon, dass sie ihn fast erschlagen haben.

Wir haben in Goisern viele Genossen gehabt, die auch wieder mit SA und den Nazi zusammengekommen sind, wie zum Beispiel der „Samms" auf der Gemeinde. Er war ein Schulkollege von mir. Die haben alles gehört, da wird einer gesucht. Das war eine Sensation. Das ist gemeldet worden, dann haben die Genossen und Genossinnen davon erfahren. Die Frauen haben das herumgesprochen in den Betrieben. Ich habe sofort erfahren, dass der Steckbrief da ist und wie sich der SA-Mann führend an der Suche beteiligt hat. Von der SS waren damals in Goisern noch nicht so viele da. Die Gendarmerie musste ausrücken. Sie haben alles abgesucht, die Almen und alles, wo ein Versteck möglich gewesen wäre. Auch zu Hause haben sie nachgesehen. Abends haben sie nachgeschaut, ob sie etwas Verdächtiges sehen. Auf jeden Fall haben sie mich fieberhaft gesucht. Während meiner Fluchtzeit war ich auch in Traunkirchen, 1942/43. Schrempf Willi aus Ebensee hat mich dort untergebracht. (Siehe Aussage von Willi Schrempf im Anhang dieses Abschnittes.)

Er hat mich in Goisern abgeholt. Wir sind nach Ebensee mit dem Fahrrad hinuntergefahren, und von dort hat er mich zu einem Sympathisanten gebracht. Zwei oder drei Monate war ich dort. Ich kann mich nicht mehr genau erinnern, aber dort war eine Polin mit Namen Anna, eine Fremdarbeiterin. Diese hatte einen Geliebten gehabt, einen Franzosen, auch einen Fremdarbeiter. Er war Kommunist. Es waren lauter Nazigegner. Sie haben gewusst, dass ich ein politischer Flüchtling bin. Dort sind wir zusammengetroffen. Es war ganz interessant.

Später hat mich Schrempf Willi mit dem Genossen Franz Truckenthanner (1894–1945) zusammengebracht. Der ist ja auch im KZ Mauthausen im letzten Augenblick vergast worden. Der hat mir Lebensmittel gebracht. Wir haben ihn nie mit dem richtigen Namen genannt. Unter „Truckerl" kannte ich ihn. Mit dem Genossen hat mich Schrempf Willi unterstützt. Willi musste einrücken.

Auf der Gschwandneralm war ich auch (Kriemoosalm), da ist es mir im Ort Berg bei meiner Schwester etwas gefährlich geworden. Die Gestapo hat sich bemerkbar gemacht, dadurch habe ich von dort flüchten müssen auf die Gschwandneralm. Dort habe ich etwa drei Wochen, in einer Hütte am Dachboden im Heu vergraben, logieren müssen. Bei Tag konnte man sich nicht sehen lassen, bei der Hütte. Man hat nur bei Nacht heraus können, um spazieren zu gehen oder Streifzüge durchzuführen, ansonsten wäre es schon aus gewesen.

Die Gschwandneralm hat ja eine Tradition gehabt. Denn die Landesleitung Oberösterreich der Kommunistischen Partei hatte dort eine Zeitlang eine illegale Druckerei eingerichtet und betrieben. Es wurden dort, 1934, bis die Heimwehr dahintergekommen ist, die Landeszeitung ‚Rote Front' sowie Flugblätter und Ortszeitungen hergestellt. Bevor die Heimwehr hinkam, wurden die Apparate nach Bad Aussee gebracht.

Zu mir: Kann man sagen, ich bin in die Sache hineingeschlittert? Hauptsächlich wegen dem Schwager Fritz?

Ich selber wäre ja nicht vom Gefangenenhaus geflüchtet. Nur weil ihm die Todesstrafe gedroht hat, habe ich mich einverstanden erklärt, mit ihm zu fliehen. Als ich mit Schwager ausgebrochen bin, war Grundgedanke damals nicht, in Österreich eine Widerstandsgruppe aufzubauen, sondern in die Schweiz zu flüchten. Das hat sich nicht verwirklichen lassen. Es wäre vielleicht auch schief gegangen, denn die Schweizer waren ja damals fürchterliche Hitleranhänger, die hätten einen gnadenlos ausgeliefert. Ich war ja schon einmal in der Schweiz gewesen, 1938, mit der Absicht nach Spanien zu gehen. Und da waren die Schweizer nazifreundlich, Hitlersympathisanten kann man sagen. Ich kann natürlich dies von der Bevölkerung nicht behaupten, nur von der Polizei. Wie die uns behandelt hat. Sie hat uns verhaftet und war auch entsprechend unterwiesen, das hat man sofort gespürt. Sie haben uns auch zurück an die Grenze gestellt und uns mit dem Vermerk, dass wir nicht mehr zurückkommen dürfen, freigelassen. Anscheinend sollten wir mit Hitler weiterkämpfen. Von 1942 an habe ich mich alleine durchgeschlagen. Habe Bekannte organisiert, dass man sich kennen lernt, dass man die Grundlage schafft für einen Widerstand. 1943 ist dann der Plieseis gekommen, und dann ist es weitergegangen.

Es dürfte im November 1943 gewesen sein, als ich mit Sepp Plieseis in Goisern in der Ortschaft Wiesen in der Wohnung von Langeder Zilli zusammengetroffen bin. Diese erste Zusammenkunft wurde ermöglicht durch meine Verbindung mit Resi Pesendorfer von Ischl, die ich von früher her kannte. Sie wusste von meinem Ausbruch aus dem Welser Gefängnis, und dass ich mich in der Goiserer Gegend verborgen halte und mit Gleichgesinnten Verbindung suche. Sie war an der Flucht von Sepp Plieseis aus dem KZ-Lager Hallein sowie bei seiner Unterbringung maßgeblich beteiligt. Sie besorgte für Plieseis ein Quartier bei Huemer Maria in Bad Ischl, Egelmoos. Und sie war wiederum in Verbindung mit Langeder Zilli in Bad Goisern. So kam es zu dieser Zusammenkunft mit Sepp Plieseis, an der auch die Tochter der Frau Huemer, Maria Ganghör, die später Plieseis' Frau wurde, teilnahm. Für mich war Plieseis Sepp kein Unbekannter. Er hatte 1935 und 1936 fallweise an unseren illegalen Zusammenkünften des KJV teilgenommen. Bei unserem Zusammentreffen hat er einen gewaltigen Eindruck auf mich gemacht, und ich muss sagen, ich habe ihm gleich Vertrauen geschenkt. Ich bin auch nie in der weiteren Zusammenarbeit von ihm enttäuscht worden. Was wir vereinbart haben, hat er immer gehalten. Das hat man sofort gespürt. Er hat hundertprozentig jeden Treff und jede Vereinbarung eingehalten.

Wenn wir vereinbart hatten, wir kommen in Bad Ischl um Mitternacht in dieser oder jener Gasse oder beim Kaiserstandbild zusammen, zum Beispiel um 0 Uhr 15, dann waren wir beide vielleicht fünf Minuten früher da, um den vereinbarten Zeitpunkt sicher einzuhalten.

Für mich war das sehr erfreulich, mit Plieseis einen tapferen Genossen getroffen zu haben. Und so war ich auf der Flucht auch nicht mehr alleine, so sind wir zu zweit gewesen. Man muss dazu sagen, ohne die anderen tapferen Genossen, die uns unterstützt haben, wären wir sowieso nie durchgekommen.

Der Gitzoller Karl war vor unserem Zusammentreffen mit Plieseis in Verbindung. Ich habe vorher mit ihm nichts zu tun gehabt, sondern bin eben durch den Plieseis auf ihn gestoßen. Ich habe seine Geschichte nicht so genau gekannt. Wir haben manchmal gleiche Quartiere gehabt, zum Beispiel bei Zimpernik in Bad Ischl. Wir waren aber niemals zu gleicher Zeit dort. Er war vor mir oder nach mir dort.

Das Ziel unserer Bewegung

Wir haben uns zur Aufgabe gestellt, gegen das Naziregime zu kämpfen. Unsere politischen Ziele waren von allem Anfang an, Österreich wieder, wie es vor 1934 bestand, herzustellen. Vor allem hat uns ein sozialistisches Österreich vor Augen geschwebt. Wir haben später gesehen, dass wir Kommunisten dies nicht alleine bewerkstelligen können. Wir haben gesehen, dass man alle demokratischen Gruppen gewinnen und vereinen müsse für ein demokratisches und sozialistisches Österreich.

Es kamen zu uns auch eine Reihe von Anhängern der Christlichen, denen auch bewusst war, dass sie alleine nicht das Naziregime bekämpfen können, dass auch sie Verbündete brauchen. Deshalb die Zustimmung, dass man gemeinsam gegen den großen Feind, gegen die Diktatur, das Naziregime, den Faschismus ankämpfen müsse und nach dessen Niederlage man dann gemeinsam ein demokratisches Österreich aufbauen muss. In diesem gemeinsamen Kampf haben wir die Frage Sozialismus zurückgestellt.

Der Grundgedanke unserer Ideologie ist in unseren Reihen geblieben. Man war sich darüber im Klaren, dass man nach 1945 nicht sofort den Sozialismus aufbauen kann, dass vorher ein gemeinsames, demokratisches, freies, selbständiges Österreich aufgebaut werden muss. Wir haben ja keine Richtlinien bekommen, wir haben uns das in unseren Schulungen und Aussprachen, die wir dazu machten, später erarbeitet. Natürlich haben wir Auslandssender gehört. Von dort aber haben wir keine Weisungen bekommen, wie und was wir zu tun hätten. Von Seite der Sowjetunion haben wir schon gewusst, dass sie für ein freies und demokratisches Österreich eintritt. Das war schon die Grundidee. Aber für uns stand die Frage im Vordergrund: Wie wollen wir gegen das Naziregime kämpfen? Was sollen wir unternehmen? Wie können wir es am besten machen?

Die erste Grundaufgabe war einmal die organisatorische, nicht die kämpferische. Es stand momentan nicht im Vordergrund, die Partisanentätigkeit aufzunehmen. Diese Grundlage musste erst gelegt werden. Man musste erst mit den Leuten zusammenkommen. Mit Genossen, mit Sympathisierenden unserer Richtung. Mit ihnen sprechen, damit sie uns unterstützen, den Widerstand zu organisieren. Dass Gruppen entstehen, die die Grundlage sein müssen, um Nahrungsmittel- und Geldsammlungen durchführen zu können. Damit Lager angelegt werden können. Das war ja die Grundlage, womit man zu größeren Angriffen übergehen konnte.

Das zweite war, viele Verbindungen mit Nazigegnern aufzunehmen, viele Leute kennen zu lernen und sie zu organisieren. Natürlich hat man auch an jene gedacht, die nicht mehr einrücken wollten oder die nicht mehr eingerückt sind.

Drittens haben wir uns illegale Namen gegeben, das war für unsere Arbeit, für unsere Sicherheit, sehr wichtig. Plieseis trug den Namen Willi, Gitzoller den Namen Franz, und ich nahm den Namen Kurt an. Unsere Gruppe hat den Namen Willi bekommen. Das war vorerst gegenüber der Gruppe der Bad Ausseer Widerstandsorganisation, notwendig. Später dann hat die ganze Bewegung den Namen „Fred" bekommen.

Viertens wollten wir bis zum Frühjahr 1944 die Vorbereitungen treffen, um in die Berge zu gehen.

Wir trafen uns bei der Familie Rottenhofer in Bad Ischl, die damals eine Landwirtschaft in Pacht hatte. Rottenhofer Johann war Angestellter des Ischler Krankenhauses. Dort habe ich meine Frau Maria kennen gelernt, eine Tochter dieser Familie. Und dort haben wir unser Hauptlager eingerichtet, alles, was wir benötigten, um in die Berge zu gehen, haben wir dort gelagert, Lebensmittel, Waffen, usw.

Bei Langeder und Rottenhofer sind wir vorerst zusammengekommen und haben dort unsere Pläne geschmiedet. Was ist zu machen, was können oder müssen wir tun?

Und von dort sind wir in den Rettenbach bei Bad Ischl, hinauf zur Schwarzenberg-Alm. Von dort aus haben wir vorerst unser Versteck („Igel") gebaut. Ab April und im Mai 1945 haben wir unsere geplante Tätigkeit entfaltet bis zum Tag der Befreiung. Es war eine sehr schwere Zeit. Darüber muss man separat berichten.

Aus einer Tonbandaufnahme über den Ausbruch aus dem Kreisgerichtsgefängnis in Wels von Alois Straubinger und Fritz Schwager, Gespräch mit Franz Kain am 29. Juli 1977:

Ich bin mit Alois Straubinger weitschichtig verwandt, das heißt, unsere Großeltern waren Geschwister. Dadurch sind wir uns auch verwandtschaftlich nahe gestanden. Und wir sind schon in der Schulzeit viel zusammen gekommen. Wir stammten beide aus links eingestellten Familien. Sein Vater gehörte zu den Pionieren der Sozialdemokratie und hat immer erzählt, wie er mit sechs Salzarbeitern zusammen den 1. Mai in Goisern gefeiert hat. Also eine Demonstration von sieben Leuten.

Mein Vater war während des Ersten Weltkrieges in russischer Kriegsgefangenschaft, und dort war er freiwilliges Mitglied der Roten Armee und hat dort an einigen Kämpfen teilgenommen, sodass sich aus der Tradition beider Familien schon eine echte Verbindung ergeben hat. Und wir sind ja auch schon 1936 zusammen inhaftiert gewesen.

Nach der zweiten Verhaftung[1)] haben wir uns alle, die wir uns gegenseitig gekannt haben, gewundert, wieso Alois Straubinger nicht auftaucht. Wir versuchten uns das so zu erklären, dass er als Soldat in Fronteinsatz stehen könnte, und dass man dort an ihn nicht herankann. Dass er irgendwie verschollen wäre. Und ich kann jetzt die Zeit nicht mehr angeben, wann er dann in Wels eingetroffen ist. Jedenfalls kam er aus Polen in voller Uniform.

Bei den Spaziergängen im Gefängnishof konnten wir uns sehr rasch verständigen. Und es hat sich herausgestellt, dass die Untersuchung, die von Goisern, Ischl und Linz ausgegangen ist, sich bis zu seiner Einheit in Polen erstreckt hat. Wir konnten uns oft beim Spaziergang unterhalten, natürlich nur in groben Brocken unter großen Vorsichtsmaßnahmen, aber doch so, dass wir unsere Aussagen einigermaßen aufeinander abstimmen konnten.

Nun zum berühmten Ausbruch aus dem Gefängnis in Wels:

Ich war damals schon als Kalfaktor, als Fazi (Gefängnissprache) beschäftigt. Das ist eine Hausarbeiterfunktion, die darin besteht, Gänge zu säubern, Kübel auszutragen, Brot auszuteilen, und auch Essen und Kaffee auszuteilen. Diese Funktion war sehr wichtig, weil ich durch sie im ganzen Untersuchungstrakt herumgekommen bin, und ich habe hier oft Kassiber (heimliches Schreiben der Häftlinge an Häftlinge usw., P. K.) von einer Zelle zur anderen bringen können. Und in dieser Nacht vom 10. Juli 1942 war ich am frühen Morgen dabei, den Kaffee auszugeben, mit einem Wachmeister, dessen Name mir gegenwärtig nicht einfällt. Ich nehme an, dass Genosse Straubinger diesen wissen wird. Es war ein Wachmeister, der an sich bei den Häftlingen beliebt gewesen ist.

---

1) Nachdem Franz Kain bereits nach dem „Anschluss" kurzzeitig in Schutzhaft genommen worden war, wurde er 1941 neuerlich verhaftet. Nach Gefängnisaufenthalten in Linz, Wels, Prag, Berlin, München und Salzburg wurde er 1942 wegen Vorbereitung zum Hochverrat durch das Bestreben, „die Ostmark vom Reiche loszureißen" zu drei Jahren Zuchthaus und Ehrverlust verurteilt und in die Strafdivision 999 eingezogen.

Und ich stand mit der Kaffeeschale vor dem Schubtürchen, durch das sie gereicht wurde. Es war noch etwas finster, noch nicht sehr hell, weil die Zelle sich im Erdgeschoss befunden hat. Der Wachmeister klopfte mit dem Schlüssel zunächst an die Tür und ruft, hö, hö, hö, aufstehen! Dann schaut er genauer hin, und ich mit ihm zusammen, und es sah aus, als ob die beiden im Bett liegen würden. Sie hatten in das Bett Stockerl gestellt und eine Decke darüber gespannt, sodass es auf den ersten Blick ausgesehen hat, sie würden mit angezogenen Knien dort liegen. Als sie sich nicht rührten, sperrte der Wachmeister schnell die Zellentür auf und rief: Aah, die sind in d'Blia' gangen! (Gefängnissprache, heißt geflüchtet, P. K.) Ich wurde sofort in meine Zelle zurückgebracht und nicht wieder als Kalfaktor eingesetzt.

Es herrschte überhaupt von diesem Moment an ein strenges Regime, weil dadurch, dass wir mehr oder weniger alte Welser (durch die Haft von 1936 bekannt, P. K.) gewesen waren, hatten wir bei der Vorführung zum Untersuchungsrichter manche Vorteile. Man hat ein Auge zugedrückt, wenn wir Zigaretten bekommen haben oder auch Lebertran für unsere Gesundheit. Das war von dem Moment an nicht mehr möglich.

Es gab großen Alarm, alle Sirenen des Gefängnisses heulten eine halbe Stunde lang. Und wir alle haben die Daumen gehalten, dass es den beiden Genossen möglich sein soll, davon zu kommen, obwohl unsere Hoffnung nicht groß war, weil wir sofort gespürt haben, dass da ein Riesenaufgebot auf sie angesetzt wird. Die Gefangenenhausleitung hat, wie ich schon gesagt habe, so reagiert, dass sie mit allen Begünstigungen sofort aufgehört hat und dass sie uns wieder so behandelt hat, als ob wir den ersten Tag dort in Haft wären. Man hat uns, so weit es gegangen ist, getrennt, auseinandergelegt, alle die kompliziert (mitschuldig, P. K.) waren, obwohl das in dem kleinen Untersuchungsgefängnis nicht sehr leicht möglich war. Weil wir zu viele waren. Beim Spaziergang sind wir doch wieder zusammengekommen.

Wir sind dann nicht allzu lange danach auf Transport gegangen, nach Berlin zum Volksgerichtshof, weil dort ein anderer Teil unserer Gruppe die Verhandlung vor dem 2. Senat hatte. Wie weit die Gestapo von Linz aus hier in die Untersuchung eingegriffen hat, in die Untersuchung dieser Flucht, ist mir nicht bekannt.

Vielleicht sollte man ein Detail ergänzen. Der Kontrollgang bei der Nacht, wenn der Aufseher nur durch den kleinen Spion in die Zelle geschaut hat, konnte er unmöglich wahrnehmen, dass die Stäbe, das Fenstergitter, hinausgebogen waren. Zu diesem Zweck musste man die Türe aufmachen und das Fenster von schräg her betrachten. Erst dann hat man gemerkt, dass die Stäbe durchgesägt waren. Und das habe ich gesehen mit dem Wachtmeister zusammen in der Zelle stehend, aber erst, als wir uns von schräg her dem Fenster genähert hatten.

Aussage zu den Ausführungen von Alois Straubinger:
Lisl Wolfsgruber, geborene Stadler, berichtet über ihre Begegnung mit Friedrich Schwager und Alois Straubinger im Jahre 1962. Aus dem Bericht vom 18. Jänner 1977 über die Tätigkeit ihres Vaters Johann Stadler in der Arbeiter- und Widerstandsbewegung in Vöcklabruck:

… Vater nahm weitere Verbindungen mit Widerstandskämpfern bei der OKA und bei der Eisenbahn auf.

Eines Morgens waren zwei junge Männer in unserem Schuppen auf der Terrasse. Sie kamen nachts an, es war kalt und sie trauten sich nicht anzuklopfen. Wir waren immerhin drei Familien in dem Einfamilienhaus, Schubertstraße 19, Vöcklabruck.

Schwager Fritz und Straubinger Loisl waren vom Welser Kerker ausgebrochen und hatten sich bis zu uns durchgeschlagen. Sie waren beide krank und blieben ungefähr vierzehn Tage, dann wollte Schwager unbedingt wieder weiter. So fuhr meine Mutter zu ihrem Bruder nach Wien und nahm Verbindung mit Schwagers Verwandten auf. Als sie heimkam und berichtete, war Schwager nicht mehr zu halten und fuhr nach Wien. Leider haben sie ihn nach kurzer Zeit ausgeforscht und wieder eingekerkert.

Straubinger Loisl wollte auch zu den Widerstandskämpfern in seine engere Heimat, ins Salzkammergut. So gingen wir zwei eines Tages nachmittags zum Bahnhof. Er stieg in den Zug Richtung Salzburg, hatte aber Pech und musste unterwegs aus dem

Zug und sich weiter zu Fuß durchschlagen. Straubinger kam aber doch ins Salzkammergut, was ich später vom Vater erfuhr.

Willi Schrempf berichtet über seine Unterstützung von Alois Straubinger:
1942 ist die Zeppezauer Maria von Lauffen gekommen und hat für den Straubinger Alois, der aus dem Gefängnis ausgebrochen ist, um ein Quartier ersucht, da sie ihn nicht mehr lange verstecken könne.

So haben wir mit dem Truckenthanner Franz herumgesucht. Und haben in Traunkirchen, Siegesbach 61, bei dem Keuschler Jäger Max, nach langem Reden mit diesem, ihn dort untergebracht, das heißt, er behielt ihn für eine bestimmte Zeit, bis wir für ihn etwas gefunden haben. Es wurde mit Zeppezauer Maria ausgemacht, er kommt um 12 Uhr nachts mit dem Fahrrad auf der Ischlerstraße. Er muss 50 Meter hinter mir fahren. In Ebensee muss er das Fahrrad über den Kirchbüchl hinauftragen. Dann sind wir hinunter nach Traunkirchen bis zum Siegesbach gefahren. Dann mussten wir das Fahrrad hinauftragen bis Siegesbach 61. Es war ein sehr steiler Weg. Wir benötigten 15 Minuten, bis wir zum neuen Quartier von Straubinger Alois kamen.

Die Goiserer brachten jede Woche das Essen für Straubinger Alois herunter, solange bis ich einrücken musste, das heißt, richtig: eingesperrt wurde. Ich war drei Monate bei der Polizei in Linz inhaftiert, wegen staatsfeindlicher Betätigung. Bis dahin betreute ich Straubinger Alois. Nach meiner Verhaftung hat Truckenthanner Franz diese Aufgabe übernommen.

Erwin Steyrer
Rückkehr unerwünscht

Erwin Steyrer, geboren am 17. April 1917, Mutter Maria Steyrer, geboren am 28. November 1891, gestorben am 3. März 1950, Vater Dr. Guido Gruber, geboren am 30. Oktober 1883, gestorben am 12. Oktober 1969.

Brüder: Dr. Kurt Steyrer, geboren am 20. Juni 1920, Guido Gruber, geboren am 22. Oktober 1924.

Gattinnen: geborene Marianne Ritter, geboren am 4. September 1918, gestorben am 12. Juni 1969. Gattin, geborene Lore Hauser, geboren am 6. Jänner 1941.

Sohn Erwin Steyrer, geboren am 13. November 1950.

Erwin Steyrer besuchte die Volks- und Hauptschule. Er erlernte das Handwerk eines Automechanikers. Seine weitere berufliche Tätigkeit wurde durch Haft wegen seiner politischen Betätigung und durch den freiwilligen Einsatz in der Internationalen Brigade und wegen des Aufenthalts in KZs unterbunden.

Nach der Befreiung Österreichs von der Nationalsozialistischen Herrschaft durch die Alliierten war er als Angestellter der Freien österreichischen Jugend, dann als Angestellter der Landesleitung der KPÖ Oberösterreich tätig. Ab 1950 war er selbständiger Trafikant. Seit 1979 befindet er sich in der Pension.

Seit seiner frühesten Jugend gehörte er der sozialdemokratischen Kinderorganisation Kinderfreunde an, dann der Sozialistischen Jugend (SAJ) bis zum Aufstand des Republikanischen Schutzbundes am 12. Februar 1934, wo er mit seinen Freunden dem Kommunistischen Jugendverband (KJV) beitrat. Er war Mitglied der Landesleitung des KJV von Oberösterreich, wurde wegen seiner illegalen Tätigkeit im KJV im Oktober 1935 verhaftet. Vor dem Landesgericht Linz als Schwurgericht (Akt 6 Vr 2405/35) hat der Gerichtshof im beschleunigten Verfahren gemäß § 2 BG 33/1935 nach der am 6. Februar 1936 durchgeführten Hauptverhandlung zu Recht erkannt:

Erwin Steyrer wurde zu fünfeinhalb Jahren schweren Kerkers, verschärft durch einen Fasttag vierteljährlich und gemäß § 389 StPO.

zum Ersatze der Kosten des Strafverfahrens verurteilt. Seine neunmonatige Polizeihaft wurde ihm in die ausgesprochene Kerkerstrafe nicht eingerechnet.

Aufgrund der im Juli 1936 von der österreichischen Bundesregierung erlassenen allgemeinen politischen Amnestie wurde er aus der Strafanstalt Garsten enthaftet. Er nahm nach seiner Entlassung aus der Haftanstalt seine illegale politische Tätigkeit für den KJV wieder auf.

Die Ereignisse in Spanien 1936, der Beginn des Bürgerkrieges (18. Juli 1936) veranlassten ihn und seine Freunde 1937, der demokratischen Regierung in Spanien zu Hilfe zu eilen.

Die Vorbereitungen wurden getroffen, die Ausrüstung zur Überquerung des Hochgebirges musste berücksichtigt werden. Kein geringerer als sein Großvater, Josef Gruber, ehemaliger Landeshauptmannstellvertreter Oberösterreichs, Landesobmann der oberösterreichischen Sozialdemokraten seit 1927 und Bürgermeister von Linz vom 28. Mai 1930 bis zum 12. Februar 1934, wirkte mit.

Am 8. August 1937 gings von Linz über Bludenz durch das Montafon nach Gargellen, natürlich über Anlaufstellen der Partei, der KPÖ, unter Anleitung eines Bergführers zwischen dem Gebiet des Rätikon und der Silvretta in über 2000 Metern Höhe in die Schweiz, wo sie in der Gemeinde St. Antonien herüberkamen. Unter Benutzung zahlreicher Anlaufstellen ging es quer durch die Schweiz nach Basel und über die Schweizer und Französische Grenze nach Frankreich, nach Paris. Von Paris weiter nach Nimes, Papignon und obwohl die französische Grenze von den Franzosen schwer bewacht wurde, kamen sie über die Pyrenäen nach Spanien. Ihr zugeteiltes Ziel war Valencia, Albacete. Dort wurde er in eine Spezialeinheit der Internationalen Brigade aufgenommen. Bei einem Einsatz wurde er schwer verwundet (Schädelbasisbruch). Er trat nach seiner Genesung wieder in den Einsatz. Nach dem Abzug der Internationalen Brigade aus Spanien kam er am 9. Februar 1939 nach Frankreich, wo er in verschiedene Gefangenenlager, u. a. nach Gurs und St. Cipriaen kam.

Nach zweijährigem Aufenthalt in den Lagern floh er aus dem Lager Argeles im Auftrag der Parteileitung der KPÖ. Im nachfolgenden Bericht erfährt man über seine Flucht, Verfolgung und Verhaftung durch die Gestapo. Sein Weg führt durch eine Reihe von Polizeigefängnissen, bis er im Polizeigefangenenhaus Linz landet. Von dort ging es mit der Bemerkung „Rückkehr unerwünscht" in das KZ Flossenbürg, wo er am 11. November 1941 eintraf. Die Befreiung dieses Lagers erfolgte am 26. April 1945 und von der Amerikanischen Armee am 29. April 1945. Durch seine schwere Erkrankung im KZ konnte er erst Anfang Juli 1945 nach Linz zu seiner Familie zurückkehren.

Nach der Befreiung wurde Erwin Steyrer Landessekretär der antifaschistischen Jugendorganisation „Freie Österreichische Jugend" (FÖJ), deren Mitgliederzahl sich bis Ende der 1940er Jahre bei über 10.000 bewegte, und übernahm nach Absolvierung einer Parteischule das Schulungs- und Agitationsreferat der oö. KPÖ-Landesleitung. Ab 1950 war er bis zu seiner Pensionierung im Jahre 1979 selbständiger Trafikant in Linz. Bis zu seinem Tod war er Aktivist und Funktionär des KZ-Verbandes. Er starb nach langer schwerer Krankheit im 78. Lebensjahr am 6. November 1994.

Erwin Steyrer bei der Überreichung der Befreiungsmedaille mit seiner Gattin (rechts), seiner Schwester (links), Landeshauptmann Dr. Ratzenböck und Franz Kain

Rückkehr unerwünscht

Im Gefängnis Würzburg konnten wir sehr schlecht schlafen, da es ein sehr altes Gefängnis war, total verwanzt. Wir saßen auf den Pritschen und hatten nur die eine Aufgabe, eine Wanze nach der anderen zu erschlagen. Gott sei Dank blieben wir nicht lange in diesem Gefängnis. Wir wurden nach Linz weitertransportiert. Dort war es schon wesentlich leichter, denn es waren schon einige Spanienkämpfer da. Ich erinnere mich noch an Fenzel Otto (Othmar), und auch an den Genossen Grubauer. Es gab auch einige Polizeibeamte, die – wie sich später herausstellte – schon in einer Widerstandsbewegung tätig waren. Sie waren uns sehr freundlich gesinnt. Ich wurde ebenfalls Kalfaktor. Sie halfen uns bei der Besorgung von Lebensmitteln. Der Polizeibeamte Leitner sperrte die Zellen auf und Grubauer kam mit einem Dreilitertopf, der voll war mit Küchenresten. Die Nahrungsmittel wurden unter allen Häftlingen aufgeteilt.

Ich musste auch das Ärztezimmer und das Verhörzimmer sauber machen. Eines Tages wurde mir das verwehrt. Die Nacht vorher gab es in diesem Zimmer große Verhöre. Man hörte die Häftlinge brüllen. Wir konnten die ganze Nacht nicht schlafen, weil wir immer an die Häftlinge denken mussten. Später stellte sich heraus, dass es russische Genossen gewesen waren, die aus Mauthausen ausgebrochen sind und die hier von den Polizeibeamten verhört und misshandelt wurden.

Wenige Tage nachher wurde ich auf Transport geschickt. Ich wusste schon, dass ich in das Lager Flossenbürg komme. Ein Häftling, der im Moor (gemeint ist vermutlich das KZ Börgermoor im Emsland) gewesen ist, der schon längere Zeit interniert war, sagte mir, er habe jemanden kennen gelernt, der vorübergehend in Flossenbürg gewesen war. Bei Flossenbürg handle es sich nicht um ein Umschulungslager – wie mir von der Polizei berichtet worden war – sondern um einen Steinbruch, um ein Vernichtungslager, so wie Mauthausen. Er sagte mir, dass er im Moor war und dass man sie, wenn sie nicht rasch genug auf die Rollfähren aufgesprungen waren, mit dem Bajonette in den Hintern gestochen hatte. Aber das sei noch ein Kinderspiel gegen das, was in Flossenbürg passiert.

Er gab mir Tipps, wie ich mich bei der Ankunft verhalten solle. Meldung machen, stramm bei der Umkleidung und beim Ablegen der Kleider, kurzerhand, ich war schon gefasst und vorbereitet auf das, was mich dort erwartete.

Wir fuhren nach Bayern. Dort gab es schon Schneeflecken und ab etwa 1000 Metern Seehöhe lag ein halber Meter Schnee. Ich hatte schon früher Handgymnastik gemacht und brachte es fertig, die Ketten, die über meine Hand mit einem Häftling aus St. Polten mit dem Namen Pirka gelegt waren, herunterzustreifen.

Beide wussten wir, was wir wollten. Wir sahen uns an und suchten eine Gelegenheit und spekulierten, eventuell das Fenster herunter zu reißen und während der schnellen Zugfahrt abzuspringen, hinunter über die Böschung. Vielleicht hatte man Glück! Aber der Zug fuhr so schnell, dass die Telefonmasten nur so vorbeiblitzten. Es gab keine Gelegenheit. Plötzlich blieb der Zug stehen. Draußen stand schon die SS, mit schwarzen Spiegeln und mit Hunden. Der Gestapobeamte, der unseren Waggon kontrollierte, meldete gleich der SS, dass ein Häftling dabei sei, der schon großen Hunger hat. An dem Gegrinse und Ausdruck erkannte ich schon, was dem bevorstand.

Wie in einem Käfigwagen, der total verschlossen war, wurden wir verfrachtet und nach Flossenbürg gebracht. Bei der Durchfahrt durch das Lagertor machte ich einen Blick aus einem Schlitz hinaus und sah bereits das Jourhaus, die Wartehütte am Lagertor und den Holzzaun. Bei der Häftlingsentlausungsstation blieb der Wagen stehen. Wir sprangen auf Kommando aus dem Auto und stellten uns stramm auf.

Ich sah dort viele hunderte Russen, nackt. Einer hatte einen Hosenriemen um den Bauch, vollkommen verhungert, bei vielen konnte man die Rippen auf dem Rücken sehen. Sie mussten dort dem Wind, der fürchterlich blies, ausgesetzt, stundenlang warten, angeblich bis ihre Kleider fertig entlaust sind.

Beim Eintritt in die Waschräume waren bereits fünfzig bis hundert Häftlinge unter den Brausen. Sie wurden mit dem Kommando „Zurück!" und mit Brettern bis zurück an die Mauern gedrängt. Mit den Schneeschiebern schlugen sie einfach in die Menge hinein, auf die Köpfe und Körper, und die Leute konnten einfach nicht mehr weiter zurück. Sie bauten schon Pyramiden auf und es hieß weiter: „Zurück! Zurück!". Erbarmungslos wurde auf diese Häftlinge eingeschlagen. Das war der erste Anschauungsunterricht, den sie uns in Flossenbürg erteilten.

Wir mussten uns dann unter die Brausen stellen und sie ließen das heiße Wasser herunter, dass uns fast die Haut herunterging. Dann kamen sie mit großen Feuerwehrschläuchen mit starkem Druck. Sie spritzten uns mit kaltem Wasser ab, dass es uns fast weghob. Es wurde herumgeschrien und herumkommandiert und es entstand eine Atmosphäre der Hysterie. Plötzlich kam das Kommando, dass wir in die Kälte hinaus müssten, in den eisigen Wind. Vor einer Baracke ließen sie uns stehen, wo wir einzeln eine Hose, Schuhe und Ausrüstungsgegenstände empfangen sollten. Einmal warf er eine große Hose einem kleinen zu, ein anderes Mal wieder auf eine andere Stelle, dann kam ein Hemd ohne Knöpfe oder irgendein anderes Ausrüstungszeug, eine Essschüssel, und bis wir einen Löffel bekamen, verging die Zeit und wir mussten in der Kälte stehen. Ich habe dort einige gekannt.

Wir waren nicht sehr viele, die den Transport dorthin mitmachten. Ein alter Familienvater, ein sehr dicker Mann aus Salzburg, ist schon nach wenigen Tagen auf dem sogenannten Zugangsblock gestorben. Dort wurden wir eingeschult. Auf diesem Zugangsblock mussten wir das alte Aluminiumgeschirr mit gewöhnlichem Papier so lange reiben, bis es spiegelte.

Wir mussten den ganzen Tag rubbeln und reiben und die Spinde putzen. Wir wurden gezüchtigt. Dann kam wieder das Kommando „In den Schlafsaal hinein!" Wenn wir herauskamen, schlugen die Blockältesten – meistens Kriminelle – mit Bügelbrettern, das sind Bretter, mit denen man später die Betten glätten musste wie eine Tischplatte, wahllos und sadistisch auf die Leute, die durch diese Gasse heraus mussten, ein. Ich zog das Genick und den Kopf ein, nahm einen Anlauf und stürzte mich durch diese Bretter durch, sodass sie mich nur ein- oder zweimal trafen. Ein anderer, der zaghaft hinausging, kriegte so viele Schläge ab, dass er vielleicht schon am ersten Tag ins Krematorium musste. Die Schikanen auf diesem Block gingen einige Wochen so.

Daneben befanden sich ein oder zwei völlig vergitterte Blöcke. Ich konnte dann später sehen, dass es sich um russische Kriegsgefangene handelte. Einige Tausend wurden in dieses Separatlager gebracht. Sie wurden mit den Abfällen verpflegt. Schon die Häftlinge wurden von verfaulten und schmutzigen Erdäpfeln ernährt. Aber dort bekam man die letzten Abfälle. Was sie vom Boden zusammenkehrten, wurde in einem Kessel aufgekocht, eingefüllt und in diese Blöcke hineingestellt. Das war die Verpflegung für diese Gefangenen. Vollkommen abgemagert waren sie und der Typhus verbreitete sich in diesen Lagern. Nur die Toten wurden herausgetragen, bis sie auf wenige Hundert zusammengeschmolzen waren. Aber wie ich später erfuhr, haben sie diese auch noch zur Vernichtung geführt, und zwar nach Mauthausen.

In Flossenbürg durfte man den Block nicht verlassen, es war nicht möglich, von einem Block in den anderen zu kommen.

Erst als ich in einen anderen Block versetzt wurde, hat ein anderer Genosse, den ich schon aus Linz kannte, in Erfahrung gebracht, wo ich war, weil wir ganz vis-a-vis beim Aufstellen beim Appell standen. Er suchte mich auf und später trafen wir uns im Steinbruch. Er war der einzige Genosse, den ich aus diesem Lager kannte. Erst später lernte ich den Genossen Dürmayer Heinrich (Heinz) kennen. Ich informierte davon den Genossen Filla, der sich einsetzte, weil er schon beim Aufbau des Lagers dabei gewesen war, dass Genosse Dürmayer in die Effektenkammer kam. Dürmayer war einer, der selbstlos und hilfsbereit war, der sogar – trotz Verbotes – von einem Block zum anderen hinüber ging, und er brachte mir manches Mal ein Stück Brot mit. Später, als ich an Lungenentzündung erkrankt war, hat er mir unter großen Gefahren meinen Pullover aus meinen Effekten herausgeschmuggelt und ihn mir gebracht, was mir in diesen Tagen sehr geholfen hat.

Ich möchte noch erwähnen, dass dieses Lager vorwiegend von kriminellen Elementen geführt wurde ist, die sich an dem wenigen Essen der Häftlinge noch vergriffen und die den Kriminellen ein großes und den Politischen ein kleines Stück Brot gaben, was dazu beigetragen hat, dass die Überlebenschancen in diesem Lager auf wenige Monate beschränkt waren.

Wer in diesem Lager keine Hilfe hatte, musste zugrunde gehen. Ich selbst habe von einem Blockschreiber erfahren, dass auf meiner Karteikarte stand: „Rückkehr unerwünscht!", und dass ich nur im Steinbruch beschäftigt werden durfte. Ich war vorher bei der Planierung in der Nahe des Krematoriums beschäftigt gewesen. Außerhalb des Lagers, im Bereich des Krematoriums, mussten wir aufgeschichtete, gefrorene Eis- und Erdhaufen aufpickeln, auf die andere Seite schaufeln und wenige Tage später mussten wir dieselben wieder zurückschaufeln.

Bei dieser sinnlosen Arbeit dort, bei der Planierungn habe ich Genossen Gordon aus Bad Aussee kennengelernt, der mich beobachtete und sagte: „Du, nun arbeiten wir zwei zusammen!" Wir mussten einen großen Haufen Steine mit einer Trage transportieren, da sagte er: „Du, hör nicht hin auf diesen Kapo. Wenn er auch brüllt und schreit, wir arbeiten nur mit den Augen." Wir sind immer in der Hocke geblieben und jeder von uns hat in eine Richtung geschaut. Wenn ein SS-Führer gekommen ist, dann haben wir den Anschein erweckt, dass wir sowieso in ein paar Tagen hin sein werden. Auf diese Weise hat er mich eingeschult, wie wir im Laufe des Tages viele Minuten, viel Kraft gewinnen und das Leben verlängern konnten.

Am nächsten Tag mussten wir Zement durch das ganze Lager hinauf zu den SS-Unterkünften tragen. Ich erinnere mich noch an einen politischen Häftling, der schon sehr schwankte, als er am Lagertor vorbeikam, wo der Masten mit Stacheldraht umwickelt war. Durch dieses Schwanken riss er sich dort den Zementsack auf. Ein Lagerführer kam dazu, der ihn sofort wegen Sabotage in das Häftlingsgefängnis abführen ließ. Dort wurden Häftlinge zu Spezialtorturen oder zur Hinrichtung geführt. Dort drinnen gab es einen Raum, in dem sich der Lagerführer – er wurde Stäubchen genannt – aufhielt. Der Häftling wurde aufgerufen, und dieser Lagerführer erschoss ihn von hinten mit einem Revolver mit Schalldämpfer. Das waren sozusagen seine Jagdgenüsse. Später wurden Galgen aufgebaut, und mir wurde erzählt, dass teilweise drei Platten am Galgentisch gleichzeitig hinunterfielen. Dadurch wurden drei Häftlinge gleichzeitig gehängt. Das Krematorium rauchte Tag und Nacht.

Ich hatte einmal die Gelegenheit, einen Häftling anzuhören, der sich mit einem anderen unterhielt, der im Krematorium beschäftigt war, im Block 3. Ich glaube, er wurde zu einer Zeugenvernehmung, denn so was gab es auch in Deutschland, gerufen. Er sagte zu seinem Freund: „Was soll ich tun? Die Häftlinge werden als angeblich tot ins Krematorium gebracht. Sie legen zwei Häftlinge übereinander auf eine Tragbahre. Dadurch, dass diese ausgemergelten und ausgehungerten Gestalten aufeinanderliegen, beginnt das Herz wieder zu arbeiten. Sie kommen so ins Krematorium. Ich weiß nicht, was ich machen soll, aber ich habe den Befehl, sie so zu verbrennen, wie sie gebracht werden. Ich sehe aber, wie der die Augen aufmacht. Was soll ich machen?"

Der andere sagte dann: „Ich erwürge sie mit dem Daumen, damit ich sie nicht lebend verbrennen muss."

Von Genossen Filla, der viele Möglichkeiten hatte, Informationen zu erhalten, erfuhr ich immer wieder (auch von Dürmayer), wenn Transporte stattfanden und Prothesen und Uniformstücke wieder zurückgeschickt wurden.

Am späten Nachmittag wurden die Exekutionen durchgeführt. Es gab Transporte, die direkt in das Krematorium hinuntertransportiert wurden, wo ihnen Petroleumspritzen verpasst wurden, oder wo sie in kleinen Gruppen erschossen wurden. Später wurde dieser Schießplatz einfach überspült, wie ich von Häftlingen erfahren hatte. Genosse Filla teilte mir immer wieder mit, wie viele Menschen von diesen Transporten jedes Mal erschossen wurden. Zumeist waren es hohe Offiziere und Kommissare der Roten Armee. Die Besten der Besten haben sie dort in Flossenbürg erledigt.

Einmal sagte mir ein Häftling, er habe im Lager mit angesehen, wie ganz verhungerte Häftlinge am Appellplatz nackt ausgezogen und mit einem Strick zusammengebunden wurden. Sie haben sich gegenseitig gestützt und kraftlos mit der Hand gewunken, so quasi, ade Krematorium. Erschütternd war dieser Anblick, als er mit ansehen musste, wie diese Menschen, völlig verhungert und zusammengebunden den Weg zu Fuß ins Krematorium antreten hatten müssen.

Nach einigen Wochen wurde ich auf einen anderen Block verlegt. In der Regel blieben die Häftlinge einige Wochen auf dem Zuchtblock. Ich wurde in ein Kommando im Steinbruch eingeteilt, zuerst als Steintransporter, später wurde ich an einem Bohrwerkzeug angelernt. Wir mussten im Freien, oft bei stürmischem Wetter oder bei einem Meter Schnee, Löcher in Granitblöcke bohren und die Steine mit einem eisernen Schlägel und mit Keilen auseinander spalten. Ich kam auf die Insel 1. Dort gab es einen vier Meter tiefen Abgrund, einen Graben, der dazu diente, die gesprengten Blöcke auf diese Insel heraufzutransportieren. Man musste an einem Seil ziehen, um diesen Graben zu schwenken. Dort wurden die Häftlinge hinbeordnet, zum Schneeschaufeln und um Häftlinge zu verscharren. Ich wurde vom Sprengmeister an diesem Tag zum Kran beordnet. Ich hielt das Seil in Wartestellung und hörte, wie das Kommando hieß: „Seilwinde einstellen!" Der ausgemeißelte Stein donnerte auf die Häftlinge.

Ich schrie und rannte. Einige konnten sich retten, die anderen wurden zermalmt. Ich wurde vom SS-Kommandoführer verwarnt.

Eines Tages kam wieder das Kommando „Alles hinlegen!" Wir mussten uns plötzlich alle in den Schnee legen und darauf knatterten wieder die Gewehre. Es wurden wieder einige erschossen. Es war in diesem Lager üblich, wenn ein Blockältester, ein kriminelles Element, zu einem Kapo sagte, dass dieser Mann morgen nicht mehr einrücken darf, dann wurde dieser Mann, ob er wollte oder nicht, entweder freiwillig oder mit Gewalt nahe an den Zaun herangezerrt und hineingestoßen und von den Wachen erschossen, worauf diese Wachen Urlaub bekamen. Es ist klar, dass dies fast alle Tage vorkam, worauf – wie ich später erfuhr – die Urlaube verkürzt wurden.

In diesem Steinbruch war eine Atmosphäre des Knatterns der Bohrhämmer und des Schreiens der Kapos und der SS-Kommandoführer, die unumschränkten Herren über Tod und Leben.

Ich erinnere mich noch, dass im Jahre 1941/42 ein Sturm tobte, dass sich die Föhren bogen. Es war riesig kalt. Die Menschen fielen um, und die Erfrorenen wurden in einen Wagen verfrachtet, und mehrmals am Tage wurden die Transporte ins Lager gebracht. Ich sah einmal, wie ein Stein vom Graben aus angemaßt wurde, und ein ziemlich jung aussehender SS-Führer beorderte ausländische Häftlinge, einige davon Juden, in den Graben, der schon herausgebohrt und herausgesprengt war, Schnee zu schaufeln. Der Häftling, der die Kranwinde betätigte, konnte überhaupt nichts sehen. Er bekam von der SS das Kommando, dass er einschalten müsse. Im selben Augenblick raste ein Stein mit riesiger Geschwindigkeit in den Abgrund. Ich schrie, weil ich glaubte, es sei ein Unfall, und warnte diese Häftlinge. Einige sprangen auf die Felsen und konnten sich retten, andere fielen hinunter und wurden von diesem Block zerschmettert. Daraufhin hieß es, alles hinlegen, bis sie die ganzen Toten weggeräumt hatten. Dann ging die Tagesordnung wieder weiter. Der SS-Führer, der unten stand, hatte mir mit der Hand gedeutet, aber ich wusste nicht, dass dies Gang und Gäbe war. Ich war in größter Gefahr, dass dieser Kommandoführer heraufkam, um mich zu holen. Er hat das öfters gemacht, indem er irgendeinen Häftling mitgenommen hat und diesen dann mit einem Drahtseil über einem Balken erhängte.

Außerdem konnte ich beobachten, wie im Winter ein junger Kommandoführer einem Häftling befahl, sich in den Schnee zu setzen. Daraufhin befahl er den anderen Häftlingen, ihn sozusagen im Schnee einzugraben und nur den Kopf herausschauen zu lassen. Den Schnee klopfte er mit der Schaufel nieder. Er selbst stellte dann eine sogenannte Kapuze über den Kopf dieses Häftlings und brachte ihn so zum Ersticken. Ich traute meinen Augen nicht. Ich wagte schon fast nicht mehr hinzusehen, weil ich jederzeit fürchtete, dass diese Bestie auch mich herunterholt.

Ich sagte zu mir: Wie ist es nur möglich, dass eine Mutter des Deutschen Volkes, dass eine Kulturnation so eine Bestie zur Welt bringt?

Am Windhang befand sich eine Latrine. Es war eine ausgehobene Grube von zirka drei Quadratmetern. Darüber war ein Holzbaum gezogen. Die Latrine war durch Typhus und alle möglichen Krankheiten verseucht. Wenn man zum Beispiel Durchfall hatte oder klein austreten musste, musste man sich bei einem Kapo, einem Kriminellen, melden und sagen: „Bitte austreten zu dürfen". Die Antwort war meistens: „Hau ab!" Ich sah lauter Verhungerte. Wenn man sich auf diese Latrine setzte, spritzte einem die ganze verseuchte Brühe entgegen. Es war dort für manche oft die letzte Zufluchtsstätte, um sich vor dem Zusammenbrechen noch auf diesem Baum auszuruhen. Ich selbst versuchte, mich dem zu entziehen, indem ich mich einfach zu einem großen Stein hinstellte, den Besen nahm, den Schnee wegkehrte und dabei sozusagen meine Notdurft verrichtete. Viele andere getrauten sich das nicht und machten sich in die Hose. So mussten sie abends wieder einrücken, mit der feuchten, versauten Hose, vielfach krank. Ich selbst habe mir dort ein Blasenleiden zugezogen. Während der Nacht musste ich immer wieder aufstehen und konnte aber nur einige Tropfen Harn lassen. So verging die Nacht und am Tag musste ich wieder Schwerarbeit leisten.

Im Lager war eine furchtbare Atmosphäre. Auf der Insel, auf der ich beschäftigt war, war auch ein Krimineller in Sicherheitsverwahrung. Als er erfuhr, dass ich in Spanien gewesen war, sagte er zu mir, ich sei ein Hochverräter, und dass er zur SS gehe, weil ich gesagt habe, dass die Nazi den Krieg verlieren. Deshalb wollte er mich anzeigen. Er erpresste mich damit, und ich sollte ihm das ganze Geld, das mir meine Mutter schickte, geben, damit er mich nicht anzeigt. Einmal machte er ernst und wollte zum Kommandoführer gehen. In meiner Verzweiflung lief ich ihm nach, mit einem großen Hammer in der Hand, und sagte: „Wenn du weitergehst, schlage ich dir den Kopf ein! Wenn du es später machst, bist du morgen dran, denn wir haben eine Organisation hier herinnen!" Nur so konnte ich den kriminellen Banditen abhalten. Ich berichtete diesen Vorfall unseren Genossen. Wir trafen uns täglich mittags im Steinbruch. Es gab dort im Lager eine kleine Organisation.

Wir tauschten Informationen über die militärische Lage an den Fronten aus. Außerdem tauschten wir aus, was im Lager vor sich ging. Ich berichtete über diesen Kriminellen, der die Absicht hatte, mich zu denunzieren. Ich versuchte deshalb, in die Schmiede zu gelangen. Immer wieder versuchte ich dies, aber ich landete immer wieder in einer Steinbruchsbaracke.

Diese Baracke stand am Abhang. Einige Piloten waren in den Hang eingeschlagen, in der Hoffnung, dass der Steinabfall in einigen Monaten das Gelände bis zur Baracke aufschüttet. Dort wurde ich am Ende als Steinmetz eingesetzt. Vorerst hatte ich etwas Freude, da wir doch ein Dach über dem Kopf hatten. Aber der Wind blies über den Hang herein und die Schneeflocken wirbelten durch die Baracke.

In kurzer Zeit hatte ich herausgefunden, dass die Steinmetze keine Chance hatten, von diesem Steinbruch wegzukommen. Daher versuchte ich erst gar nicht, ein erstklassiger Steinmetz zu werden. Ich suchte mir immer wieder die kleinsten Steine aus, und dabei hatte ich auch noch immer großes Missgeschick. Wir mussten alle drei Tage eine Bordschwelle fertig machen. Nun, wenn dieser Stein allzu kurz und aus mürberem Material war, dann passierte es sehr leicht, dass er beim Bearbeiten in zwei Teile zerbrach und nicht mehr das vorgeschriebene Maß erreichte. Das ist mir einige Male passiert.

In diesem Augenblick trat die Solidarität in Erscheinung. Russische Transporter, die ich gut kannte, brachten mir sofort einen anderen Stein und legten den einen Stein weg. In diesem Augenblick halfen wir alle zusammen, die beiden Steinstücke im Splitt zu vergraben. Ich sollte den Stein aber am gleichen oder am nächsten Tag abgeben. In meiner Umgebung waren Genossen, die zusammenhielten. Sie halfen mir, diesen Stein so schnell wie möglich roh zu behauen, damit ich ja nicht auffalle. Denn jeder hatte einen Zettel, worauf genau stand, wann dieser Stein begonnen worden ist. Dort gab es einen Kapo, der nur mit dem Latten schlug, mit dem Richtlatten auf den Schädel der Häftlinge. Und wenn er jemanden sah, der nur mit den Augen arbeitete, dann nahm er einen großen Stockhammer und schleuderte ihn durch die Halle, egal wo er hintraf. Ich versuchte daher, einen unfähigen Steinmetz zu markieren. Diese unfähigen Steinmetze waren am Ende der Halle. Ich nahm den Hammer ganz beim Eisen herbei und fummelte herum. Jedes mal, wenn ich dem SS-Kommandoführer vorgestellt wurde, jagte er mich davon.

Wir waren eine Gruppe von Häftlingen, die eisern zusammenhielten. Ich denke immer noch an einen deutschen Genossen, der sehr stark abgemagert war. Beide sahen wir beim Tor hinaus, in der Ferne stand das Krematorium. Er hatte fast jede Hoffnung verloren, das Kriegsende noch zu erleben. Ich sprach ihm immer wieder Mut zu, ich kenne die Rote Armee, ich kenne die russischen Offiziere aus Spanien, die Rote Armee wird siegen. Diese Worte gaben dem Häftling wieder Mut, weiterzuleben. Es war entscheidend, an den Sieg zu glauben oder sich ununterbrochen mit dem Gedanken der Flucht auseinander zu setzen, um überhaupt das alles zu überleben.

Eines Tages gelang es mir doch, mit einem Kapo aus dieser Halle hinauszukommen. Ich kam wieder hinaus auf die Insel 1 und war froh, dass mir das gelungen war. Es war gerade schlechtes Wetter und wir mussten das Essen immer im Freien einnehmen. Wenn ein Kommandoführer schlechte Laune hatte, kommandierte er kurz nach dem Essenfassen: „Alles hinlegen!" Es musste einer schon ein Akrobat sein, wenn er dann noch etwas im Topf hatte. Es gab viele andere Schikanen, die die meisten Häftlinge zermürbten und immer wieder war es notwendig, ihnen politisch Hoffnung zu machen und sie zu stärken.

Ich erinnere mich an diesen Winter 1941, an diesen Sturm, wo wir uns zusammenrotteten – ich an der Spitze, und hinter mir viele junge, russische Genossen. Wir stimmten die Warschawianka an und schlängelten uns im Sturm in Schlangenbewegungen um die Steine, denn die SS hatte sich schon verkrochen. Obwohl sie in kurzen Abständen abgelöst wurde, mussten wir Häftlinge in dem Schneesturm ausharren. Und um zu überleben, um nicht zu erfrieren, haben wir Kampflieder angestimmt. Indem wir ständig in Bewegung blieben, retteten wir uns vor diesem Sturm.

Eines Tages hat sich einer versteckt. Ich erinnere mich, wie sie ihn gesucht und aufgestöbert haben. Sie haben ihn getreten, geschlagen und geschunden, bis sie ihn am Ende mit einem Eisenhaken an der Hose anhängten und über den messerscharfen Granit schleppten. Der Kopf wurde kraftlos in diesem Splitt nachgezogen und völlig aufgeschunden. Blutüberströmt und total erschöpft wurde dieser Mann herbeigezogen. Er wurde dann ins Lager geschafft, wo wir auch Aufstellung nehmen mussten. Es wurde der Bock im Lager montiert, am Appellplatz, und die SS führte eine große Schlagorgie durch. Ich erinnere mich noch, dass dieser Häftling damals über den Bock gelegt wurde, obwohl er schon halb tot war. Sie gaben ihm achtzig Schläge auf den Rücken und auf den mageren Hintern. Ich glaube, er war beim zwanzigsten Schlag schon tot. Dies führte ein SSler aus, der berüchtigt war. Ich glaube, er war aus Saarbrücken oder jedenfalls aus dem Saargebiet. Ich wusste dies, weil mir ein Spanienkämpfer dort aus dem Lager sagte, dass er mit ihm in die Schule gegangen ist. Dieser großgewachsene Mann hatte einen großen Ochsenziemer mit einer eingezogenen Eisenrute, wie das in Flossenburg üblich war. Und er ist jedes Mal, nach jedem Schlag, hochgesprungen und hatte die Beine weit gegrätscht und ihm einen weiteren schweren Schlag verpasst. Obwohl der Häftling schon tot war, haben sie ihm achtzig Schläge verpasst, bis der Häftling wie ein Fetzen, am Bock hing.

Ähnliche Torturen wurden am laufenden Band durchgeführt. Ich möchte das Strafexerzieren erwähnen und das tagelange Stehen. Es gab dort eine Strafe, und zwar drei Tage und drei Nächte Stehen, ohne seine Notdurft verrichten zu dürfen. Sie haben sich angemacht, und manche sind entkräftet umgefallen.

Ich möchte noch das schikanöse Bettenbauen erwähnen. Drei Stockwerke übereinander, und zuerst mussten die unteren Betten gebaut werden. Es waren Strohsäcke aus völlig zerknittertem Stroh. Dieser Strohsack musste aufgerüttelt werden. Darüber wurde dann ein Leintuch gelegt, das man aber nicht benutzen durfte, sondern das nur zur Parade bestimmt war. Es musste über den Rand so abfallen, in den Winkeleisenrahmen hinein, dass es so aussah wie ein gehobeltes Brett. Darauf wurde dann eine Decke gelegt, die gebügelt und zusammengelegt werden musste, und zwar genau zwei Zentimeter von der Kante entfernt. Außerdem mussten dann die übrigen Decken wie Zigarrenschachteln zusammengelegt werden, gepresst und gebügelt, genau nach Abständen. Die gesamten Betten mussten von vorne nach hinten in den Gängen beiderseits in der schnurgeraden Richtung stehen. Die Häftlinge haben an den Kanten der Winkeleisen kleine Ritze gemacht, damit wir genau die Höhe wussten. Dann kam erst der mittlere Stock dran, wobei einige Strohstücke herunter fielen. Oder ein ungeschickter Häftling hat einem anderen das Bett eingerissen. Plötzlich hat es geheißen: „Alles hinaus!", und die SS ist hineingegangen. Die Leute, deren Betten schmutzig waren, wurden vom Kommandanten aufgerufen, in den Block hineingeworfen und von diesem mit Faustschlägen und Tritten niedergestreckt. Wer sich nicht sofort rücklings fallen ließ, dem wurde noch nachträglich in den Rücken getreten, bis er fast leblos war und sich kaum mehr aus dem Block schleppen konnte.

Dasselbe passierte beim Spindkontrollieren und bei vielen anderen Anlässen. Es wurde einfach „Achtung!" geschrieen, und irgendeiner, meistens der letzte, herausgefangen. Aus reiner Bosheit hat man die Tischplatte umgedreht und das ganze Essen ist herausgeronnen. Wir mussten saubermachen, ausrücken und wieder zur Arbeit.

Ich selbst wurde während der Feiertage, Weihnachten bis Neujahr, in eine Strafkompanie eingeteilt. Ich musste im Lager auf einem selbstgebastelten Schlitten aus Kantholz auf eine Brücke, dahinter stand der Steinbruchoberkapo und vorne ein paar Häftlinge, und wir mussten im Laufschritt Schnee aus dem Lager auf eine Rampe hinausführen, an der SS vorbei. Und jedes Mal, wenn wir aus dem Lager an den SS-Unterkünften vorbei mussten, machte sich dieser Steinbruchoberkapo stark und schnalzte uns seine Geißel hinüber. Er ist sich wie ein römischer Reiter oder römischer Streiter vorgekommen.

Während dieser Zeit musste ich auch noch roden. Wir mussten auf einer Kante im Steinbruch mit einem Meter Schnee ausrücken der Wind pfiff, und wir mussten Stöcke ausgraben. Nur Schikanen.

Sehr spät und halb erfroren sind wir dann wieder eingerückt. Während andere Häftlinge doch eine gewisse Ruhezeit hatten, mussten wir diese Strafkompaniearbeit machen.

Ich erinnere mich noch, dass ich im Steinbruch eine Schweißdrüsenentzündung bekam, unterm rechten Arm. Ich konnte den Arm nicht mehr schwingen. Mir blieb nichts anderes übrig, als mit der linken, der ungeschickteren Hand auf die Schlag- und Spitzeisen zu schlagen. Ich schlug mir die Finger wund, dass mir das Blut hinunterfloss. Diese Wunde wollte aufgrund der Unterernährung – ich hatte bereits in den Augen und Füßen Wasser – nicht mehr heilen. Wenn ich in die Füße drückte, blieb eine Grube. Nur durch Verbrennen mit einem heißen Eisen konnte ich die Wunde wieder schließen. Vorerst war ich in einem Revier im Steinbruch, wo man mir eine Schmier hinaufgab, aber die Wunde wollte nicht mehr zuheilen.

Auf diese Weise haben Tausende Häftlinge Krankheiten bekommen, die sie sonst nie bekommen hätten. So wurde die Phlegmone (Zellgewebsentzündung) verbreitet. Ich kannte jemanden im Lager, der am ganzen Körper aufgeschnitten und in Klopapier eingewickelt war, weil der ganze Körper durch die Phlegmone vereitert war.

Jedes Mal, wenn ihn der Blockälteste gesehen hat, ein Krimineller, sagte er zu diesem Kranken: „Geh hinüber ins Krematorium und lass dich verbrennen!" Mit so einer Krankheit oder einer Wunde war man in diesem Lager verloren.

Es gab zwar so etwas wie eine Selektion. Wenn man in das Revier kam, hat der SS-Arzt nur mit der Hand auf die Stirn gegriffen, um zu fühlen, ob der Patient Temperatur hatte. Dann gab er ihm mit dem Daumen ein Zeichen in eine bestimmte Richtung. Diese Häftlinge sind dann in Baracken gelegt worden. Manche freuten sich sogar, weil es dort eine Schleimsuppe gab.

Am nächsten Morgen wurden alle ins Krematorium hinuntergetragen. Als ich beim Krematorium arbeitete, sah ich selber, wie ganze Kolonnen russischer Häftlinge die Fünflitergläser mit der Asche der Menschen herauf trugen.

Vermutlich war es im Winter 1942, da gab es eine große Selektion. Als wir vom Steinbruch einrückten, mussten wir zur Waschküche. Wir mussten uns nackt entkleiden und eine größere SS-Kommission passieren. Bei dieser Selektion kamen die noch Stärkeren auf die eine Seite, die Schwachen auf die andere Seite. Vorerst glaubte ich, dass wir nach Hartheim kommen zur Vergasung. Über unsere politische Organisation, die wir in bescheidenem Maße hatten, versuchte ich alles, um eine Möglichkeit zu finden, im Lager zu bleiben. Es war mir aber unmöglich. Bis zum letzten Augenblick habe ich das versucht. Ich musste antreten und wir gingen auf Transport. Wir wurden durch Weiden geführt, und, wie sich später herausstellte, nach München. Wir landeten im Viehwaggon in Allach bei München. Von dort aus wurden wir in ein kleineres Lager beordert. Es hieß Lager Allach. Bei der Annäherung zu diesem Lager vermuteten wir beim Anblick des breiten Schornsteins, dass es sich um ein Vernichtungslage handle. Wahrscheinlich würden wir dort verbrannt. Wir versuchten, jede Möglichkeit wahrzunehmen um zu fliehen. Aber wir waren so derartig eingeengt, dass jede Flucht unmöglich war.

Im Lager angekommen, gab es die verschiedensten Gerüchte. Die einen sagten, dass wir in eine Fabrik zum Arbeiten kämen, andere, dass wir nach einer bestimmten Zeit entlassen würden. Alles, was auf die Entlassung hindeutete, war nur der Versuch, die noch nicht ganz ausgebauten Sicherheitsvorrichtungen nicht auszunützen. Die Leute wurden in der Hoffnung gewiegt, dass es doch noch eine Möglichkeit gibt, die Freiheit zu erlangen.

Nach einiger Zeit, als alles perfekt war, wurden wir in Kommandos eingeteilt, um in der Rüstungsindustrie zu arbeiten. Vom Lager in die BMW-Werke gab es einen Korridor, der links und rechts vergittert war, so ähnlich wie in einem Zirkus bei den Löwen. Nur die Straße Dachau-München mussten wir frei überqueren. Die Straße wurde gesperrt, und verstärkte Posten standen dort. So marschierten wir täglich hin und zurück zu unserem Arbeitsplatz. Wahrend dieses Marsches mussten wir strafexerzieren und uns hinlegen. Wir wurden eingeteilt in die Zylinderkopf-Fertigung für BMW-Motoren. Vorerst wurden wir misstrauisch behandelt. Jeder Handgriff wurde durch beeidete Leute aus dem Luftfahrtsministerium nachgeprüft, und wir mussten jeden Arbeitsgang mit einer Stampiglie abstempeln, um jede Sabotage ausfindig zu machen. Es hat unter uns Häftlinge gegeben, die glaubten, wenn sie so eine Punze ein wenig zerschlugen oder mit der Feile drüberfeilten, dann könnten sie einen Sabotageakt sozusagen ungesehen machen. Aber die SS und die Gestapo nahmen sich alle Mühe, um diese Dinge mit Mikroskopen oder Vergrößerungsgläsern zu untersuchen, um auch noch ganz tiefschichtige Veränderungen feststellen zu können und so den Täter festzustellen. So kam es auch vor, dass manchmal die Gestapo einen erwischte, und wenn er dann einrückte, wenn wir das Jourhaus passierten, sahen wir bereits die Galgen auf dem Appellplatz aufgestellt. Wir mussten kurz in den Block und dann im Quadrat Aufstellung nehmen. Dann wurden die Häftlinge aus den Häftlingsbunkern vorgeführt, auf ein Stockerl gestellt, ein SS-Führer hängte ihnen die Schlinge um den Hals. Und der Lagerführer, der Hauptsturmführer, tanzte mit einer Peitsche herum. Verstärkte Wachen wurden aufgestellt, und wir mussten während des ganzen Vorganges bis zum Blauwerden dem Häftling ins Gesicht schauen. Zum Schluss, als es bereits mit den Nazis an den Fronten niederging, drohte der Lagerführer immer wieder mit unserer totalen Vernichtung.

Ich erinnere mich an einen russischen Häftling, der noch eine Ansprache hielt. Sein Name war Grawtschenko, sein illegaler Name. Er erzählte, dass er noch Stalin, seine Partei, und seine Familie gegrüßt hat und Jarolin hat während dieser Rede mit der

Peitsche in sein Gesicht geschlagen, über seine Nase, dass ihm das Blut nur so heruntergeronnen ist. Als sie ihn aufhängten, ist der Strick gerissen, da er mit dem Kopf gegen den Balken gefallen war. Es wurde ihm befohlen, wieder hinaufzusteigen und sie holten einen neuen Strick, gaben ihm den um den Hals und rissen ihm das Stockerl weg. Wir mussten ihn anschauen, wie er lebte, bis er blau wurde.

Auf diese Weise wollten sie uns erniedrigen und einschüchtern, damit wir die Sabotage aufgeben, denn die SS musste feststellen, dass die Produktion langsamer geworden war.

Ich erinnere mich noch, dass, als wir dort ins Lager kamen, viele aus Flossenbürg dabei waren. Sie wollten in Allach ein ähnliches Regime aufbauen wie in Flossenbürg. Aber die illegale Lagerorganisation Dachau hat es fertiggebracht, dass sie einige politische Häftlinge nach Allach geschickt haben. Einer davon war Baumann Gusti, auch Karl Wagner, der später Lagerältester geworden ist. Einer von diesen beiden hatte einen Zettel, worauf mein Name vermerkt war. Einer aus der Lagerorganisation, ein Spanienkämpfer, sagte ihm, dass er sich auf uns stützen könne. Er besuchte mich, und wir machten Spaziergänge. Er sagte immer wieder: „Wir müssen die Kriminellen, die den Leuten das Essen stehlen, die Blockältesten, erledigen."

Nach und nach ist es uns auch gelungen. Denn diese Häftlinge hatten ein Regime aufgezogen, ähnlich wie in Flossenbürg. Speziell beim Bunkerbauen im Freigelände rackerten sich die Häftlinge ab, und massenhaft wurden sie wieder ausselektiert, weggeschickt und vernichtet. Karl Wagner war Lagerältester. Er machte mit mir ausgedehnte Spaziergänge in der Freizeit und sagte mir immer wieder, dass ich auf die Häftlinge einwirken soll, speziell auf die, die mir vertraut waren, weil wir die Produktion in den BMW-Werken senken müssen. Er forderte die Häftlinge auf, dass sie Bekleidung, die Schuhe und alles zerreißen, um ihnen klar zu machen, dass es darauf ankäme, die Nazis zu schädigen, wo wir nur können.

Ich selbst wurde später an einer Flügelbohrmaschine und einer Drehbank eingesetzt, um solche Ausschüsse zu reparieren. Ich war Mechaniker und kannte mich gut aus. Neben mir war ein Zivildreher namens Wagner, er war in München bei einer Fußballmannschaft. Manchmal sah er, dass ich zu groß gebohrt hatte. Hinterher kam jemand vom Luftfahrtministerium, drehte das Kaliber hinein – Ausschuss – und es ist durchgegangen. Einige Male wurde ich schon verwarnt. Dieser Dreher Wagner kam eines Tages herüber und sagte: „Schau einmal her. Mach es so, nimm einen Dorn und fahr innen rundherum im Kreise und die Gewindespitzen sind verdrückt. Teil es dir so ein, dass das Kaliber nicht mehr durchgeht." Ich wusste dies auch, aber jetzt war ich mir sicher, dass von Wagner her keine Gefahr drohte. Und so machte ich dies und man kann sagen, dass fast jedes zweite Stück untermassig war.

Wenn ich Büchsen eingezogen habe, wurden die Büchsen mit Bündeln eingezogen und mit kleinen Stiften versehen, damit sie sich nicht mitdrehten. Aber diese Büchsen gingen manchmal nicht hinein, oder ich habe sie vorher nicht gemessen. Waren sie zu groß, haben sie den ganzen Körper gesprengt. Ich habe sie auch niedergefräst, bis vom Bündel nichts mehr zu sehen war und das Gewinde herausschaute. Da gab er mir auch wieder Ratschläge. Er gab mir einen stumpfen Meißel, um den auslaufenden Gewindegang wie ein Stückchen Papier niederzuklopfen. Dann sollte ich leicht drübersenken, damit man es nicht sieht. So machte ich es auch. Diese Zylinderköpfe kamen auf den Prüfstand. Aber dadurch kamen von dort eben sehr viele wieder zurück. Ich habe viele dieser Ausschüsse so gemacht, dass irgendwann später sicher das Öl herausrinnen musste. Ich wurde immer frecher und immer zuversichtlicher, habe die Zylinderköpfe einfach aufs Knie gelegt, abgefräst und weggeschmissen, speziell dann, wenn wir im Korridor von der SS schikaniert wurden.

„Alles hinlegen! Marsch! Marsch!" Da bin ich hineingegangen, habe fünf oder sechs solcher Zylinderköpfe genommen, habe sie weggeworfen, dass die Kühlrippen abgebrochen sind. Mit der Zeit war es schon bekannt, sodass ein Luxemburger, der weiter vorne eingestellt war, zu mir nur mehr sagte: „Vetter, wie viele hast du heute fertiggemacht?" Er meinte die Ausschüsse. Ich sagte dann immer: „Heute habe ich ein oder zwei Flugzeuge abgeschossen!" Auf diese Weise habe ich das ganz offen gemacht, damit auch andere mehr Mut bekamen.

Später bekamen wir einen Holländer namens Leo dazu. Wir beide verlangsamten die Produktion, wo es nur ging. Die SS versuchte immer, die Produktion zu steigern. Sie wollten uns mit der Nachtschicht ausspielen. In der Nachtschicht wurden angeblich achtzig Stück gemacht, und wir machten nur fünfzehn oder zwanzig. Daraufhin suchte ich kurzerhand einen serbischen Genossen im Lager auf, der mir sagte, dass es gar nicht wahr wäre und dass bei ihnen das gleiche erzählt würde. Auf diese Weise einigten wir uns, dass wir jeden Tag die Anzahl der gemachten Ware an einem Punkt mit Kreide aufschrieben, wo man es aber nicht gleich sah. So konnten sie uns nicht mehr ausspielen und wir konnten die Produktion noch mehr reduzieren.

Es blieb immer Zeit, dass ich zu französischen und spanischen Genossen an den Schleifmaschinen ging, die dort ausgebildet wurden, und ich ließ meine Maschine Maschine sein.

Zu Beginn gab es nur einige Ausschüsse an den Zylinderköpfen. Als ich sah, dass schon wieder zu viele wurden, ging ich neue Stapel anlegen und so bekamen wir im Laufe der Zeit einige tausend Zylinderköpfe, die nicht mehr repariert werden konnten. Die Meister des BMW-Werkes installierten später eine zweite Flügelbohrmaschine. Diese war noch weich im Beton montiert. Die Sicherungen waren heraus. Mein Freund Leo, der Holländer, wollte die Maschine ausprobieren. Ich sah aber schon, dass bei einem Hebel oben eine andere Konstruktion war als bei der anderen Maschine. Aber er ließ es sich nicht nehmen, drehte die Sicherungen hinein, schaltete ein, und es ging „krack, krack, krack", und die Maschine war kaputt. Wir nahmen sofort die Sicherungen heraus, wischten die Fingerabdrücke weg und ließen die Maschine stehen. Es dauerte sehr lange, bis sie zerlegt wurde, repariert wurde sie überhaupt nicht mehr.

Wir hatten in diesem Lager ein sehr gutes Verhältnis zu Luftwaffenhelfern, die der SS als Lagerwachenverstärkung zugeteilt waren. Mit einigen kam ich ins Gespräch und es waren einige darunter, die direkt sagten, dass sie helfen werden, dass die SS uns nicht umbringen werde. Von der SS aber wurde oft gesagt, dass wir liquidiert würden, wenn sie den Krieg verlieren sollten.

Ich erinnere mich auch noch, dass einmal eine ganze Nacht

Ausschuss produziert wurde, weil ein Stift in einer Vorrichtung einen kleinen Schlag bekommen hatte. In einer Nacht kam ein Freund, ein Spanienkämpfer aus Prag, zu mir und wollte, dass ich dem Grawtschenko helfe, da sie ihn schon zwei Mal verwarnt und ihm bereits gedroht hatten, ihn aufzuhängen. Er hatte ein paar Ausschüsse produziert und wurde daher der Sabotage bezichtigt. Ich wollte ihm sofort helfen. Ich nahm einen Wagen, fuhr hin, lud die vier Zylinderköpfe auf, habe sie gegen welche aus der Stellage ausgetauscht und sie blau angemalt. Grawtschenko ließ die Dokumente verschwinden und so warteten wir ab, bis die nächste Schicht kam.

Diese Zylinderköpfe warf ich einmal bei einer Nachtschicht in einen der Spänewagen, die von russischen Gefangenen in Waggons transportiert wurden. Auf diese Weise habe ich sozusagen einem Genossen sein Leben gerettet.

Die Genossen, die von der illegalen Organisation von Dachau nach Allach geschickt worden waren, bildeten den Grundstock für eine politische Organisation. Genosse Wagner pflegte den Kontakte zu allen Nationalitäten. Mit der Übernahme der Lagerfunktionen durch politische Häftlinge wurde ein erster politischer Erfolg erzielt. Baumann Gusti mit der Lagernummer zwei, der bereits zweimal im Konzentrationslager war, kam eines Tages zu mir und sagte: „Erwin, ich kenne einen Gärtner in Allach, der bereit wäre, für uns Lebensmittel, Karotten, Kartoffeln und anderes Gemüse zu beschaffen. Aber sein Wagen ist kaputt." Er ersuchte mich, mit hinauszugehen, um den Wagen zu überprüfen. Ich montierte die Kupplung ab und sah auch, dass ein Scheinwerfer kaputt war. Ich nahm die Kupplung mit ins Lager, später mit ins BMW-Werk, wo ich sie reparieren konnte. Mir fehlten aber die Korkstoppeln. Da fiel mir ein, dass mir ein Freund, Wladimir, ein polnischer Zivilarbeiter, solche Korkstoppeln besorgen könnte. Aber er kam zurück und sagte, dass er nirgends solche Korkteile bekommen hatte. Ich schickte ihn ins chemische Labor, um welche zu holen. Aber das Tor war verschlossen. Ich befahl ihm, das Schloss herunterzureißen, was er auch tat, und er brachte mir eine große Anzahl von Stoppeln von den chemischen Flaschen. Ich versteckte sie in den Hohlräumen der Flügelbohrmaschine. Auf diese Weise konnte ich die Kupplung reparieren. Nach wenigen Tagen wollten wir wieder mit der Kupplung hinaus. Aber ich hatte noch immer keinen Scheinwerfer. Daraufhin sah ich auf dem Parkplatz einen Wagen stehen, der die gleichen Scheinwerfer hatte. In der Nachtschicht demontierte Wladimir Scheinwerfer. Bei diesen Schmuggelarbeiten half mir auch mein Freund Leo.

Ich hatte unter meinem Mantel anstelle der Essschüssel den Scheinwerfer und zu meinem Entsetzen musste ich am Appellplatz feststellen, dass Razzia war. Ich versuchte sofort, dieser Umklammerung zu entgehen, was mir in der Nähe des Jourhauses in den ersten Block gelang. Bei der nächsten Gelegenheit fuhr ich mit Hilfe eines Luftwaffenhelfers und mit einem Helfer mit einem Schubkarren zur Gärtnerei Grach. Ich reparierte das Auto fertig. Herr Grach, den ich selber nicht sehr gut kannte, fuhr mit dem Auto in die entferntesten Gegenden, bis Saarbrücken, und besorgte für das Lager verschiedene Lebensmittel, vorwiegend Karotten, Kartoffeln und anderes Gemüse. Diese Beschaffungsorganisation wurde von Baumann Gusti organisiert. Er war Münchner und hatte gute Lokalkenntnisse. Er kannte auch von der Schule her jemanden aus der Molkerei, und er beschaffte auf diese Weise auch einiges für das Lager. Die SS bekam keinen Topfen, wir aber gelegentlich schon.

Wir wurden auch von französischen Kriegsgefangenen mit Nachrichten versorgt und hatten die Möglichkeit, unsere Genossen über die Vorgänge an den Fronten auf dem Laufenden zu halten. Wie sich später herausstellte, hatte dieser französische Kriegsgefangene in einem Spind ein getarntes Radio getarnt montiert.

Die Häftlinge in unserer Abteilung benützten die Nachtschicht zum Fabrizieren von Zigarettenspitzen, Aschenbechern, und so weiter, um sich bei den Zivilarbeitern etwas Brot zu verschaffen. Wenn sie irgendwo ein dickeres Sägeblatt erreichen konnten, machten sie daraus sofort ein Messer und schmuggelten dieses ins Lager. Spezialwerkzeuge waren in den BMW fast überhaupt nicht zu bekommen. Wenn irgendwo ein Werkzeug herumlag, war es sofort weg. Man fand diese Werkzeuge erst später in der Latrine des Lagers.

Durch den Einfluss der Häftlinge auf ihre Einsteller, auf ihre Zivilarbeiter, merkte man, dass die Stimmung in der ganzen Abteilung für uns besser wurde. Sie wurden zum ersten Mal mit den Grausamkeiten, die die SS in diesem Lager vollbrachte, konfrontiert. Manchmal brauchten auch diese Einsteller von uns irgendetwas. Ich bediente eine Drehbank, und sie kamen zu mir, ob ich nicht Kinderwagenräder drehen könnte. Oder sie stahlen irgendwo draußen Elektromaterialien im Durchmesser von 30 bis 40 Zentimeter. Diese spannte ich ein und drehte daraus Wagenräder. Oder ich machte Aschenbecher.

Einmal wollte ich ein Werkstück bis zum letzten Moment nicht ausspannen und fertig machen, und beim Ausspannen ist mir das Dreibackenfutter in Trümmer auseinander gebrochen, weil ich ein Messer untergestellt hatte und den Retourgang hineingab, damit das festsitzende Dreibackenfutter heruntergedreht wurde. Wir halfen alle zusammen, damit die Stücke in den Kisten mit Sand, die zum Feuerlöschen bereitstanden, versteckt wurden. In wenigen Minuten musste ich antreten und kam erst abends wieder zurück. Nach und nach brachten wir diese Trümmer dann zum Verschwinden.

Im Herbst 1943 wurde ich bei einer Tagschicht von meiner Maschine ins Meisterbüro weggeholt. Dieses Meisterbüro war ein verglaster Holzverschlag. Von dort aus konnte man die ganze Abteilung überblicken. In diesem Büro waren einige Meister und Obermeister vom Prüfstand und von den BMW-Werken anwesend. Sie zeigten mir einen durchgeschnittenen Zylinderkopf, der sehr große Mängel aufwies. Die Büchse war nicht vollkommen eingezogen, das Bündel war vollkommen niedergefräst und verstemmt. Sie fragten mich, ob ich das gemacht hätte. Ich sagte überhaupt nichts, zuckte nur mit den Achseln und tat unschuldig, weil ich glaubte, dass es das beste wäre, dazu überhaupt nichts zu sagen. Sie drohten mir mit dem Aufhängen und verwarnten mich. Schließlich und endlich ließen sie das noch einmal durchgehen. Aber es dürfe nicht mehr vorkommen, sonst würde ich gehängt! Ich ließ mich aber nicht abhalten, und wenige Tage später setzte ich meine Sabotage wieder fort.

Ende 1944 oder im Frühjahr 1945 wurde ich wieder ins Büro

geholt. Einige Meister waren wieder anwesend. Speziell erinnere ich mich an den Obermeister Reitmeier, den Vorsteher dieser Abteilung. Wieder hatten sie einen durchschnittenen Zylinderkopf. Es war schon ein Zylinder drauf, er ist von einem Motor wieder abgebaut worden, weil an einer Stelle das Öl herausgekommen ist. Man sah, dass offensichtlich ein Sabotageakt vorlag. Obermeister Reitmeier sagte zu mir: „Wenn du nicht willst, dass dein Kopf so auf die Seite steht" – anspielend auf den Tag vorher, wo Leute auf dem Appellplatz aufgehängt wurden – „dann lass das, denn sonst geschieht dir dasselbe!".

Als ich am selben Abend zurückgekehrt war, berichtete ich diesen Vorfall der Lagerorganisation. Über den Arbeitseinsatz wurde es mir ermöglicht, dass ich am nächsten Tag nicht mehr ausrücken musste. Ich wusste, dass mir das irgendwann zum Verhängnis werden würde. Ich blieb im Lager und beschäftigte mich irgendwie mit Lagerarbeiten. Ich konnte dadurch ausfindig machen, was wir tun können, damit wir von der SS nicht überraschend umgebracht würden. Wir veranstalteten in der Lagerkantine Sitzungen, wo politische Funktionäre anwesend waren, öffentliche und auch geheime. Dort berieten wir, was wir tun könnten, damit uns die SS nicht umbringen kann. Es wurden Varianten diskutiert, zum Beispiel, Brandbomben zu machen, und später besorgten wir uns auch Flaschen, Benzin und Schwefel. Kaliumchlorat sollten ein Häftling und ein Luftwaffenführer aus den BMW-Werken besorgen. Sie waren drei Mal unterwegs, konnten aber nur ein halbes Kilo Kaliumchlorat auftreiben, viel zu wenig, um genügend Flaschen herzustellen, um der SS wirkungsvoll entgegentreten zu können. Wir diskutierten noch eine andere Variante: einen Massenausbruch und einen Überfall auf die SS, indem man einen Kurzschluss erzeugt und die Bänke über den Stacheldraht wirft, und so sehr rasch eine Menge der Häftlinge über den Stacheldraht hinüberschleusen hätte können.

In späteren Tagen, als die Fronten schon näher rückten, wurde eine Variante diskutiert, dass man die SS, die das halbe Lager evakuierte, vor ihrer Abreise, wo sie die Instruktionen und das Essen empfingen und die Gewehre in einer Pyramide vor der SS-Kantine aufstellten, dort überfalle, indem man ein verstärktes Kommando hinausschicke, um sich bei dieser Gelegenheit die Waffen anzueignen. So müsste man die SS Schachmatt setzen können. Wir hofften dabei auch auf die Unterstützung von einigen Luftwaffenhelfern. Eine andere Variante wurde diskutiert. Was wir tun sollten, wenn uns die Flak mit den Fliegerabwehrkanonen kaputt schießt. Die Flak hat sich am Rande des Frauenlagers befunden. Die illegale Lagerleitung hat beschlossen, für diesen Fall Kontakt mit dem Kommandanten aufzunehmen, auf Wehrlose nicht zu schießen. Ich sollte den Anführer machen.

Mit einem Trupp, verkleidet in Luftwaffenkleidung, sollten wir einen Angriff machen. Die Lagerleitung hatte mit dem Kommandanten der Flakbatterien Kontakt aufgenommen, der ehrlich versicherte, dass er auf Wehrlose nicht schießen würde.

Ich wusste, dass ich auf einer Liste stand, die bestimmt war für die Evakuierung aus dem Lager. Ein Spanienkämpfer und ein Genosse im Revier halfen mir. Der Spanienkämpfer brachte mir die Karteikarte, die in der Lagerkartei angelegt war. Ich steckte sie in meine Hosentasche. Ein anderer gab mir eine Injektionsspritze, gefüllt mit irgendeiner Flüssigkeit und sagte: „Da hast du einen Wattebausch. Steck sie ein und geh damit zum Typhusbau." Das war ein Rohbau, umzäunt mit Stacheldraht, darin befanden sich viele Typhushäftlinge. Viele davon wurden von Auschwitz evakuiert. Drinnen gab es nur einen Steinboden und etwas Stroh; Sie krochen auf dem Boden herum. In der Mitte standen zwei niedrige Fässer. Ich ging in die Baracke hinein und legte mich beim Fenster nieder. Von diesem Fenster aus konnte ich einen Teil des Jourhauses und den Appellplatz beobachten. Als ich den Befehl zum Antreten hörte, pochte mir schon das Herz, da ich wusste, was mir bevorstehen würde. Ich war gezeichnet. Am Rücken meiner Jacke trug ich eine schwarze Scheibe, sie bedeutete: Rückkehr unerwünscht. Mit Spannung erwartete ich den Abmarschpfiff. Ich hatte Glück gehabt. Die SS hatte Hunderte aus dem Lager entsandt. Ich erfuhr später, dass Luftwaffenhelfer schon kurz nach der Abfahrt den Häftlingen Gelegenheit zur Flucht gaben. Es war bereits dunkel. Ein anderer Häftling erzählte mir, dass andere Kommandos in Massengräber hineingeschossen wurden. Ein anderer sagte mir, dass er bis in die Bayrischen Alpen gekommen sei, und dort wollten auch schon einige SSler abhauen, was die Chance zur Flucht war.

Nach der Befreiung fand ich einen Plan, auf dem der Weg eingezeichnet war, den die Häftlinge gehen sollten. Er ging von Dachau-Allach bis nach Telfs in Tirol und endete irgendwo im Waldgelände mit einem Strich, der mit einem Haken ganz dünn auslief, ohne irgendein Ziel oder sonst irgendetwas. Es war ein Todesmarsch, auf dem die Häftlinge liquidiert wurden, die die SS extra ausgesucht hatte.

Nach den Abmarsch vieler Häftlinge wurde in den halbleeren Baracken eine Umschichtung durchgeführt. Bei dieser Umschichtung wurden die stärkeren Häftlinge ausgesucht und in der Nähe des Jourhauses in die Blocks gelegt, von wo aus man rasch den Stacheldraht überqueren konnte. Als die Dunkelheit eingebrochen war, sagte mir der Lagerführer dieses Blocks, dass ich zusammen mit einem anderen Häftling rausgehen sollte, um Wache zu halten, damit uns die SS nicht überraschen konnte. Wir hatten schon vorher in den BMW Zangen besorgt und sie mit Gummischläuchen überzogen, damit wir im Notfall damit den Stacheldraht abzwicken konnten. Wir patrouillierten von Block zu Block bis auf die andere Seite des Lagers und sahen, dass auf der Seite Richtung München ein SSler am Wachturm stand. Im selben Moment donnerte es, nicht weit weg von uns, wahrscheinlich in Augsburg, und man hörte die Kanonen. Ich sagte zu dem SSler: „Hörst du die Kanonen? Auf was wartest du noch? Hau her das Gewehr und schau, dass du verschwindest!"

Er begann mir zu erzählen, dass er zur SS eingezogen worden sei und dass er nichts dafür könne für das, was alles passiert ist. Nach kurzer Zeit kam er über die Leiter herunter vom Wachturm. Er hat zwar das Gewehr nicht weggeworfen, aber er ist über das Feld hinaus weggelaufen, Richtung München.

Kurze Zeit später bemerkte der Posten beim Frauenlager, dass auf dieser Seite kein Posten mehr war. Er stieg auch von seinem Turm herunter, und es hat sicher nicht sehr lange gedauert, bis das ganze Lager ohne Posten war. Dann näherten wir uns vorsichtig dem Jourhaus. Wir sahen durch die Fenster, dass niemand drinnen war. Dennoch blieben wir vorsichtig. Aber es rührte sich auch in der gegenüberliegenden Baracke nichts.

Ich ging ins Schurhaus hinein und schaltete den elektrisch geladene Stacheldraht aus. Bei dieser Gelegenheit habe ich zwei Handgranaten gefunden. Mit diesen zwei Handgranaten sprang ich hinaus und schrie: „Frei! Frei! Frei!" Ich weiß nicht, was für ein glückliches Gefühl ich in diesem Moment hatte, aber im selben Moment wussten wir, dass wir uns jetzt selber verteidigen müssen. Es waren noch einige andere neben mir dort, zu denen ich sagte: „Schwärmt aus, durchsucht die SS-Baracken, bringt alle Waffen und Munitionen, die ihr findet, hierher!" Dann haben wir die Patronen sortiert, damit jedes Gewehr die richtige Munition erhielt und stellten sie beim Bunker auf.

Ich erfuhr auch, dass diese Befreiungsaktion auch ein SS-Führer mitgemacht hat, der schon aufgefallen war, da er schon vorher, wenn er Dienst hatte, an Sonntagen keinen Appell mehr durchgeführt hat. Er pflegte auch Kontakte mit einem politischen Häftling, mit einem ehemaligen deutschen Gesandten in Spanien.

Ich selber habe oft mit ihm an Beratungen teilgenommen, und ich nehme an, dass er sich von diesem Häftling die Häftlingskleider genommen hatte und sich im Lager aufhielt.

Nach dem Krieg wurde er von einem Amerikaner ins Lager gebracht. Er musste sich vor allen präsentieren, und die Häftlinge wurden gefragt, ob sie gegen den irgendetwas Nachteiliges sagen könnten. Da niemand etwas sagen konnte, wurde er von entlassen.

Während der Kämpfe sind die Amerikaner vorgedrungen und haben diesen Stacheldraht zerschossen. Bei dieser Gelegenheit hat auch eine Flakbatterie einen Volltreffer bekommen, und ich erinnere mich noch, wie diese Soldaten davongelaufen sind. Ein zweiter und ein dritter Schuss ging dann noch ins Frauenlager, mitten in eine Versammlung und es wurden einige Frauen getötet.

Daraufhin stürzten die Frauen heraus, und wir kommandierten, dass sie sich ausbreiten und in Deckung gehen sollen, denn wir wollten verhindern, dass sie über die Lagerumzäunung überqueren und dadurch die zurückkehrende SS ein Massaker veranstalten könnte.

Die Lagerleitung stellte Häftlinge auf die Posten und Türme, mit einem Militärmantel bekleidet oder mit einem Luftwaffenmantel. So erwarteten wir den nächsten Tag. Während der Nacht haben griechische und russische Genossen eine Patrouille veranstaltet in Richtung BMW-Kantine. Dort hatten deutsche Soldaten übernachtet. Sie hatten ein schweres Maschinengewehr, einige Munition und Gewehre. Dieses Maschinengewehr wurde beim Bunker aufgestellt und mit einer Decke zugedeckt. Es wurde schussbereit gemacht, und die Häftlinge, die es bedienen sollten, waren alle eingeteilt. Die Mannschaft war im SS-Bunker versammelt.

Nach einigen Stunden begann der Rückzug der deutschen Armee über Dachau, Allach und München. Die ganzen Felder waren voll Schwarmlinien deutscher Soldaten. Da wir nicht direkt an der Straße lagen, fuhren die Panzer in einem respektvollen Abstand an uns vorbei. Sie schwenkten ihre Türme gegen das Lager, doch als sie sahen, dass die Posten oben waren, fuhren sie weiter. Während eines Gefechts am Vormittag verirrten sich einzelne SSler in unser Lager. Als der erste in unsere Ecke kam, haben ein Genosse und ich ihm das Gewehr weggenommen und haben ihn – er war ganz durcheinander – im SS-Bunker eingesperrt. Vielleicht eine halbe Stunde später ist wieder einer aus derselben Richtung hereingekommen. Ihm passierte dasselbe.

Um elf Uhr kamen die ersten Panzer der Amerikaner zu uns ins Lager. Auf den Panzern standen Häftlinge aus dem Lager in Dachau mit einer Fahne. Die Amerikaner suchten SSler. Es gab dort einige Häftlinge, die kurz vor dem Kriegsende von der SS eingekleidet und in eine Strafkompanie gesteckt worden waren. Sie konnten nirgends beweisen konnten, keine SSler zu sein, und so strömten sie in unser Lager, um sich zu legitimieren, dass sie keine SSler waren.

Die Amerikaner sahen ihre Uniformen und schon waren die Pistolen auf sie gerichtet. Im letzten Moment konnte ich ihnen die Pistolen hinunterdrücken und erklären, dass es sich um KZ-Häftlinge handelte. Später übergaben wir ihnen die Schlüssel. Sie holten die SSler aus dem Bunker und schossen sie direkt von der Stiege aus in das danebenliegende Massengrab.

Die Amerikaner hatten zuvor auf dem Bahnhof in Allach einen Transport entdeckt mit Frauen in einem Kohlenwaggon, die alle verhungert waren. Dieser Anblick hatte die Soldaten so scharf gemacht, dass ihnen die Maschinenpistolen locker saßen.

Es gingen viele Gerüchte herum, dass der Krieg im Osten weiterginge oder dass die Kommunisten nicht entlassen würden. Diese Gelegenheit nützten wir sofort, um einen Passierschein zu bekommen, den wir selber fälschten, und dann gingen wir zu dem Gärtner, bei dem wir früher die Lebensmittel abgeholt hatten. Die Frau Grach gab uns dort drei Pistolen, eine für den Österreicher, eine für den Deutschen und eine für den Tschechen.

Mit diesen Waffen kehrten wir zurück ins Lager. Wir waren auf jeden Fall gesichert, falls etwas passieren sollte. Wir suchten in der Gegend nach SS-Leuten und gingen nach Dachau, konnten sie aber nicht antreffen. Später versuchten wir, mit einem Auto in die Heimat zu gelangen. Ein Häftling wusste einen versteckten Wagen eines SS-Kommandanten. Leider war er nicht mehr anzutreffen.

Auf dem Rückweg von dort nach Allach musste ich mich schon alle paar hundert Meter niedersetzen. Ich hatte so derartige Kopfschmerzen und ich ging im Lager sofort zu einem amerikanischen Arzt. Dieser stellte fest, dass ich Flecktyphus hatte. Sie behandelten mich dort ein bis zwei Wochen, und als das Lager evakuiert werden sollte, wurde ich mit einem Krankenwagen nach Dachau überstellt.

Im Bereich des Krematoriums war ein Extralager. Dort fanden wir Bedingungen vor, wie es in normalen Konzentrationslagern war. Es gab drinnen einige Wehrmachtsärzte, die das Lager ebenfalls nicht verlassen durften und von den Amerikanern beauftragt wurden, uns gesund zu pflegen. Erst nach unserer Gesundung würden sie entlassen. Ich weiß noch, dass ich dort hohes Fieber hatte und Schüttelfrost, dass ich hinaus in die Latrine gewankt bin und das Hemd ausgewunden habe, dass das Wasser heraustropfte. Dann ging ich wieder mit dem nassen Hemd zurück ins Bett.

So vegetierte ich dahin. Das Fieber ging hinauf und hinunter, und es schien kein Ende mehr zu haben. Ich konnte nichts mehr essen. Ich hatte keinen Appetit, und ich wollte auch nichts mehr essen.

Ein deutscher Wehrmachtsarzt setzte sich an meinen Bettrand und sagte immer wieder: „Freund, wenn d nicht isst, siehst du deine Mutter nicht mehr!" Eindringlich und immer wieder redete er mir zu, ich solle essen. Ich verstehe das heute nicht, aber ich konnte einfach nichts essen. Ich würgte, so gut es ging, Nahrung hinunter, und nach und nach wurde das Fieber weniger. So überstand ich den Typhus. Ich war noch nicht ganz gesund, aber nach einigen Kontrolluntersuchungen wurde ich auf einem Krankentransport nach Salzburg und später nach Linz geschickt.

Ich stellte mich dann sofort unserer Partei (der KPÖ) zur Verfügung.

Der hier vorliegende Text ist ein Ausschnitt eines langen Berichtes von Erwin Steyrer über seinen Weg nach Spanien zur Internationalen Brigade, über seine Internierung in einem Lager in Frankreich und die Flucht aus diesem, über seine Begebenheiten auf dem Weg nach Linz ins Gefängnis und von dort ins KZ Flossenburg – bis zu seiner Befreiung.

Hans Grafl
Der Sprung ins Ungewisse

Grafl Josef-Hans (Josef Green) aus einem Gespräch (Tonbandaufnahmen aus 1976/1977)

Josef-Hans Grafl, geboren am 14. Oktober 1921 in Schattendorf im Burgenland. Vater Grafl Johann, gestorben 1958, Mutter Elisabeth, geborene Graner, gestorben 1941. Sie waren zusammen neun Geschwister. Hans Grafl besuchte die Volksschule und die Bürgerschule. Dann erlernte er das Maurerhandwerk. Schon als Kind war er in der sozialdemokratischen Kinderorganisation „Kinderfreunde", dann kurze Zeit in der Jugendorganisation SAJ. In der Verbotszeit nach dem 12. Februar 1934 wurde er Mitglied der verbotenen Kommunistischen Partei Österreichs und betätigte sich illegal. 1937 war er drei Monate lang im Anhaltelager Wöllersdorf interniert.

Nach dem Einmarsch der deutschen Truppen und der Eingliederung Österreichs in das Deutsche Reich wurde er als wehrunwürdig erklärt, aber am 17. Oktober 1940 doch zur deutschen Wehrmacht eingezogen. Er kam nach Stralsund in Norddeutschland in eine Funkerschule, dann zur ersten Nachrichtenkompanie, von dort nach Rumänien. Dort war er bei einer Nachrichtenstelle. Nach dem Einmarsch der deutschen Truppen in die Sowjetunion 1941 kam er in das Gebiet von Perekop.

Er setzte sich von der deutschen Wehrmacht ab, ging vorerst zu den russischen und später zu den ukrainischen Partisanen. Durch die verschärften Einsätze der SS in der deutschen Wehrmacht war er auf der Flucht durch Rumänien, Bulgarien.

Dort wurde er bei einer Razzia der Deutschen Wehrmacht in der Nähe von Varna gefangengenommen und in einem improvisierten Gefängnis festgehalten. Das war im Oktober 1942. Ihm wurde eröffnet, dass er wegen Fahnenflucht und Zersetzung der Wehrmacht vor das Militärgericht gestellt wird und dass er mit der Todesstrafe zu rechnen habe.

Er brach mit Hilfe von bulgarischen Partisanen aus, und von diesen wurde er in einem 24-Tagemarsch nach Florina in Griechenland gebracht. Nachdem er dort von den griechischen Partisanen übernommen worden war, ging es in einem 18-tägigen Nachtmarsch durch ein sehr bewegtes und dorniges Gebiet. Dann wurde er in die Nähe von Athen gebracht. Er kam durch viele Dörfer, die niedergebrannt und menschenleer waren. Das war seine „Griechenlandreise".

Im Gebiet von Piräus war er mit den griechischen Partisanen im Einsatz. Sein illegaler Name war „Odysseus". Ende Dezember 1942 wurde die Verbindung zu den Engländern hergestellt. Diese brachten ihn mit einem U-Boot in einer 20-stündigen Fahrt nach Alexandria in Ägypten. Von dort ging es nach Kairo, wo er zur „Austrian Legion" geworben wurde. Sie wurden gefragt, ob sie bereit wären, für Österreich und für die österreichische Freiheit zu kämpfen. Dann wurden sie in englische Uniformen eingekleidet, mit rotweißrotem Bändchen.

Er wurde durch einen ‚Schnellsiedekurs' – wie er sich selber ausdrückte – zum Flieger ausgebildet. Er war im Einsatz im Mittelmeer, wurde abgeschossen und landete in einem Wüstengebiet, wo er von den Engländern aufgefunden und zu seinem Standort gebracht wurde. Nach einiger Zeit wurde seine Staffel aufgelöst. Ihm wurde das Angebot gemacht, dem „Action-Service", einer Kampftruppe, die im Hinterland eines Feindes eingesetzt wurde, beizutreten, was er auch tat.

Er hat 33 Einsätze geflogen, in vielen Ländern der Welt, wo er jeweils im Hinterland ins Ungewisse abgesprungen ist. Bei jedem dieser Sprünge hat er sich die Frage gestellt:

Was erwartet mich unten, wenn ich dort lande? Die Kugel? Die schreckliche Gefangenschaft und die damit verbundenen Grausamkeiten? Das Todesurteil? Oder ein zerschlagener Körper. In diesem Fall hätte es für ihn nichts anderes gegeben – vorausgesetzt, er hätte noch die Kraft dazu besessen – als mit einer Kugel sein Leben zu beenden.

Bei dieser kurzen Zusammenfassung ist hier nicht vorgesehen, über die von Josef Grafl durchgeführten dreiunddreißig Sprünge im Hinterland des Feindes zu berichten. Vielleicht ist er einmal bereit, über seine Erlebnisse bei seinen Absprüngen zu berichten. Hier wird über seinen 34. und letzten Absprung in seiner Heimat berichtet, die noch von der bereits geschlagenen Hitlerarmee und der nationalsozialistischen Gewaltherrschaft besetzt war.

Dieser Flug vollzog sich während eines gewaltigen Sturms und in großer Höhe, das heißt, bei irregulären Verhältnissen, die einfach ein Wahnsinn waren. Josef Grafl berichtet über seinen Einsatz in Österreich, im Ausseerland, über seinen Fallschirmabsprung mit Gaiswinkler und seinen Kameraden im Höllengebirge:

„Ich habe meine Einsätze, für die ich mich verpflichtet hatte, schon hinter mir gehabt und war schon vom aktiven Einsatz herausgezogen worden. Da sind wir nach Süditalien herauf gekommen und haben Österreicher, die sich freiwillig gemeldet haben, zu einem Funktrupp ausgebildet. Man hat sich die Leute aussuchen können, mit denen man geht oder man konnte mit ihnen vorher vier Wochen zusammenleben, um zu entscheiden, ob einer mitgeht oder nicht. In unserem Fall, das heißt bei meinem letzten Einsatz, war das so. Die Gruppe Gaiswinkler[1] hatte in England die Ausbildung gemacht und ist dann nach Süditalien gekommen, hat aber den Funker verloren, der hat sich bei der Ausbildung verletzt. Sie haben einen Funker gebraucht. Da haben wir dann zwei ausgesucht und sie vorgestellt. Sie waren in der Funkerei noch nicht sehr tüchtig, sie waren patriotisch ein-

---

1) Gaiswinkler, Albrecht, geboren am 29. 10. 1905 in Bad Aussee. Nach Besuch der Volks- und der Bürgerschule war er zuerst als Straßenarbeiter, danach bei der Auseer Gebietskrankenkasse beschäftigt. Schon als Jugendlicher war er Mitglied der SAJ. Später übte er in der Sozialdemokratischen Partei die Funktion eines Schriftführers aus. Beim Schutzbund war er Kompaniekommandant. Nach dem Verbot der Partei und des Schutzbundes im Februar 1934 wird er politisch verfolgt und verbringt acht Monate im Gefängnis in Leoben. Später wird er Bezirksorganisator der Revolutionären Sozialisten, eine kurze Zeit war er auch Mitglied der Kommunistischen Partei. Nach 1945 Bürgermeister von Altaussee und Nationalratsabgeordneter. Gestorben 11. 5. 1979.

wandfreie Österreicher, aber politisch nicht ganz nach dem Geschmack von Gaiswinkler. Der hatte damals eine politische Richtung gezeigt, in Italien, unter den Engländern ist er als Kommunist aufgetreten. Aber auf jeden Fall haben die beiden nicht entsprochen, und dann ist der Kapitän an mich herangetreten, ob ich den Einsatz machen will. Ich habe gesagt, gut ist's, so komme ich schneller heim. Das war mein Ziel. So habe ich gesagt, ich gehe mit. Ausnahmsweise, das ist mein letzter Einsatz. Der Krieg ist schon am Ende. Es war ja schon Ende 1944, beziehungsweise Anfang 1945, als ich mit diesen zusammengetroffen bin.

Dann sind wir von der Schule weg und ich habe mit ihnen ungefähr vier bis sechs Wochen zusammengelebt, bis der Einsatz geklappt hat. Wir hätten vorher schon eingesetzt werden sollen. Bedingt durch die schlechte Witterung haben wir aber wieder zurückfliegen müssen. Das erste Mal waren wir auf dem Flug Anfang März und wir mussten wegen dem schlechten Wetter umkehren. Das zweite Mal sind mir wirklich abgesprungen. Das war am 8. April, als wir dann tatsächlich unter komischen und schwierigen Bedingungen abgesprungen sind. Bei der Gruppe waren der Gaiswinkler Albrecht, Kart Licca, Standhartinger Karl und ich.

Der Licca und der Standhartinger leben heute in Wien. Sie haben beim Widerstandskampf bis zur endgültigen Befreiung mitgemacht und haben sich eine passende Arbeit gesucht oder suchen müssen, weit da nichts zu haben und drinnen war. Der eine war Dreher, der andere war auch Metallarbeiter.

Mit Material, das für den Einsatz notwendig war, hat man uns hundertprozentig ausgerüstet, einen politischen Auftrag, haben wir nicht gehabt, weil das doch im Sinne der Engländer und des Krieges geschehen ist. Die haben nur ein Interesse gehabt, die Nazis zu besiegen. Die politischen Richtungen, die wir gehabt haben, haben ihnen bestimmt nicht ganz gefallen. Unser Einsatz bestand aber nicht darin, die Widerstandsgruppe, die im Ausseerland bereits bestand, zu stärken und zu führen.

Das eigentliche Ziel unseres Einsatzes war die Gefangennahme von Goebbels. Aber da sich unser Einsatz um vier Wochen verzögert hatte, ist der Goebbels nicht mehr da gewesen. Er hatte in der Roth-Villa drinnen gewohnt und als wir hergekommen sind, war er nicht mehr da. Die Engländer haben gewusst, dass er in der ehemaligen Judenvilla Roth wohnt. Unser Auftrag hat geheißen, Goebbels gefangen zu nehmen und ihn bis zum Kriegsende festzuhalten, oder ihn in irgend einer Weise den Alliierten in die Hände zu spielen.

Wie der Gaiswinkler zu den Engländern gekommen ist, kann ich nur nach dem erzählen, wie er es mir erzählt hat. Ich habe ihn in Italien getroffen, wie sie ohne Funker zum Einsatz gekommen sind, den Funker habe ich dann ersetzt. Angeblich ist der Gaiswinkler mit einem Munitions- oder Verpflegungszug übergelaufen, von dort aus dem Gefangenenlager nach England. In Manchester, entweder war er dort freiwillig oder ist ausgewählt worden, ist er dann in ein Ausbildungslager vom „Action Service" gekommen und schon vorbereitet worden für den Einsatz in Österreich. Und da sind sie Ende Februar oder Anfang März nach Italien gekommen, ohne Funker, den ich ersetzt habe. So ist diese Gruppe entstanden und so bin ich mit der Gruppe mitgesprungen.

Wir sollten am Zinken bei Bad Aussee abspringen. Der Licca Karl, der auch nicht gefangen worden ist, ist in Frankreich zu den Partisanen übergegangen und dann von den Engländern angeworben worden.

Wie wir das zweite Mal gestartet sind, zum zweiten Einsatz, da war schon gemeldet, dass sehr schlechte Witterungsverhältnisse sind. Es hat Wind gegeben und es war bewölkt. Am Flugplatz von Brindisi habe ich noch mit dem Piloten gesprochen, habe ihn aufmerksam gemacht und gefragt, ob das überhaupt geht. Er sagte, es geht ohne weiteres. Dieser Pilot hat mehr Angst gehabt als Vaterlandsliebe und sehr wenig Kenntnisse, wie man Fallschirmspringer absetzt. Er hat uns vollkommen unrichtig und unorientiert abgeschmissen. Der Einsatzbefehl ist wohl von einem Offizier gekommen, der genau wusste, was er tat. Aber der Pilot hat seine Position nicht genau gewusst. Die Wolken waren sehr tief.

Der Pilot ist nicht auf dreihundert Meter oder noch weiter herunter, wie es sein sollte, er ist über dreitausend Meter geflogen.

Er hat auch die Geschwindigkeit zum Absetzen sehr hoch gehabt, dadurch hat es uns sehr weit auseinandergetrieben. Und zweitens hat er gar nicht wissen können, sind wir über dem Feuerkogel oder über dem Zinken oder irgendwo im Höllengebirge. Er hat uns abgeschmissen, und zufälligerweise sind wir, statt auf dem Zinken, auf dem Feuerkogel im Höllengebirge gelandet. Was vielleicht ein Glück war. Am Feuerkogel war eine Flak und Funkstelle oben. Wenn die Leute damals so anhänglich wie 1938 gewesen wären, dann hätten wir wahrscheinlich einen schwierigeren Stand gehabt, als wir es erlebt haben.

Einige Zeit nach dem Absprung habe ich als ersten Karl Standhartinger getroffen, der mit uns abgesprungen ist. Die Schwierigkeiten sind dadurch aufgetreten, dass die erste Gruppe zu spät gesprungen ist. Dadurch, dass wir normal gesprungen sind, sind wir 500 bis 700 Meter auseinander gelandet. Wir sind etwa 500 bis 700 Meter Luftlinie von der Riederhütte entfernt abgesprungen. In der Nacht habe ich den Standhartinger getroffen, und wir sind dort gesessen bis in der Früh, bis es hell geworden ist.

Dann haben wir das Suchen nach unseren Sachen angefangen. In der Ferne haben wir die Fallschirme mit den Kanistern gesehen. Wir haben die Kanister auch geortet und mussten feststellen, dass wir zu den Materialien nicht dazukonnten. So haben wir beschlossen, sie einzugraben. Sie hatten so komische Verschlüsse, dass wir sie ohne Zangen oder andere Hilfsmitteln nicht öffnen konnten. Die „Kibags" (Fußbeutel), die wir an den Füßen hatten, waren zirka 40 bis 45 Kilo schwer. Abgerissen waren sie, weil uns der Pilot aus einer viel zu großen geschmissen hat. Dadurch sind wir 1.000 bis 1.500 Meter durchgefallen, bevor der Fallschirm aufgegangen ist. Und in dem Moment, als der Fallschirm aufgegangen ist, ist ein derartiger Widerstand entstanden, dass uns die Fußbeutel von den Füssen gerissen wurden und auch der Strick, der am Fallschirm gehangen ist, ist wie eine Bombe weggesaust.

Der Absprung war sehr dramatisch, weil er jeder Regel widersprochen hat, wie wir da herunter gekommen sind. Nachdem wir uns gefunden hatten, haben wir uns dort aufgehalten, bis wir unsere Geräte, die in der Weltgeschichte verstreut waren, gefunden hatten. Denn ohne diese wären wir wehrlos gewesen.

Das war in dem Moment, wo der Fallschirm aufgegangen ist. Da hatte es alles, was zerreißbar war, zerrissen. Ist weg gewesen. Das bestätigt, dass der Abwurf und der Absprung irregulär waren. Es war um drei Uhr früh, bedeckter Himmel, vollkommen finster, es war kein Mond, es waren keine Sterne. Natürlich kann man die Höhe nicht einschätzen bei Schnee. Man glaubt, es ist ein Abgrund und in Wirklichkeit ist es nur der Schatten vom dunkleren Tal, wo man nicht hineinspringen will, aber sollte. Ich war nicht sehr schwer, aber ich bin fast fünf Minuten in der Luft gehangen bei diesem Absprung mit dem Schirm. Ansonsten, normalerweise ist man in einer Minute herunten. Die Landung war sehr hart, weil es uns in den Schnee hineingesteckt hat. Bis zum Hals bin ich drinnen gesteckt, da der Sack weggefallen ist. Das wäre der Höhenmesser gewesen, weil er sechs Meter früher angekommen wäre und damit hätte man gewusst, wo der Boden ist.

Dieser Flug war ein Wahnsinn. Nach unserer Landung haben wir uns so gut wir konnten getarnt und haben den Tag abgewartet. Den einen, der mit mir abgesprungen ist, habe ich nach etwa 15 Minuten gefunden. Er hat sich durch Laute bemerkbar gemacht. Die anderen zwei haben wir am nächsten Tag um 10 Uhr vormittags getroffen, weil sie etwa 500 bis 700 Meter von uns entfernt gelandet sind. Standhartinger und ich haben beschlossen, dass wir die Kanister in den Schnee eingraben. Dann bin ich hinauf und habe gesehen, dass der Standhartinger nicht mehr da war. Ich war momentan der Auffassung, er wollte sich absetzen oder so ähnlich, und bin ihnen nach. Der Mann, mit dem er sich getroffen hat, war Gaiswinkler. Der war schon auf Schiern, die er sich in der naheliegenden Riederhütte organisiert hatte.

Wir waren dann in die Hütte hinüber und haben uns kurze Zeit erholt. Zu unserem Erstaunen ist vor der Hütte ein Flak-Soldat gesessen in der Sonne gesessen. Ich glaube, der hat genau gewusst, was wir sind. Aber zu dieser Zeit waren sie nicht mehr so begeistert oder schon deprimiert, so dass er sich nicht mehr strapaziert hat. In der Nähe der Riederhütte waren eine Flakstellung und eine Funkstelle. Die Hüttenwirtin wie auch der Träger waren große Nazis. Sie sollen sogar nazistisch organisiert gewesen sein, aber trotz alledem haben sie gewusst, dass es fünf vor zwölf ist und haben gute Miene zum bösen Spiel gemacht.

Wir haben in der Rieder Hütte zwei Nächte verbracht, weil wir das wichtigste nicht gefunden haben. Wir haben wohl die Säcke mit den Waffen gefunden, aber das Funkgerät war weg, und vor allem hat das Geld gefehlt. Die wichtigsten Sachen, die wir gebraucht hätten, waren nicht dabei. Wir haben ein bisschen Gold mitgehabt und Geld, Mark und Dollar, und Lebensmittelmarken, die man im Feindesland braucht, um existieren zu können.

Wir hatten schon aufgegeben, dann haben wir im allerletzten Moment doch alles gefunden. Ich hatte gesagt, ich gehe nicht hinunter, bis wir das nicht gefunden haben, und ich weiß, es liegt dort drüben. Der Gaiswinkler und ich haben einen Umweg gemacht und sind auf diesem Umweg auf einen Sack gestoßen, an dem wir vor zwei Tagen in einer Entfernung von zwei Metern vorbeigegangen sind.

Natürlich haben wir sofort herausgenommen, was wir brauchten, und dann haben wir uns auf den Weg gemacht. Was abgeworfen worden ist, haben wir fast alles gefunden. Aber da wir schon gewusst haben, dass das Gebiet umstellt war, haben wir natürlich Verschiedenes zurückgelassen, weil es viel zu schwer war. Wir haben Verpflegung, Waffen und Munition für ungefähr zwei Monate mitgehabt. Es waren doch 12 Kanister, jeder mit vier Meter Länge und einem Durchmesser von 60 bis 70 Zentimetern, die komplett voll waren, von Schi angefangen bis zu Munition und Sprengstoff. Die Schier, das heißt den Kanister, in dem sie drinnen waren, haben wir nicht gefunden. Ob er jemals gefunden worden ist, weiß ich nicht. Auf jeden Fall ist sonst alles, was da abgeworfen worden ist und was wir zurücklassen mussten, gefunden worden. Auch die Funkgeräte, die wir in der Hütte untergestellt haben. Ich muss schon sagen, die Hüttenwirtin und der Träger waren so schlau und haben das aufbewahrt und haben uns das zweite Funkgerät nach Kriegsende dann ausgehändigt. Eines haben wir mitgenommen, das zweite haben wir oben gelassen. Dann sind wir überraschend zwischen 9 und 10 Uhr vormittags von der Rieder Hütte abgegangen. Auf keinem Weg, sondern – wie es mir schien – auf Lawinenhängen, auf denen wir hinuntergerutscht sind.

Es wird etwa 4 Uhr nachmittags gewesen sein, als wir bei einem Bauernhof vorbeikamen. Wir haben uns gesagt, da gehen wir hinein, um Wasser zu trinken. Im Hof ist einer gestanden, der ein großes Parteiabzeichen aufgesteckt hatte. Die haben auch schon gesprochen, dass englische Fallschirmspringer in der Gegend herumsausen sollen. Wir haben unser Wasser getrunken und sind wieder gegangen. Ich war in einer Gebirgsjägeruniform. Das ist weniger aufgefallen, die Uniform war der damaligen Zeit entsprechend. Die anderen drei waren in Zivil, sie waren ‚Reichsbahnbeamte auf Urlaub', und sie haben auch Ausweise für diesen Scherz gehabt.

Dann sind wir zur Bahnhaltestelle Steinkogl, da haben wir uns Karten nach Wien gelöst, denn wir konnten doch nicht sagen, wo wir hin wollten. Und der hat gesagt, nach Wien gibt es keine Karten mehr, das ist schon Frontgebiet. Dann haben wir gesagt, er soll uns Karten geben, so weit es noch geht. Wie weit wir die Karten bekommen haben, weiß ich heute nicht mehr. Auf jeden Fall ist der Zug, der um 20 Uhr abfahren sollte, erst um 22 oder 23 Uhr gekommen. Während dieser Zeit sind wir spazieren gegangen, der Standhartinger und ich. Da ist auch einer gestanden, ein Reichsdeutscher, der hat einem Mädl erzählt, dass er eine Pistole bei sich trägt. Die hat ihn gefragt, warum er eine Pistole hat, und wen er , um Gottes Willen, denn erschießen wolle. Er: Naja, weißt du, da sind englische Fallschirmspringer abgesprungen, die werden wir heute Nacht fangen. Das ganze Gebiet ist umstellt. Wir sind etwa einen halben Meter daneben gestanden und haben mitgehört, wie er das erzählt hat.

Um 23 Uhr ist endlich der Zug gekommen. Wir sind verteilt eingestiegen. In dem Abteil waren SSler und Frauen, die hamstern waren. Ein SSler hat sich aufgeregt und mit uns angelegt. Wir haben einen Streit begonnen. Auf jeden Fall hat der ganze Waggon zu uns gehalten. Die haben natürlich nicht gewusst, woher wir kommen. Aber sie haben zu uns gehalten, und der SS-Mann ist ruhig geworden. Während der Fahrt ist keine Kontrolle gekommen, nicht einmal der Schaffner.

In Aussee sind wir ausgestiegen. Der Gaiswinkler ist vorher abgesprungen und wir sind beim Bahnhof hinaus und sind zum vereinbarten Treffpunkt. Keiner von uns drei war vorher jemals in Aussee. So sind wir losmarschiert, dass wir wieder zusammenkommen. Wir sind in die Kurve der Bahnhofstraße gegangen. Dort hat uns eine Streife, ein Infanterist und zwei Zivilisten, wahrscheinlich waren sie vom Volkssturm, angehalten. Sie wollten unsere Ausweispapiere sehen. Die waren aber nicht recht in Ordnung. Wir haben uns gesagt: entweder – oder. Sie werden kein Papier von uns sehen, oder sie lassen uns gehen. Und sie haben uns gehen lassen. Später sind wir daraufgekommen, dass diese zwei Zivilisten Widerstandskämpfer gewesen waren, die mit den Militaristen mitgehen mussten. Einen weiß ich noch, das war der Weber Hans. Wie der Infanterist gesehen hat, dass wir in die Taschen greifen, hat er gesagt: Geht weiter!

Wir sollten uns bei einem bestimmten Haus treffen. Die haben aber nicht mehr dort gewohnt, es waren Reichsdeutsche drinnen. Es war das Wohnhaus von Moser Hans und Elsa. Hans war bereits tot, und Elsa war noch im Gefängnis. Da sind wir weitergewandert. Dann haben wir es wieder versucht bei einem Bauern, der ungefähr die gleiche politische Richtung gehabt hatte wie wir, der hat sich aber nicht getraut. Dann sind wir wieder weitergezogen, bis es fast grau geworden ist, das heißt, der Morgen ist schon gekommen. Da haben wir nicht mehr gewusst, wohin. Da hat uns der Gaiswinkler zu seinem Vaterhaus gebracht. Wir haben uns mit ihm am vereinbarten Einsatzpunkt getroffen und die Nacht im Haus seines Vaters verbracht. Am nächsten Tag wurde dann ein passendes Quartier gefunden, wo wir halbwegs sicher sein konnten.

Der Auftrag war die Gefangennahme von Goebbels, der in der Roth-Villa sein sollte. Durch die Ereignisse, die sich damals überschlagen haben und durch die Verspätung unseres Einsatzes ist der Goebbels nicht mehr da gewesen. Das haben wir leicht in Erfahrung bringen können. Denn jeder, den wir gefragt haben, hat gewusst, dass er nicht mehr da ist. Die Widerstandsgruppen, die bestanden haben, die haben sich ja für diese Fragen interessiert.

Der Hauptauftrag war faktisch erledigt, weil er eben nicht mehr da war. Den Engländern konnten wir nicht bekannt geben, dass unser Absprung geglückt ist. Zum Funkgerät, das wir mitgenommen haben, haben wir nicht die richtigen Kristalle gehabt, sodass wir die Wellen, die wir anfunken hätten sollen, gar nicht anfunken konnten. Das war ein Spionagegerät, das sich nicht abstimmen lässt und nur mit Kristallen abgestimmt wird. Sollte das nicht funktionieren, war eine zweite Möglichkeit vorgesehen, dass wir auf einem Berg gewisse Buchstaben auslegen, damit der Auftraggeber, der Engländer, weiß, was mit uns los ist und was wir brauchen. Wir haben das gemacht, es hat aber nicht geklappt. Es ist schon an die richtige Stelle gekommen, aber die Buchstaben sind falsch ausgelegt worden. Wir hätten auslegen sollen, die Gruppe ist gelandet, das war ein Buchstabe, und ein Funkgerät fehlt, das war ein anderer Buchstabe. Und der nächste Buchstabe hätte sein sollen, wo wir das Funkgerät erwarten. Aber ausgelegt wurde: Gruppe gelandet, Funker tot, sonst nichts. Dadurch haben wir nichts mehr bekommen. Ob aus Versehen oder mit Absicht, das lässt sich bis heute nicht mehr feststellen.

Mit denen, die hinaufgegangen sind, habe ich gesprochen. „Das ist uns aufgetragen worden, so wie dies aufgelegt worden ist". Ich habe x-mal versucht, mit ihnen zu sprechen, aber sie sagten immer, das sei ihnen aufgetragen worden, und der Gaiswinkler sagte, er habe ihnen das nicht aufgetragen. Ich kann doch nicht sagen, der Funker ist tot, wenn er lebt. Wo die Schuld lag oder ob eine Absicht dabei war, konnte man damals nicht mehr feststellen und heute schon gar nicht mehr.

Später, nach der Befreiung, hörten wir von der Hüttenwirtin und vom Träger, dass diese Flaksoldaten die vergrabenen Kanister gefunden haben. Darunter waren auch Urlaubsscheine, und sie haben sich sofort dieser bedient und sind damit in Urlaub gefahren."

Über die Tätigkeit der Fallschirmspringergruppe Gaiswinkler vom Eintreffen in Bad Aussee bis zur Befreiung und zum Zusammenbruch der Hitlerherrschaft berichtet Josef Grafl (aus Gesprächen, die auf Tonband aufgenommen wurden):

„Wie der Hauptauftrag, den wir hatten, nicht durchgeführt werden konnte, weil Goebbels nicht mehr da war, haben wir Verbindungen aufgenommen, die der Gaiswinkler noch gewusst hat. Und da haben wir festgestellt, dass Widerstandsgruppen bestehen. Weniger in Bad Aussee als in Bad Ischl drüben. Dann haben wir Kuriere losgeschickt, dass wir Verbindungen bekommen. Mit den Verbindungen, die seit unserem Hiersein hergestellt worden sind, haben wir uns dann zu einer Widerstandsgruppe zusammengeschlossen. Damit wir noch zum Schluss aktiv werden konnten.

Die Verbindung mit den Ischler Partisanen wurde einmal überraschend durch das Aufkreuzen des Führers Plieseis hergestellt. Die Verbindung in Bad Aussee hatte ja der Gaiswinkler gehabt, weil er dort ortsbekannt war. Von dort weg sind die Besprechungen gemeinsam geführt worden, es wurden die Aufgaben verteilt und zurechtgelegt. Es hat nicht immer richtig geklappt, weil doch eine gewisse Rivalität drinnen war. Wir waren die besser Ausgerüsteten, die anderen waren die örtlich besser Bewanderten.

Es sind noch Aktionen durchgeführt worden, wie die Rettung der Schätze im Salzberg in Altaussee. Weiters haben wir noch gewisse Festnahmen verhindert, denn man wollte uns noch verhaften oder entführen.

Im großen und ganzen ist der Kampf so organisiert worden: Die 6. Armee hätte da in der Alpenfestung den Endkampf führen sollen. Das war nicht mehr möglich. Wir haben Teile der 6. Armee, die durchgezogen sind, entwaffnet. Es war nicht schwierig, es war ja schon das Ende.

Wir haben in dieser Richtung große Sachen gemacht, dass die Bevölkerung keinen großen Schaden erlitten hat. Das ist der Widerstandsorganisation von Bad Aussee zugute zu schreiben. Es hat ja schon eine von den Ischlern organisierte Widerstandsbewegung bestanden. Dem Ende zu dürften es schon 350 bis 400 Personen, die sich aktiv eingesetzt haben, gewesen sein.

Am Anfang bestanden schon die Möglichkeit und die Gefahr, dass wir verraten würden. Die SS hat ja allerhand drangesetzt. Aber nachher, gegen Ende des Krieges, war die Gefahr schon sehr klein, weil viele sich einen rettenden Anker gesucht haben statt in ein solches Wespennest hineinzustoßen und dabei draufzugehen. Wir haben schon Verbindung gehabt mit der Polizei, vielmehr Gendarmerie, die haben uns die Waffen gebracht. Ein SS-Offizier, Höttl, hat uns sogar einen Sender gebracht, damit wir funken konnten. Der hat ja mit dem Gaiswinkler verhandelt.

Vor unserem Abflug haben die Engländer schon gesprochen, dass eine Österreichische Regierung gebildet wird, wenn der Krieg beendet ist, und dass Österreich wieder frei sein wird, wie es vor 1938 war. Eine Regierung, die einige gebildet haben wie der Neumann Josef, ehemaliger Sozialdemokratischer Landtagsabgeordneter, oder Dr. Kaltenbrunner und noch einige, ist wieder zerfallen oder gar nicht zum Wirken gekommen. Ihr Plan war, dass sie mit den Amerikanern und Engländern zusammenarbeiten und dann gemeinsam gegen die Russen gehen. Wir haben die Leute, die uns bekannt waren, wie den Neumann Josef, herausgezogen. Die anderen haben wir unter Druck gesetzt."

Wie die russischen Kriegsgefangenen in die Freiheitsbewegung eingeschaltet wurden:
„Uns ist gemeldet worden, dass drei Flieger- oder Flaksoldaten, das wussten wir nicht genau, mit ungefähr dreißig Kriegsgefangenen nach Westen ziehen. Da haben wir gesagt, sie sollen diese so heraufleiten, dass sie zu uns kommen. Gemeint war Eselsbach. Der Gaiswinkler ist da herausmarschiert in Zivil, mit einer SS-Mütze auf dem Kopf und hat sich bei der Flak-Mannschaft als SS-Kommandierender vorgestellt und befohlen, dass die Kriegsgefangenen bei uns oben untergebracht werden. Die Kriegsgefangenen waren ängstlich und haben geglaubt, sie werden erschossen, wie sie von der SS etwas gehört haben.

Wir haben sie in einem Heustadel kaserniert, in einem großen Schuppen. Wie wir zu diesem hinauf marschiert sind, seitlich neben ihnen, hat ein Russe schon gefragt, was ist das, SS? Und wir haben ihm gesagt, nix SS. Du bist guter Kommunist? Wir haben ihn aufgeklärt, worum es geht, und dass er mit seinen Kameraden sprechen soll. Er hat dann mit ihnen gesprochen und dieser hat uns die Antwort gegeben, dass sie zur Sache halten: Dann haben wir diese Russen bewaffnet. So sind sie auf dieser Tour in unsere Hände gefallen. Die Flaksoldaten, die die Aufsicht über sie hatten, glaubten, dass wir SSler seien, die sie da arretiert haben.

Später wollten wir den Sender, den die Nazis dort hatten und der später Rot-Weiß-Rot wurde, beschlagnahmen. Wir haben ihn auch später für unsere Dienste eingesetzt. Auf dem Weg dorthin hielt uns ein Leutnant auf und sagte zu uns, wir sollen zum General kommen. Der General war natürlich nicht anwesend. Da haben wir den Mann zu uns heraufgenommen, nach Eselsbach. Als der gesehen hat, wie die Freiheitsbewegung aussieht, wie viele Männer da herum waren, hat er gesagt, wenn er mit einer Kompanie heraufkommt, dann sind wir alle im Wald, zu Hause oder am Friedhof. Daraufhin habe ich ihm gesagt, lieber Kollege, schau dir einmal unsere Elite an und habe ihm die dreißig Russen gezeigt, die im Stadel gesessen sind und ihre Gewehre, die sie von uns bekommen haben, zu Pyramiden zusammengestellt. Da hat er hinuntergeschaut, um Gottes Willen, die wollt ihr auf uns loslassen? Sicherlich, wenn ihr heraufkommt nach Eselsbach, sind das die ersten, die dastehen. Die wissen genau, was ihr ihnen angetan habt. Dann klingelt es anders, aber im Busch! Dann sind sie aber nicht gekommen, sie haben dies erst gar nicht riskiert. Ich habe ihm gesagt, das ist unsere Elite, und diese überläuft ihr nicht!"

Josef Grafl berichtet vom Herbeiholen der amerikanischen Panzer zur Rettung der Kunstschätze im Salzbergwerk Altaussee (aus einer Tonbandaufnahme):
„Wie wir nach unserem Absprung nach Bad Aussee hergekommen sind, haben wir nach und nach erfahren, wie die Widerstandsgruppen funktionieren, wie sie arbeiten. Da haben wir erfahren dass im Salzberg Bilder und Schätze eingelagert sind. Sie haben uns gefragt, was soll da geschehen? Wer dann die Idee gehabt hat, den Stollen zu sprengen, weiß ich nicht. Ist das von den Bergleuten ausgegangen oder von anderer Seite? Auf jeden Fall ist der Stollen in Zusammenwirken mit der Widerstandsorganisation zugesprengt worden, um das Zugreifen der Nazi zu verhindern, damit diese weder sprengen noch die Schätze im letzten Moment abtransportieren konnten. Die LKW waren ja schon hier. Wir hatten Kuriere zu den Amerikanern gesendet.
Die beiden, Köberl in der Uniform eines deutschen Leutnants,

und Franz Fleischacker in der Uniform eines Hauptmanns, haben den Auftrag von unserem Hauptquartier bekommen. Sie mussten zu den Amerikanern fahren, um die Amerikaner zum Schutz des Salzberges, das heißt der Kunstschätze, herzubringen. Die Amerikaner haben einen Panzer und einen Jeep entsandt. Im ganzen Salzkammergut bis zum Pötschen hinauf ist die deutsche Wehrmacht gestanden. Es war die 6. Armee, die den Pötschenpass besetzt hatte. Wie schon gesagt, der Jeep und der Panzer sind einfach von Ebensee herauf, Bad Ischl, Goisern durchgefahren. Die deutsche Wehrmacht ist auf den Straßen gestanden und haben diese belagert. Bis herüber nach Altaussee, zum Salzberg, zum Stollen sind die Amerikaner gekommen und haben sich vor dem Stolleneingang gestellt, um so ein Eindringen eines Sprengkommandos zu verhindern, damit alles gesichert wurde. Die Front war ein schönes Stück weg und der Panzer mit dem Jeep ist durchgebrochen. Dies war der Beitrag, dass den Kunstschätzen nichts passiert ist. Das war natürlich einer der Hauptanteile der Widerstandsbewegung der Bergarbeiter von Altaussee, dass damals der Stollen zugesprengt wurde."

Wie wir den Köberl für einen General ausgetauscht haben:
„Das war so: Der Köberl ist nicht als Parlamentär zur SS gefahren, sondern zu den Amerikanern. Das ist nicht der Bauer und Viehhändler, das ist jener, der zu dieser Zeit als Leutnant in deutscher Uniform aufgetreten ist. Er wurde im Ort (Aussee) von der Deutschen Wehrmacht festgenommen und nach Mitterndorf gebracht, wo starke SS-Einheiten gelegen sind. Daraufhin haben wir den Köberl zurückverlangt. Da wurde uns gesagt, dass damit nicht zu rechnen ist, er wird erschossen.

Wir haben versucht, mit ihnen zu verhandeln. Sie haben gesagt, sie verhandeln mit Banditen nicht. Wir wussten, dass der General Fabiunke fast jeden Tag nach Bad Aussee kommt und im Eichelhof sein Quartier hat und dort auftritt. Wir haben beschlossen, hinauszufahren und zwischen Aussee und Kainisch zu warten, ob der General kommt. Wir sind mit einem Ami-Jeep gefahren, mit zwei Amerikanern, auch der Gaiswinkler war dabei und noch zwei Mann.

Unweit von Kainisch kam uns der VW des Generals entgegen. Wir haben ihn gestoppt. Der General Fabiunke war drinnen. Wir haben ihn zur Rede gestellt wegen Köberl. Er hat uns geantwortet, da ist nichts zu machen, der Mann wird erschossen. Wir haben ihm gesagt, dass das nicht so einfach ist, dass wir da Unterhandlungen führen müssen und er hat sich auf ein Gespräch eingelassen. Er ist aus seinem Wagen heraus, unterdessen hat der Amerikaner den Jeep gewendet. Wir haben auf der Straße verhandelt, der Gaiswinkler und ich und noch ein Kollege. Wie der General Fabiunke in der Nähe des Jeeps gestanden ist, habe ich ihn in den Jeep hineingestoßen und der Ami-Fahrer hat geistesgegenwärtig geschaltet, hat den Gang hineingelegt und ist losgefahren. Wir sind noch aufgesprungen und Gaiswinkler ist zurückgeblieben. Der Gaiswinkler hat sich durch Verhandlungen geschickt von den Begleitern des Generals entfernt und ist über den Radling in unser Hauptquartier zurückgekommen. Den General haben wir in das Hauptquartier nach Eselsbach gebracht und inhaftiert. Wir haben ihm schwer zugesetzt. Der Mann hat sofort ein Telefongespräch geführt, dass der Herr Köberl gegen ihn ausgetauscht wird. Im Hauptquartier hatten wir kein Telefon, das wurde über Mittelsmänner gemacht.

Auf jeden Fall hatten wir den General Fabiunke, und der Köberl wurde am nächsten Tag gegen ihn ausgetauscht. Der General wusste nicht, wo wir unser Hauptquartier hatten. Köberl lebt heute noch, geht seiner Arbeit nach. Er war teilweise sehr schwer krank. In der Freiheitsbewegung hat er sich sehr gut und aktiv betätigt."

Wie wir zu den Panzerspähwagen gekommen sind, wie es eben damals diesen Zeiten entsprochen hat:
„Es sind zwei Panzerspähwagen heraufgefahren auf der Straße von Eselsbach, und ein Angehöriger der Freiheitsbewegung hat uns das gemeldet. Sein Name war Anton Kowacic. Da war der Herr Tarra, Gendarmeriebeamter, ehemaliger Sicherheitskommissär von Bad Aussee, der ist gleich mit der Pistole losgestürmt und hat die Panzer aufgehalten. Wir haben ja nicht gewusst, ob sie schießen oder nicht. So bin ich – ausgerüstet mit einer

Maschinenpistole – im spitzen Winkel auf die Panzer zugegangen, sozusagen als Sicherheit. Dies war nicht notwendig. Die Panzer sind stehen geblieben, und wir haben die Soldaten entwaffnet und die Panzer beschlagnahmt.

Die Besatzung, das waren Leute, die um Aussee einen Umweg machen wollten, um in keinen Konflikt mehr zu kommen. Es waren Soldaten, die für den Krieg nicht mehr viel übrig gehabt haben. Für uns waren die Spähwagen sehr gut, wir haben dadurch besser operieren können, zum Beispiel nach Mitterndorf hinaus. Mitterndorf war die Hochburg der Nazi."

Josef Grafl berichtet über die Gefangennahme von Dr. Kaltenbrunner:

„Mit der Gefangennahme von Dr. Kaltenbrunner, das war so eine Geschichte. Der hat in Altaussee gewohnt. Und sie – Dr. Kaltenbrunner mit seiner Begleitung – sind auf den Wildensee hinauf. Da haben wir eine Aktion gemacht und haben den Dr. Kaltenbrunner mit noch zwei von seinen Leuten heruntergeholt. Es hätte gefährlich werden können, war es aber dann doch nicht. Sie wollten nur ein Eckerl, wo sie niemand findet, und wir haben sie dann doch gefunden. Unsere Gruppe bestand aus Amerikanern, vier Ausseern und mir. Sie haben sich ohne Widerstand ergeben. Es war sehr komisch. Kaltenbrunner sagte: ,Endlich seid ihr da!' Das war wirklich komisch. Es hat so geklungen wie: Ich kann mich doch nicht selber stellen. Alle drei haben ihre Waffen übergeben. Das meiste, was sie hatten, war Verpflegung. Sie hatten sich gut versorgt gehabt. Sie hatten herunten auch Verbindungsleute. Wenn wir nicht hinaufgekommen wären, ihre Verpflegung wäre gesichert gewesen. Beim Heruntergehen wurde mit ihnen nichts gesprochen. Ich habe mit keinem gesprochen. Ich war ja auch nicht in ihrer Nähe, ich war 3 bis 5 Meter von ihnen entfernt. Bei dieser Aktion waren die Amerikaner die Leiter.

Der Eindruck von den ganz Großen des NS-Regimes, die wir verhaftet haben, wie Kaltenbrunner usw., war, sie waren derartige Memmen, sie waren feig, sie haben gezittert auf und auf. Von Heroismus und Geist war nichts zu sehen. Ebenso wenig war von einer Begeisterung nichts mehr übriggeblieben. Das waren die ärgsten Kreaturen, die ich während des ganzen Krieges getroffen habe.

Grafl Josef berichtet zum Wiederaufbau des befreiten Österreich:
„Beim Zusammenbruch war unsere Rolle nicht sehr schwierig, es war ja mehr oder minder alles führerlos. Wir haben die Organisation und die Führung sofort in Aussee übernommen und haben Sorge getragen, dass die Verpflegung geklappt hat, dass jeder seine Lebensmittelmarken verwertet hat können, dass er alles bekommen hat. Wir haben Zusatzrationen ausgegeben. Das konnten wir, weil doch die Lager hier waren. Wir haben getrachtet, dass eine Ordnung herrscht, dass keine Übergriffe waren.

In dieser Zeit war es meine Funktion, Teile der 6. Armee abzufangen, sie zu entwaffnen und weiterzuleiten, sodass sie auch notgedrungen verpflegt werden mussten um nicht zum Plündern anzufangen. Weiters, die KZler, die über den Pötschenpass kamen, weiterzutransportieren in das russisch besetzte Gebiet, dass das alles klaglos abläuft.

Gaiswinkler hat die provisorische Leitung dieses Gebietes übernommen und ist dann provisorischer Bezirkshauptmann von Bad Aussee geworden. Er hat einen Sicherheitskommissär eingesetzt, den Herrn Tarra, der später Oberstleutnant wurde und der hundertprozentig mitgearbeitet hat.

Auf jeden Fall, in diesem Gebiet, wo die Widerstandsbewegung von Ischl und Aussee war, hat es keine Übergriffe gegeben und die Verpflegung hat geklappt. Es ist alles klaglos, so weit man dies von einer solchen Zeit überhaupt sagen kann, abgelaufen.

Die Engländer sind gar nicht hergekommen. Die Besatzungsmacht wären die Engländer gewesen, bis zum Pötschen. Aber die Amerikaner waren schneller da und haben das Gebiet bis zur Tauplitz für sich beansprucht, weil ihnen dieses Gebiet so gefallen hat. Die Engländer sind bei Tauplitz stehen geblieben.

Unsere Gruppe ist einmal von Renner, der damals Kanzler war, empfangen worden. Aber für uns war nicht viel drinnen. Jeder von uns suchte einen Anker, wo er wieder anfangen konnte. Wir sind jeder einer Arbeit nachgelaufen. Es ist so verlaufen, wie sich das keiner von uns vorgestellt hatte: Die zwei Wiener sind wieder nach Wien gegangen, der Gaiswinkler ist in den Nationalrat und dann zur Krankenkasse zurück. Auszeichnungen oder Anerkennungen, außer dass uns der Renner einmal empfangen hat, haben wir für unsere Leistungen um Österreich nicht bekommen. Wir sind eigentlich totgeschwiegen worden."

Josef Grafl hat sich, nachdem die Voraussetzungen für den Wiederaufbau des befreiten Österreichs geschaffen waren, von den ihm übertragenen Aufgaben zurückgezogen. Er hat sich in Bad Aussee ansässig gemacht und sich mit der Ausseerin Hermine, geborene Hildebrand, verheiratet, die ihm drei Kinder schenkte. Er ist seinem erlernten Beruf als Maurer nachgegangen. Da dieser Beruf saisonbedingt ist, hat er seit der Befreiung Österreichs von der Hitlerherrschaft, an der er so regen Anteil genommen hat, so manchen Winter die Stempelstelle des Arbeitsamtes aufsuchen müssen. Jetzt befindet er sich in der Pension.

Nachwort des Verlegers

An sich sollten ja Verleger nicht überall ihren Senf dazugeben, aber umgekehrt wäre es in einem Buch von Peter Kammerstätter in diesem Verlag geradezu eine Charakterlosigkeit, würde ich mich verschweigen. Denn ohne es zu wollen und ohne es je auch zu wissen, ist Peter Kammerstätter der wohl wichtigste geistige Vater meines Verlages „Edition Geschichte der Heimat".

Ich lernte Peter in den frühen Achtzigerjahren über den damaligen Bezirksstellenleiter der Arbeiterkammer Freistadt, Hermann Krennbauer kennen. Krennbauer lud Kammerstätter gelegentlich nach Freistadt ein und scharte bei diesen Gelegenheiten eine Gruppe Neugieriger und Interessierter um ihn. Dazu gehörte auch ich.

Und bei diesen Gelegenheiten hat mich Peter unrettbar mit dem Faszinosum Geschichte infiziert. Geschichtsinteressiert war ich zwar schon immer gewesen, und ich glaube kaum, dass ich in diesem Gegenstand jemals schlechter als mit zwei benotet worden bin, aber daraus hätte sich nie und nimmer die geistige Grundlage für diesen Verlag ergeben können.

Kammerstätter zeigte uns und mir, dass die spannendsten geschichtlichen Ereignisse unmittelbar vor unserer Haustür und zu unseren Füßen lagen. Er hatte ein blendendes Gedächtnis und war ein ebenso blendender Erzähler.

Und dazu agierte er völlig unakademisch. Das ist ja so: Fragt man einen Historiker über einen Sachverhalt oder einen Zusammenhang, den er eigentlich aus dem Stand heraus erklären können müsste, beginnen die weitaus meisten dieser Zunft, herumzudrücken und meinen, da müssten sie selber erst etwas nachschauen. Eine Antwort bekommt man dann – wenn überhaupt – frühestens nach einem Vierteljahr. Oder sie verweisen einen auf die Literatur, dann muss man sich Sachverhalte, die mit wenigen Sätzen erklärt hätten werden können, mühsam aus hundert Seiten zusammenreimen. Der akademisch verdorbene Historiker kann aber wieder einmal mit der beruhigenden Gewissheit zu Bett gehen, nichts Falsches gesagt zu haben.

Ganz anders der akademisch völlig unverdorbene Peter Kammerstätter. Er hatte ein immenses Wissen, und er fühlte sich moralisch verpflichtet, das auch weiterzugeben. Aber natürlich wusste er nicht alles. Nur: Das merkte niemand, denn eine Antwort kam auf jede Frage, und wir hingen gebannt an seinen Lippen und es fiel uns gar nicht auf, wenn seine Antwort haarscharf an unserer Frage vorbeischrammte.

Auf Peters Modernität wurde bereits hingewiesen. Er hat schon in den späten Sechzigerjahren regionale Ereignissen dokumentiert, als sonst kaum jemand dafür Interesse zeigte. Und er hat damals schon sein Tonbandgerät benutzt, um die Berichte von ZeitzeugInnen aufzunehmen, als der Begriff „oral history" noch kaum jemandem bekannt war, wahrscheinlich nicht einmal ihm selber.

Was mich aber bei den Begegnungen mit ihm mindestens ebenso beeindruckt, nein, geprägt hat, war die Weite seines Herzens. Er, dessen politischer Standpunkt sich schon längst zu einer Weltanschauung ausgewachsen hatte, konnte mit großem Respekt und warmer Sympathie von katholischen Pfarrern und christlichsozialen Funktionären erzählen. Hängen geblieben und auch zur Grundlage meiner Arbeit als Verleger geworden ist mir davon, dass die Darstellung von Geschichte eben kein Instrument der Verbreitung einer Weltanschauung sein soll, dass sie sich aber trotzdem der Frage nach Ethik und Moral zu stellen hat.

Das Erscheinen des nunmehr ersten Buches, das Peter Kammerstätter dezidiert als Autor ausweist, soll unseren Blick noch einmal auf den Charakter seines nachgelassenen Werkes lenken: Er hat eine ungeheure Menge von Material hinterlassen, und er hat seine einzelnen Teile sehr treffend als „Materialsammlungen" bezeichnet. Denn kaum etwas davon kann unmittelbar in Buchform veröffentlicht werden. Ich selber habe mich mehrmals mit seiner „Materialsammlung zur Mühlviertler ‚Hasenjagd'" befasst und erinnere mich gut an diese beeindruckende Menge von Akten- und Chronikabschriften sowie niedergeschriebenen Tonbandaufzeichnungen. Diese Materialsammlungen sind eigentlich Bergwerke, deren Erz erst zu läutern und neu zu legieren ist, will man daraus ein Buch machen. Und das ist in meinem Verlag bereits mehrmals geschehen. Erstmals hat Thomas Karny in seinem „Lesebuch zur Geschichte der oberösterreichischen Arbeiter" 1990 auf Kammerstätter'sches Material zurückgegriffen, in diesem Fall zu den Ereignissen um den 12. Februar 1934. Auch Karnys nächstes Buch, „Die Hatz" über die „Mühlviertler Hasenjagd" basiert auf der schon erwähnten Materialsammlung von Peter. Und schließlich hat Christian Topf 1996 unter dem Titel „Auf den Spuren der Partisanen" ein Angebot zeitgeschichtlicher Wanderungen im Salzkammergut veröffentlicht, das wesentlich auf Kammerstätters Sammlung über die Widerstands- und Partisanentätigkeit im Inneren Salzkammergut basiert. Es ist ein schöner Zufall, dass eine Neuauflage dieses Buches praktisch gleichzeitig mit diesem Werk erscheinen wird.

An den Abschluss dieses Beitrages stelle ich noch eine Überlegung, die sich mit der korrekten Bezeichnung der Tätigkeit von Peter Kammerstätter befasst. Als ich selber 1988 das Buch „Das Hakenkreuz im Hügelland" über die NS-Zeit im Bezirk Freistadt veröffentlicht hatte, hat mich eine oberösterreichische Tageszeitung als „Der Historiker" abgebildet. Da wusste ich, es ist höchste Eisenbahn, dass ich mir dazu etwas einfallen lasse, und ich habe mir für diesen Teil meiner Arbeit die Bezeichnung „Geschichtsarbeiter" zugelegt. Öfter habe ich seither an Peter gedacht, der dieses Wort wohl kaum jemals gekannt hat. Aber ich bin mir sicher, dass er von seinem Wolkerl aus, auf dem er jetzt sitzt, voller Freude zuhört, wenn ich sage: Er, Peter Kammerstätter, war in Wahrheit der erste Geschichtsarbeiter.

Helbetschlag, im März 2006
Franz Steinmaßl

Bildnachweis

Seite 9: Privatbesitz

Seite 11: Privatbesitz

Seite 23 und 25: Ernst Schuller

Seite 27 und 39: Privatbesitz

Seite 38 und 40: Privatarchiv Otto Treml

Seite 46 und 53: Materialsammlung Peter Kammerstätter

Seite 54: Privatbesitz

Seite 66: Privatarchiv Otto Treml

Seite 68 und 82: Privatbesitz

Seite 83 und 88: Privatbesitz

Seite 89: Materialsammlung Peter Kammerstätter

Seite 103: Privatbesitz

Seite 106: BMI/Fotoarchiv KZ-Gedenkstätte Mauthausen

Seite 119 und 123: Privatbesitz

Seite 137 und 140: Privatbesitz

Seite 139: Materialsammlung Peter Kammerstätter

Seite 169 und 187: Privatbesitz

Verehrte Leserin, geschätzter Leser!
Ich hoffe, Sie haben mit großem Interesse dieses Buch
aus dem Buchverlag Franz Steinmaßl gelesen.
Auf den nachfolgenden Seiten
finden Sie weitere interessante Bücher
aus diesem Mühlviertler Kleinverlag.
Sie können sämtliche Titel über den Buchhandel
oder direkt vom Verlag, A-4264 Grünbach,
geschichte-heimat@aon.at beziehen.

Ingeborg Ertelt
„Meine Rechnung geht bis Anfang Mai"
Das Leben des Widerstandskämpfers Sepp Teufl

Ingeborg Ertelt erzählt ihre Kindheitserinnerungen an ihren Vater Sepp Teufl. Der war Maschinenschlosser, nahm an den Kämpfen des Februar 1934 teil und wurde mehrmals verhaftet. Er war Landesobmann der illegalen KPÖ Oberösterreichs, wurde nach langer Widerstandstätigkeit 1944 erneut verhaftet und am 28. April 1945 im KZ Mauthausen ermordet.

Gebunden, 117 Seiten, € 14,90

Franz Gindlstrasser
Franz Peterseil
Eine nationalsozialistische Karriere

Franz Peterseil war gewiss keiner der großen Blutsäufer des Dritten Reiches. Aber der Bauernsohn aus St. Georgen an der Gusen gehörte zu jenen mittleren NS-Kadern, die die schreckliche Effizienz des totalitären NS-Regimes garantierten.
Der mehrfach vorbestrafte illegale Nazi wurde ab 1938 Gauinspekteur und Reichstagsabgeordneter und somit einer der wichtigsten NS-Funktionäre des Reichsgaues Oberdonau, der sich nach 1945 – ohne sich je strafrechtlich verantworten zu müssen – in München eine neue Existenz aufbauen konnte.

Gebunden, ca. 130 Seiten, € 14,90

David Wingeate Pike
Betrifft : KZ Mauthausen
Was die Archive erzählen

Unserem Wissen um die Einzelheiten der Mordmaschinerie KZ Mauthausen samt seinen Nebenlagern fügt David Wingeate Pike in diesem Heft weitere wertvolle Erkenntnisse hinzu. Kernstück und Ergebnis jahrelanger Recherchen ist eine fast tausend Namen umfassende Liste jener SS-Männer, die im System KZ Mauthausen Dienst taten oder sonst wie dienstlich mit ihm zu tun hatten. Aber auch zahlreiche weitere Teile dieser Publikation liefern wertvolle Fakten zu Bereichen, die bisher als weiße Flecken galten.

Broschüre, Format A 4, 49 Seiten, € 12,90

Christian Topf
Auf den Spuren der Partisanen
Zeitgeschichtliche Wanderungen im Salzkammergut

Das Salzkammergut war eine der regionalen Hochburgen des Widerstandes gegen den Nationalsozialismus und gegen Kriegsende hat sich dort eine regelrechte Partisanenbewegung gebildet. Christian Topfs unkonventioneller Wanderführer bietet zwölf Routenvorschläge samt ausführlichen Erzählungen.

Taschenbuch, 230 Seiten, mit zahlreichen Fotos, € 17,90

Walter Kohl
Auch auf dich wartet eine Mutter
Die Familie Langthaler inmitten der Mühlviertler Hasenjagd

Der Ausbruch von 419 sowjetischen Häftlingen aus dem KZ Mauthausen in der Nacht zum 2. Februar 1945 und die sogleich einsetzende gnadenlose Verfolgung der Flüchtigen wurde von der SS selber als „Mühlviertler Hasenjagd" bezeichnet. Während sich Teile der einheimischen Bevölkerung an dem grausamen Massenmord beteiligten, nahm die Familie Langthaler in Winden bei Schwertberg zwei der Flüchtigen in ihr Haus auf und hielt sie unter Lebensgefahr bis Kriegsende dort versteckt.
Walter Kohls Buch basiert auf ausführlichen Gesprächen mit den noch lebenden Angehörigen der Familie Langthaler sowie dem damaligen Flüchtling Michail Rybtschinskij.

Gebunden, 138 Seiten, € 18,50

Florian Schwanninger
„Im Heimatkreis des Führers"
Nationalsozialismus, Widerstand und Verfolgung im Bezirk Braunau 1938 – 1945

Im Gedenkjahr 2005 veröffentlicht Florian Schwaninger seine Dokumentation über die Zeit des Nationalsozialismus im Bezirk Braunau. Denn auch hier hat die braune Diktatur ihre willigen Helfer und ihre Opfer gefunden. Sie aus der Anonymität der großen Worte und der großen Zahlen herauszulösen und insbesondere den Opfern ein Gesicht zu geben, ist die Aufgabe jeder regionalen Dokumentation über diese Zeit.

Gebunden, 355 Seiten € 19,50

Erna Putz
Franz Jägerstätter
Besser die Hände als der Wille gefesselt

Der Innviertler Bauer und Mesner Franz Jägerstätter verweigerte den Nationalsozialisten den Wehrdienst und wurde 1943 hingerichtet. Seine Person und sein Handeln werden nach wie vor kontroversiell diskutiert. Die vorliegende Biographie zeichnet ein differenziertes Bild und basiert auf Materialien und Briefen, Archivmaterial und Zeitzeugenberichten.

Gebunden, 330 Seiten, € 21,65

Kurt Cerwenka
An der Heimatfront
Frauen und Mädchen in Oberdonau 1938 – 1945

Frauen und Mütter waren während des 2. Weltkrieges einer mehrfachen Belastung ausgesetzt: Die Sorge um Familie und Haushalt, die Bedrohung durch alliierte Luftangriffe und die Angst um die Männer an der Front bestimmten ihren Alltag. Abweichendes Verhalten sah sich von Denunziation und Gestapo bedroht.
Die in diesem Buch ebenfalls dokumentierten Beispiele weiblichen Widerstandes sind deswegen in die Kategorie „Heldentum" einzuordnen.

Gebunden, 120 Seiten, € 14,90

Harry Slapnicka
Hitler und Oberösterreich
Mythos, Propaganda und Wirklichkeit um den „Heimatgau" des Führers

Harry Slapnicka beschreibt ausschließlich die Beziehungen Hitlers zu dem Land, das zwischen 1938 und 1945 als der „Heimatgau des Führers" bezeichnet wurde. Aber im Gegensatz zur Propaganda jener Jahre verdeutlicht das Buch, das Hitler in Wirklichkeit an Oberösterreich nur geringes Interesse hatte. Am intensivsten widmete er sich den Umbauplänen für Linz und seiner Gemäldesammlung. Zu den Menschen der damaligen Ostmark verhielt er sich mit wachem Mißtrauen.

Gebunden, 213 Seiten, mit zahlreichen Fotos, € 21,65

Ludwig Laher (Hg.)
Uns hat es nicht geben sollen
Rosa Winter, Gitta und Nicole Martl –
drei Generationen Sinti-Frauen erzählen

Die Sinti werden – gemeinsam mit dem Volk der Roma – unter den Begriff „Zigeuner" subsumiert, und selten hat dieses Wort etwas Positives. In diesem Buch erzählen drei Generationen Sinti-Frauen von ihrem Leben. Die Großmutter, Rosa Winter, musste noch Deportation und KZ erleiden und wurde als Statistin in Leni Riefenstahls umstrittene Filmproduktion „Tiefland" gezwungen.
Das Buch ist insoferne eine echte Sensation, weil schriftliche Zeugnisse von Sinti und Roma sowieso selten sind, Frauen aus diesen Völkern sich jetzt aber überhaupt zum ersten Mal zu Wort melden.

Gebunden, 161 Seiten, € 19,50

Walter Kohl
Die Pyramiden von Hartheim
„Euthanasie" in Oberösterreich 1940 – 1945

Das aufgegriffene Thema dieses Buches zählt nach wie vor zu den unterbelichteten Kapiteln der Zeitgeschichte.
Brennpunkte von Kohls Darstellung sind die Vernichtungsanstalt Hartheim bei Eferding und die „Gau-Heil- und Pflegeanstalt Niedernhart" bei Linz. Hartheim war – gemessen an „Effizienz" und Opferzahlen – die größte Mordanstalt im Rahmen des Euthanasie-Programmes des Dritten Reiches.
Aus einer Vielzahl von verstreuten Quellen, Episoden, Erinnerungen und Hinweisen listet Kohl detailliert auf, was in diesem wunderschönen Renaissance-Schloß geschah, wie das zigtausendfache Morden penibel organisiert und verwaltet wurde.

Gebunden, 520 Seiten mit zahlreichen Abb., € 28,90

Franz Steinmaßl
Das Hakenkreuz im Hügelland
Nationalsozialismus, Widerstand und Verfolgung im Bezirk Freistadt 1938 – 1945

Taschenbuch mit zahlreiche Fotos und Abb., 360 S., € 21,65

Adolf Breuer
Der Ausreißer
Ein Hitlerjunge wider Willen
Autobiografische Erzählung

Adolf Breuer, Jahrgang 1930, schildert seine Kindheit und Jugend in Schärding und die Bemühungen der NS-Machthaber, auch 15jährige für den „Endsieg" zu mobilisieren.

Gebunden, 132 Seiten, € 14,90

Hugo Schanovsky
Kinderschuh – Soldatenstiefel
Erzählungen aus erster Hand

Begonnen hat es damit, dass Hugo Schanovsky auf ein weißes Blatt Papier die Worte schrieb: „Grabe deine Kindheit aus, und du wirst seltsame Funde machen!"
Herausgekommen sind bei dieser Spurensuche berührende Erzählungen aus seiner Kindheit während der kargen Dreißigerjahre und aufwühlende Geschichten aus der kaum begonnenen Jugend, als die Kriegsmaschinerie des Dritten Reiches schon nach den Fünfzehnjährigen griff.

Gebunden, 200 Seiten, € 19,50

Hugo Schanovsky
Einmal Margareten und zurück
Kindergeschichten für Erwachsene

In zwei Dutzend kurzen Geschichten führt der Autor den Leser wieder auf den Linzer Römerberg, der ihm und seinen Freunden trotz bescheidener Lebensverhältnisse ein Zuhause war. Mit den Kindern entreißt er gleichzeitig die damaligen Erwachsenen dem Vergessen, von denen manche den politischen Umbruch des Jahres 1938 in der Hoffnung auf bessere Zeiten begrüßten, während andere schon erste Zweifel an der Richtigkeit des eingeschlagenen Weges erkennen ließen.

Gebunden, € 14,90

Fritz Fellner
Alltag und Leben im Mühlviertel 1945–1955
Einige Stichworte aus dem Inhalt:

- Bluttaten 1945–1949 und Verschleppungen
- Die Zivilverwaltung Mühlviertel
- Die selbsternannten Kommandanten
- Von Hamsterern und Schleichhändlern
- Kriegsgefangenschaft und Heimkehr
- Der Friedhof der Sowjetsoldaten
- Kriegsrelikte
- Flüchtlinge aus dem Sudetenland
- Langsame Normalisierung
- Fernsehen im Mühlviertel

Gebunden, 360 Seiten, € 19,50

Evamarie Taferner
Neben dem Krieg
Erzählungen

„Gegen den Krieg geschrieben" sieht Evamarie Taferner ihre immer auf einem wahren Kern beruhenden Erzählungen. Auch wenn sie keine direkten Kriegshandlungen beschreiben, führen sie dem Leser deutlich vor Augen, wie grausam Krieg und Nationalsozialismus die Menschen gemacht haben und wie sehr das menschliche Leben insgesamt entwertet worden ist.

Gebunden, 185 Seiten, € 17,50

Karl Woisetschläger, Ludwig Wurzinger
Raifmass in Südböhmen
Eine Flucht und ihre Hintergründe

Raifmass war einst das südlichste Dorf Böhmens, nordwestlich von Reichenthal gelegen. Karl Woisetschläger schildert seine Kindheit hier und ausführlich die sich zuspitzenden Verhältnisse nach dem Ende des Zweiten Weltkrieges. Nach ihrer Enteignung floh sie am 30. März 1946 illegal über die Grenze nach Österreich.
Ludwig Wurzinger beschreibt das komplizierte Verhältnis zwischen der deutsch- und der tschechischsprachigen Bevölkerung Böhmens, die wechselseitigen Verletzungen und Zurückweisungen, die letztlich in der Zerstörung des tschechoslowakischen Staates durch Hitler und die nachfolgende Vertreibung der Deutschsprachigen ihren grausamen Höhepunkt erreichten.

Gebunden, ca. 120 Seiten, € 16,90

Hermann Volkmer
Die Volksdeutschen in OÖ.
Ihre Integration und ihr Beitrag zum Wiederaufbau des Landes nach dem Zweiten Weltkrieg

Die Integration der volksdeutschen Flüchtlinge nach dem 2. Weltkrieg ist ein vernachlässigter Bereich der oberösterreichischen Geschichte. Besonders hier kam es zu einer gewaltigen Flüchtlingskonzentration, in manchen Bezirken lag der Anteil dieser nunmehr heimatlos gewordenen Menschen bei 15 – 20 % der Bevölkerung.
Detailliert schildert der Autor die Herkunft, die wirtschaftliche Eingliederung und die Lösung des dramatischen Wohnungsproblems dieser Flüchtlinge und Vertriebenen.

Gebunden, ca. 210 Seiten, € 23,90

Franz Steinmaßl
Trauriger Fasching – Blutige Ostern
Kriminalität zwischen Inn und Traun von der Jahrhundertwende bis 1938

Nach seinem großen Erfolg „Arsen im Mohnknödl" wendet sich Steinmaßl jetzt dem Inn- und Hausruckviertel zu. Neben den großen, aufsehenerregenden Kapitalverbrechen, die das Kernstück des Buches bilden, beschreibt der Autor auch andere größere und kleinere Delikte, die in ihrer Summe eine Stück Sozial- und Kulturgeschichte der Region ergeben.

Gebunden, 400 Seiten, € 28,90

Franz Steinmaßl
Arsen im Mohnknödel
Kriminalität im Mühlviertel von der Jahrhundertwende bis 1938

Über die ausführliche Darstellung der großen Verbrechen hinaus bietet dieses Buch mit seiner detaillierten Beschreibung der Alltagskriminalität einen überraschenden Einblick in die Alltagsgeschichte des Mühlviertels.

Mit über 5.000 verkauften Exemplaren beinahe schon ein Bestseller!

Gebunden, 350 Seiten, € 28,90